Excel でできる
統計データ分析 の仕方と
人事・賃金・評価 への活かし方

Fフロンティア株式会社 代表取締役
社会保険労務士
深瀬勝範 著

日本法令

はじめに

　人材配置の最適化、人事評価の甘辛調整、適正人件費の管理…。人事業務においては、データ分析を行う機会が数多くあります。
　「統計学の基礎知識ぐらい持っていないと、的確なデータ分析ができないし、そうなると、合理的な人事管理もできない。そう思って、統計学の本を読み始めたが、難解な理論や複雑な数式にうんざりして、途中で挫折してしまった。」
　このような経験をお持ちの方は、いらっしゃいませんか。
　本書は、まさしく、このような方のために作りました。

　本書には、次の3つの特徴があります。

(1) 分かりやすい！

　本書は、統計学特有の「難解な理論や複雑な数式」にはなるべく触れず、「実務における統計的手法の使い方」に焦点を絞り込んだ、具体的な説明をしています。統計学の知識がまったくない方、または数字が苦手な方でも理解できる内容になっています。

(2) 使える！

　本書は、実際に行われている人事管理を題材にして、統計的手法を用いたデータ分析やシミュレーションの進め方について説明しています。また、パソコンを用いてデータ分析を行うときの操作方法も図解で示しています。本書に書いてあるとおりにするだけで、すぐに統計的手法を使えるようになります。

(3) 身につく！

　本書を参考にして統計的手法を使っているうちに、データ分析の

考え方や進め方が身につきます。そうなれば、新しい課題に直面しても、どのような分析を行えばよいのか、自分で判断できるようになります。

　本書のねらいは、「統計的手法やデータ分析を通じて、人事管理の真髄を知る」ことにあります。本書を読めば、これまでの人事管理が、いかに「経験と勘」そして「思い込み」に頼っていたものであるかが分かるはずです。人事関係者の皆様には、(統計学に興味がない方も含めて、)是非、読んでいただきたいと思います。

　また、これとは逆に、「人事管理におけるデータ分析を通して、統計学の基礎を理解する」こともできます。本書で取り上げる事例は、人員調整や給与決定など、ビジネスパーソンであれば関心を持てるものばかりです。このような身近な事例を通して統計的手法を理解すれば、どのような仕事にも応用できるはずです。その意味では、人事関係者に限らず、すべての経営者、ビジネスパーソンに、本書を読んでいただきたいと思います。

　厚生労働省のウェブサイトからは約169万人の給与データの集計結果を、財務省や経済産業省のウェブサイトからは約3万社の財務データ等の集計結果を、それぞれ入手することができます。これらのビッグデータと統計的手法を用いて的確なデータ分析を行い、戦略的なマネジメントを展開できるかどうか。これこそが会社とビジネスパーソンの将来を決める重要なポイントです。

　本書が、人事関係者、そしてビジネスパーソンの皆様のデータ分析スキルやマネジメントスキルを高める一助になれば、幸いです。

2014年7月

　　　　　　　　　　　　Fフロンティア株式会社　代表取締役
　　　　　　　　　　　　社会保険労務士

　　　　　　　　　　　　　　　　　　　深瀬　勝範

目次

第1章 データ分析の基礎

💻 プロローグ……12

1. データ分析と統計……14
- (1) データ分析の意図……14
- (2)「統計」とは……15
- (3) 統計を使う重要性の増大……16

2. データ分析の進め方……18
- (1) 分析目的の明確化……19
- (2) 仮説の構築……20
- (3) 分析手法とデータの選択……22
- (4) データ分析・結論の報告……26

3. データの入手方法……28
- (1) 主な統計調査とデータの入手方法……28
- (2) 統計データを使うときの注意点……32

第2章 基本的な統計的手法

💻 プロローグ……36

1. 分析ツールのインストール……40

2. 度数分布とヒストグラム……42

- (1) 度数分布とは…………………………………………………… 42
- (2) ヒストグラムの作り方………………………………………… 42
- (3) ヒストグラムの見方…………………………………………… 45
- (4) 「正規分布」とは……………………………………………… 46

3. 散布図……………………………………………………………… 48

- (1) 散布図とは……………………………………………………… 48
- (2) 散布図の作り方………………………………………………… 49
- (3) 散布図の見方…………………………………………………… 52
- (4) 散布図を見るときの注意点…………………………………… 53

4. データの標準的な値を見る……………………………………… 54

- (1) 代表値とは……………………………………………………… 54
- (2) 代表値の算出方法……………………………………………… 56
- (3) 代表値を世間水準と比較するときのポイント……………… 58

5. データの散らばりを見る………………………………………… 60

- (1) 分散と標準偏差………………………………………………… 60
- (2) 標準偏差の性質………………………………………………… 61
- (3) 最大値・最小値と分位数……………………………………… 62

6. 代表値などを簡単に算出する…………………………………… 66

- (1) データ分析でよく使うエクセルの関数……………………… 66
- (2) 「基本統計量」を見る………………………………………… 67

7. その他、知っておきたい統計的手法…………………………… 72

- (1) 加重平均………………………………………………………… 72
- (2) 幾何平均(相乗平均)………………………………………… 74
- (3) 移動平均………………………………………………………… 76

（4）線形補完法（直線補間法）……………………………………… 80

第3章　労務構成の分析
～人員比率の分析と人材ポートフォリオの最適化～

　💻 プロローグ ……………………………………………………………… 84

1. 労務構成の分析 ……………………………………………………… 86

　（1）年齢別、勤続年数別の従業員構成を見る …………………………… 86
　（2）年齢・勤続年数の同業水準との比較 ……………………………… 87
　（3）特定の会社との年齢・勤続年数の比較 …………………………… 89
　（4）年齢別従業員分布図（ピラミッド・グラフ）の作り方と見方 … 91
　（5）勤続年数別従業員分布図のチェックポイント …………………… 97
　（6）管理職比率を世間水準と比較する ………………………………… 98
　（7）組織管理の構造分析を行う ………………………………………… 103
　（8）直間比率を世間水準と比較する …………………………………… 105
　（9）正社員比率を世間水準と比較する ………………………………… 111

2. 人員の時系列分析と将来予測 ……………………………………… 117

　（1）人員の時系列分析 …………………………………………………… 117
　（2）入職率、離職率のチェック ………………………………………… 119
　（3）労務構成の将来予測 ………………………………………………… 121

3. 人材ポートフォリオを使った最適配置 ………………………… 127

　（1）人材ポートフォリオとは …………………………………………… 127
　（2）これまでの人材ポートフォリオ活用の失敗 ……………………… 128
　（3）人材ポートフォリオの作り方 ……………………………………… 131
　（4）より高度なシミュレーション ……………………………………… 146
　（5）エクセルの「シナリオ」の活用 …………………………………… 148

4. 相関と回帰分析 154

 (1) 共　分　散 154
 (2) 相関係数 157
 (3) 回帰分析 161
 (4) 相関係数、回帰分析の使い方 166
 (5) 相関係数、回帰分析を使うときの注意点 168

5. 事例紹介 172

 (1) 事例企業紹介 172
 (2) 背　　景 172
 (3) 人員配置計画の策定 173
 (4) 人員配置計画の実践（採用計画への展開） 177
 (5) 成果・効果 177

第4章　人事制度運用におけるデータの分析
～「業績向上」と「公正な処遇」を実現する人事制度の運用～

プロローグ 182

1. 制度運用におけるデータ分析の必要性 184

 (1) 人事制度のポイントは「基準」ではなく「運用」 184
 (2) 現行の制度運用の「おかしなところ」 185

2. 等級制度の効果的な運用方法 189

 (1) 等級制度の運用のポイント 189
 (2) 「人材マップ」の作成とチェックポイント 192
 (3) ドリルダウン機能を使った昇格対象者の絞り込み 198
 (4) 昇格率の算出、および人員分布の将来予測 199

3. 評価制度の効果的な運用方法 ……………………………… 204

　（1）　評価制度の運用のポイント ……………………………… 204
　（2）　データの標準化による評価点の調整 …………………… 205
　（3）　統計的手法による評価の「甘辛調整」の進め方 ……… 209
　（4）　分散分析による全体の評価分布の検証 ………………… 215
　（5）　各部門の評価の分散の検定（F検定） ………………… 220
　（6）　各部門の評価の平均の検定（t検定） ………………… 223

4. 目標管理制度の効果的な運用方法 …………………………… 229

　（1）　目標管理制度の運用のポイント ………………………… 229
　（2）　検索機能を活用した目標シートのチェックと抽出 …… 231
　（3）　目標シートのデータを使ったマネジメントの分析 …… 235
　（4）　業績と目標・結果との関係性の分析 …………………… 238

5. 研修効果測定、モチベーション向上施策の進め方 ………… 242

　（1）　人材育成、モチベーション向上施策のポイント ……… 242
　（2）　研修、施策に関するアンケートを実施するときの注意点 …… 242
　（3）　クロス集計とカイ二乗検定によるアンケート結果の分析 …… 246

6. 事例紹介 ………………………………………………………… 253

　（1）　事例企業紹介 ……………………………………………… 253
　（2）　背　　景 …………………………………………………… 253
　（3）　データ分析に基づく目標管理制度の戦略的活用 ……… 254
　（4）　組織の健全性を測定する指標の作成とチェック ……… 256
　（5）　成果・効果 ………………………………………………… 258

第5章　報酬と人件費の分析
～合理的な報酬決定と適正人件費の管理～

プロローグ ……………………………………………………………… 262

1. 報酬・人件費に関する分析のポイント …………………… 264
　(1) データで「事実」をとらえ、分析者が「意味」を明確にする … 264
　(2) 報酬の分析における2つの視点（「水準」と「格差」）……… 265
　(3) 人件費を分解して、問題解決策を見つけ出す ……………… 268

2. 報酬に関する統計用語の基礎知識 ………………………… 270
　(1) 「所定内給与」、「年間賞与その他の特別給与額」など ……… 270
　(2) 実在者賃金、モデル賃金 ……………………………………… 275
　(3) 名目賃金、実質賃金 …………………………………………… 278
　(4) 消費支出、可処分所得 ………………………………………… 279
　(5) 実態生計費、標準生計費、理論生計費 ……………………… 282

3. 報酬の分析とモデル給与の算出 …………………………… 285
　(1) 報酬構造の分析 ………………………………………………… 285
　(2) 散布図を使った報酬水準、格差の分析 ……………………… 287
　(3) 箱ひげ図（株価チャート）を使った報酬格差の分析 ……… 289
　(4) 回帰分析によるモデル給与の算出 …………………………… 292
　(5) 報酬傾向の分析と昇給管理への応用 ………………………… 294
　(6) 多項式回帰によるモデル給与の算出 ………………………… 298
　(7) 重回帰分析によるモデル給与の算出 ………………………… 300
　(8) 曲面最小二乗法によるモデル給与の算出 …………………… 306

4. 統計的手法の人事管理への応用 …………………………… 310

（1）再雇用制度導入に伴う中高齢者の給与カーブの見直し………… 310
　（2）統計的手法を使った業績連動型賞与制度の設計…………… 314
　（3）モデル退職金の算出と退職金水準のチェック……………… 320

5. 人件費分析の基礎〜とらえ方と管理指標……………… 325

　（1）「人件費」のとらえ方…………………………………… 325
　（2）人件費の管理指標（労働分配率）……………………… 331
　（3）労働分配率のとらえ方と人事施策への展開…………… 336

6. 人件費分析の進め方……………………………………… 340

　（1）人件費の水準比較、および推移の分析………………… 340
　（2）付加価値と人件費の関係性の分析……………………… 341
　（3）人件費の構造分析………………………………………… 346
　（4）事業シミュレーションによる「適正人件費」の管理… 353

7. 事例紹介…………………………………………………… 363

　（1）事例企業紹介……………………………………………… 363
　（2）背　　景………………………………………………… 363
　（3）経営改革委員会の組成と事業の将来像の周知徹底…… 364
　（4）事業シミュレーションの実施と報告…………………… 364
　（5）成果・効果………………………………………………… 365

索　　引……………………………………………………… 371
参考文献……………………………………………………… 374

※本書では、パソコンの表計算ソフトとして、米国 Microsoft Corporation の「Excel」を使用しています。なお、本書においては、以下、「エクセル」と表記します。

※パソコン操作の説明は「エクセル2010」を使用して行っています。なお、本書で説明している内容は、2010以外のバージョンのエクセルでも適用することができます。

※「Excel」は、米国 Microsoft Corporation の登録商標です。その他、本書中のシステム名や製品名には、各社の登録商標または商標を表記していることがあります。なお、本書では、TM、®は記載していません。

第1章

データ分析の基礎

プロローグ

<課長>：君が、人事部に配属になったK子さんか。

<K子>：はい。よろしくお願いします。趣味は、旅行と統計学です。

：統計学が趣味っていうのも変わっているね。

：そうですか？ 結構楽しいですよ。インターネットを見れば、たくさんのデータが公開されていますから、それを分析するうちに様々なことが分かります。例えば、サッカー選手の成績と年俸の関係とか、ヒットチャートと景気の関係とか…。

：いや、その話は、今度、ゆっくりと聞かせてもらうよ。ところで、統計学は、人事の仕事に活かせるのかね？

：そこなんです！ 実を言えば、**人事部は、情報・データの取り扱い量に関しては、会社の中でもトップクラス**です。ですから、私も、自分の統計学の知識を仕事に活かせればよいと思って、今回、人事部への異動を希望しました。

：待て、待て。人事部の取り扱う情報やデータの中に、統計学を使った分析の対象になるものなど、皆無じゃないか。

：そんなことはありませんよ。とりあえず、数字で表されるものならば、どんなものでも統計学を使った分析はできま

す。例えば、「従業員数が多すぎる部門をピックアップする」とか、「人事評価が公正になるように調整する」とか…。

：おい。人事の仕事を舐めてもらっては困るな。今、君が言ったことは、人事の専門家が長年取り組んできて、それでもうまくいかないものばかりだぞ。

：でも、統計学を使えば、うまくできますよ。他にもあります。例えば、「**業績向上に寄与する個人目標を洗い出す**」とか「**5年後の人件費の見込みを算出する**」とか…。

：いやに自信たっぷりに言うな。本当に、統計学を使えば、そういうことがうまくできるのかね？

：できますよ。だって、今や、**インターネットには様々な会社の人材配置や財務状況に関するデータが公開されています**し、**エクセルのデータ分析機能も向上していますから、それらを駆使すれば**、先ほど言ったことは簡単にできます。
　携帯電話が普及する前まで、外出先で自由に電話ができるようになるなんて、想像つかなかったと思います。でも、今は、そんなこと当たり前になっています。携帯電話も統計学も同じことです。使う前までは「できない」と思い込んでいたことが、実際に使ってみると、案外簡単にできるものです。

：へぇ。統計学って、そんなにすごくて、簡単なことなのか？

：あ〜っ！　課長も統計学に少し興味が出てきましたね。それでは、データ分析と統計のことを、簡単に説明してあげますね！

1 データ分析と統計

(1) データ分析の意図

　世の中は、データに満ちています。
　会社の中を見渡すと、従業員数や売上高、あるいは従業員の年齢や給与支給額など、様々なデータが存在しています。
　これらのデータを、何らかの意図を持って調べることを「データ分析」と言います。
　「何らかの意図を持って」と言いましたが、その意図は、大きく分ければ次の3つです。

> ① 状況や物事の特徴を明確にする
> ② 問題の要因を探って、解決策を見つける
> ③ 傾向を探って、将来を予測する

① 状況や物事の特徴を明確にする

　「売上高が減少している」というよりも「売上高が前年度よりも5％減少している」というようにデータで示したほうが、現在の状況を明確に示すことができます。また、「若い従業員が多い」と言うよりも、「従業員の平均年齢は28歳」と言ったほうが、その職場の特徴を明確に示せます。
　このように状況や物事の特徴を明確に示すことには、次のようなメリットがあります。

> ●異なるグループとの間で状況や特徴の比較ができるようになる。そうすれば、問題や課題を発見しやすくなる。

●状況や特徴などをしっかりと伝えられるようになる。そうすれば、他の人達との間で問題意識や課題を共有しやすくなる。

② 問題の要因を探って、解決策を見つける

「利益がマイナスになった要因は、人件費が前年比5％も増加したことにある」、さらに「人件費の増加は、5％を超える高い昇給率によってもたらされた」という具合に、データを使えば、問題を発生させている根本的な要因を探ることができます。

そして、要因が分かれば、効果的な解決策（この例で言えば「昇給率を2％に下げる」など）を見つけ出すことができます。

③ 傾向を探って、将来を予測する

過去10年間の売上高を調べたら、毎年5％ずつ増加する傾向が見つかりました。この傾向が続くのであれば、来年は今年よりも5％、再来年は今年よりも10.25％（＝$(1.05 \times 1.05 - 1.00) \times 100$）売上高が増加するものと予測できます。このように、過去のデータから傾向を読み取ることによって、将来、起こることを予測することができます。

データ分析によって、「状況や物事の特徴を明確にとらえ問題とその解決策を示し、さらに将来の予測も行うこと」ができれば、皆さんの仕事の質が高められ、それは、事業運営の安定化と会社の成長に大きく寄与することになるでしょう。

(2)「統計」とは

データ分析を行うときには、「統計」を用います。
ところで、一般的に「統計」という言葉は、次の2つの意味で使

われています。

1つは、「調査結果として公表されたデータ」という意味です。例えば、「賃金水準を統計と比較する」と言うときには、自社の平均給与額と厚生労働省の「賃金構造基本統計調査」のデータの比較などを行いますが、この場合の「統計」とは、調査結果のデータ（数字）そのものを指しています（「統計データ」と言ったほうが分かりやすいかもしれません）。

もう1つは、「データを算出するための考え方や方法」という意味です。例えば、「給与について統計的な分析を行う」と言えば、統計学の考え方や手法に基づく分析を行うことを言います。この場合の「統計」は、厳密には「統計学」あるいは「統計的手法」という表現になります。「統計的手法」というと難しいことを行うイメージがありますが、例えば、平均値を算出することもその一つで、実は私たちは、日常生活の中で統計的手法を自然に、かつ頻繁に使っているのです。

人事業務の中でも、統計を使ったデータ分析を行う機会は、たくさんあります。

統計データという意味では、自社の給与を世間水準と比較するとき、あるいは物価上昇率をチェックして昇給率を決定するときなどで使います。また、統計的手法という意味では、自社の賃金の傾向をつかむとき、人事評価の甘辛調整を行うときなどで使います。

(3) 統計を使う重要性の増大

近年、このような統計を使ったデータ分析の重要性が急激に増しています。それは、なぜでしょうか。

簡単に言ってしまえば、「できるようになったから」です。

数年前までは、統計を使ったデータ分析をやりたくてもできませんでした。しかし、今は、次にあげる環境変化のおかげで、それが

できるようになりました。

> ● 各種機関が実施した統計調査の結果がインターネット上で公表されるようになったこと。10年前には入手困難だった、業界の財務状況や給与水準に関するデータが、誰でも簡単に入手できるようになっている。
> ● エクセルの機能強化により、統計的手法を使ったデータ分析が簡単にできるようになったこと。今や、データを入力するだけでエクセルが分析結果を表示してくれるので、難解な理論や算式が分からなくても、統計学を使えるようになっている。

　医療の分野は、病気に関する様々な情報が蓄積、共有され、さらにCTスキャンなどの医療機器が開発されたことによって、飛躍的に進歩しました。それと同じことが、この10年間で人事管理の分野においても起こっています。

　「人事管理に必要なものは、『経験と勘』、そして『志』であって、データやパソコンに頼るべきではない」と考える人事関係者がいるかもしれません。そのように思われる方は、次のように考えてみてください。

　「あなたは、病気や治療法に関する情報を入手しない、あるいは、最新の医療機器を使おうともしない医師が、適切な診断・治療をできると思いますか？」

　統計を使ったデータ分析の重要性を否定する人事関係者やビジネスパーソンは、まさしく、情報や医療機器は不要と言い張る医師のようなものなのです。

　今や人事管理に限らず、あらゆる業務において、統計を使ったデータ分析ができるかどうかで、その人の仕事の質が決まってしまいます。そして、公開されるデータが増え、IT機器が進化するにつれて、

データ分析ができる人とできない人の差は、確実に広がっていくのです。

　人事関係者は、統計を使ったデータ分析の重要性を認識し、それができるスキルを身につけておかなければなりません。

2　データ分析の進め方

　それでは、統計を使ったデータ分析の進め方について説明します。全体の流れは、[図表1-1]のとおりです。

[図表1-1] データ分析の流れ

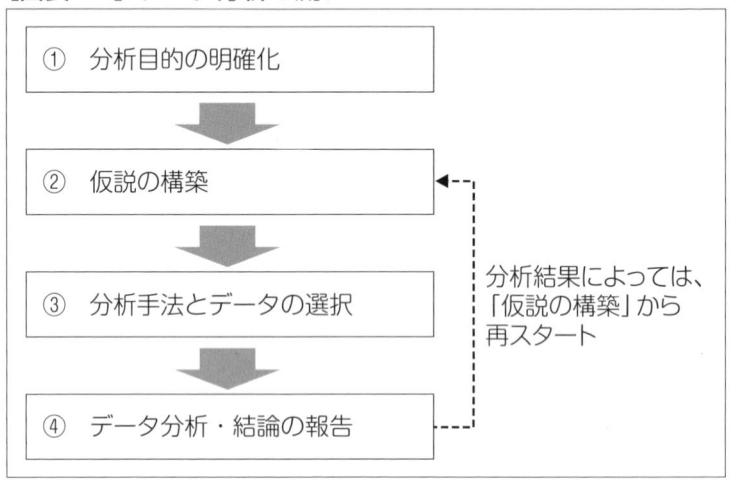

① 分析目的の明確化
　↓
② 仮説の構築 ←─┐
　↓　　　　　　　│
③ 分析手法とデータの選択　│ 分析結果によっては、「仮説の構築」から再スタート
　↓　　　　　　　│
④ データ分析・結論の報告 ─┘

　「分析結果を早く出したい」という思いが強すぎると、①〜③のステップを省略して、④のステップだけを行いがちですが、それでは適切な結論を導き出すことはできません。また、実際には①〜③の

ステップを踏んで、実施する分析や収集するデータの絞り込みを行ったほうが、④だけを行うよりも短い時間で結論を導き出すことができます。

それでは、①〜④の各ステップについて、具体的に説明します。

(1) 分析目的の明確化

どのような分析であっても、「何のために行うのか」という目的を明確にすることが必要です。

目的を明確にするときには、「**この分析結果は、最終的に何の役にたつのか**」という観点から考えなければなりません。

例えば、「年齢と給与の関係性を調べること」では、分析目的を明確にしたことにはなりません。なぜならば、年齢と給与の関係性が分かったところで、そのこと自体は、誰の役にも立たないからです。人事管理において行うデータ分析は、会社あるいは従業員に、何らかの恩恵をもたらすものであることが必要です。

おそらく「年齢と給与の関係性を調べること」の前提には、「年齢と給与の間には何らかの関係性があって、それが人件費増加の一因となっている」という仮説があるのでしょう。それならば、分析の目的は、「人件費増加の要因を調べること」になります。人件費の増加要因を解明できれば、それをコントロールすることによって、人件費増加を抑え、会社の業績を良くすることができます。これは、会社や従業員にとって、大きな恩恵をもたらします。

目的が不明確なままで分析を進めていくと、何を調べたらよいのか分からなくなって途中で頓挫する、あるいは、意味不明な結論しか出てこないということになり、失敗に終わります。

注意しなければならないことは、「手段が目的化すること」、すなわち、分析すること自体が目的となってしまうことです。

分析とは、何らかの問題を解決するため、あるいは現状をもっと

良くするための「手段」として行われるべきものです。ところが、目的がしっかりと定まっていないと、「分析するための分析」を行ってしまうことになりかねません。

皆さんは、グラフや図表がたくさん並んでいるものの、結局、何を言いたいのかがわからない資料を見たことはありませんか。これは、「分析するための分析」を行ってしまった代表的な例です。確かに、パソコンを使って膨大な量のデータ処理を行ったのでしょうが、第三者に結論が伝わらないのであれば、それは効果的な「分析」とは言えません。

目的が不明確な分析を行っても、まともな結論は出てきませんし、出てきたとしても、その結論を第三者にしっかりと伝えることはできません。定期的に行っているものであっても、自分一人で行うものであっても、要するに、いかなる分析であっても、行うときには目的の明確化が必要です。

(2) 仮説の構築

分析目的が明確化されたら、「どういう問題が起こっていそうか、問題の要因はどこにありそうか、どうすれば解決できそうか」ということを考えて、仮説を構築します。

すなわち、「ここを変えれば、状況は良くなるだろう」というアタリをつけてから、分析を行うのです。その意味では、**分析とは、構築された仮説が妥当なものかどうかを検証するプロセス**と言えます。

「仮説を構築しなくても、データ分析をすれば、問題や要因が見えてくるだろう」と思う方がいるかもしれません。しかし、社内外にあふれている膨大な量のデータを手当たり次第に分析していては、時間がいくらあっても足りませんし、しかも問題や要因が見つかる保証はありません。このような非効率的なことは避けるべきです。

また、「最初に仮説を構築すると、それに引きずられて、客観的なデータ分析ができなくなる」と心配される方がいるかもしれません。ですので、ここで構築するものは、「"仮"説」なのです。あくまでも「仮」ですから、分析する中で、それとは異なる方向性が見えてきたら、当初の仮説を捨てて、新たな仮説を構築し、分析を続ければよいのです。

　例えば、「人件費増加の要因を調べる」という目的から、仮説を構築してみましょう。

　人件費は、従業員に支払う給与、法定福利費（＝社会保険料の会社負担分など）、法定外福利費（＝福利厚生などにかかる費用）、退職金にかかる費用、研修等に係る費用、採用にかかる費用などで構成されています。人件費が増加しているのであれば、これらのうち何かが増えているということになります。

　ここで「給与が増えている」という仮説を立てたとしましょう。給与は、大まかに言えば「平均給与額×従業員数」で算出されるものですから、平均給与額が上昇したか、従業員数が増えたか、あるいはその両方か、という仮説が構築されます。平均給与額が上昇したのであれば、「年功的な給与体系であるために、従業員の高齢化に伴い、平均給与額が上昇した」、あるいは「非正規従業員を正社員に登用したため、従業員全体で見れば平均給与額が上昇した」などの要因が考えられます。このうち「年功的な給与体系に問題がありそうだ」という仮説を立てたのであれば、年齢と給与との関係性を分析して、データの面から、それを検証します。

　仮説の構築は、基本的には、分析者が頭の中で行う作業です。「こういうことだろう」と理論的に考えていく一方で、「ここに問題が潜んでいそうだ」という「勘」を働かせることも必要です。

　また、仮説を構築する場合には、幅広く、様々な可能性を考えることが必要です。その意味では、分析者は、なるべく多くの人の意見を聴いて、異なる視点や考え方を取り入れたうえで、仮説を構築

することが望ましいとも言えます。

　一つの仮説を掘り下げて考えていくと、新たな仮説が見えてくることがあります。前述の例では、「平均給与額が上昇している」という仮説を掘り下げていくうちに、「年功的な給与体系であるために、従業員の高齢化に伴い、平均給与額が上昇した」という仮説にたどりつきました。このようにして、問題を発生させる根源に近い、より具体的な仮説を構築することができれば、この後の分析プロセスを効率的に進めることができ、さらに、妥当性の高い結論を導き出すことにもつながります。

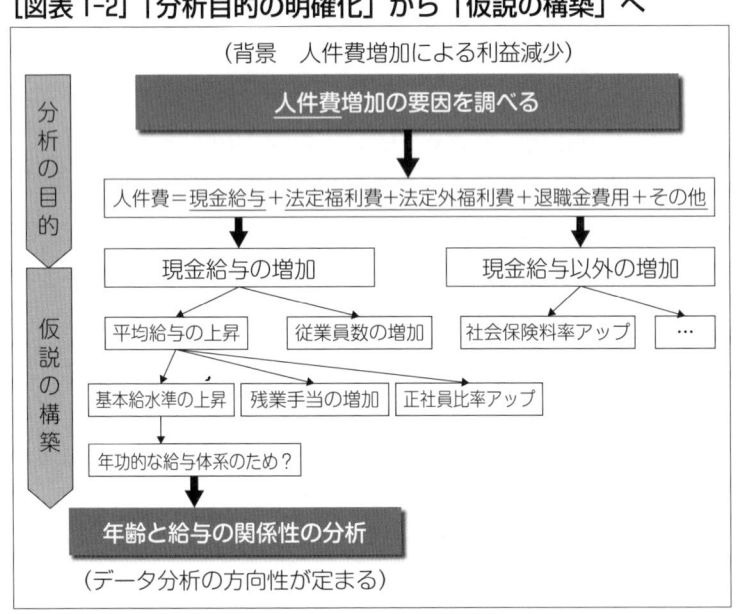

[図表1-2]「分析目的の明確化」から「仮説の構築」へ

（背景　人件費増加による利益減少）

分析の目的

人件費増加の要因を調べる

人件費＝現金給与＋法定福利費＋法定外福利費＋退職金費用＋その他

仮説の構築

- 現金給与の増加
  - 平均給与の上昇
    - 基本給水準の上昇
    - 残業手当の増加
  - 従業員数の増加
    - 正社員比率アップ
  - 年功的な給与体系のため？
- 現金給与以外の増加
  - 社会保険料率アップ
  - …

年齢と給与の関係性の分析

（データ分析の方向性が定まる）

(3) 分析手法とデータの選択

　このステップでは、仮説を検証するために最も効果的な分析手法およびデータを選択します。

ビジネスでよく使われるデータ分析の手法は、次の3つです。

```
① 構造を分析する手法
② 変動を分析する手法
③ 複数のデータの関係性を分析する手法
```

① **構造を分析する手法**

「売上高に占める人件費の比率」や「従業員に占める非正規従業員の比率」のように、ある状況や組織の構造を数値化する手法です。主な手法として、次のものがあります。

```
●構成割合（＝比率）を算出する
●代表値（平均値、分位数など）を算出する
```

構造を数値化できれば、その状況や組織などの特徴、性質が明確になります。そして、その数値を世間水準のデータなどと比較することによって、自社が抱える問題点を抽出することもできます。

② **変動を分析する手法**

「売上高の推移を見る」など、状況や組織の変化を時系列でとらえる手法です。具体的には、次のことを行います。

```
●ある指標の過去数年間の推移を表で示す
●指標の推移をグラフで図示する
```

この分析は、基本的には傾向を読み取るために行うものです。傾向を読み取ることができれば、「今、どのような問題が発生しているのか」、「今後、その問題がどうなりそうか」ということ

が分かります。

③　複数のデータの関係性を分析する手法

「年齢と給与の結びつきの強さを調べる」というように、複数のデータの関連性を調べることによって、何らかの結論を導き出す手法です。これには、次の手法があります。

- ●相関係数を算出する
- ●回帰分析を行う
- ●カイ二乗検定（χ二乗検定）を行う

複数のデータの関係性が分かれば、そこから問題点を発生させている要因を明らかにすることができます。また、一方のデータが動いたときに、他方のデータがどうなるのか予測することもできます。

[図表1-3] 主なデータ分析の手法と用途

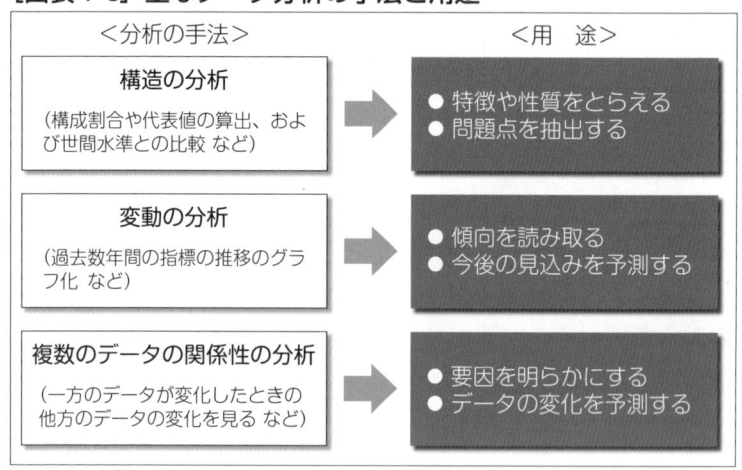

＜分析の手法＞	＜用　途＞
構造の分析 （構成割合や代表値の算出、および世間水準との比較 など）	● 特徴や性質をとらえる ● 問題点を抽出する
変動の分析 （過去数年間の指標の推移のグラフ化 など）	● 傾向を読み取る ● 今後の見込みを予測する
複数のデータの関係性の分析 （一方のデータが変化したときの他方のデータの変化を見る など）	● 要因を明らかにする ● データの変化を予測する

仮説構築時の問題意識が、「世間水準よりもこの部分が多い（少ない）」というものならば、「①構造を分析する手法」から、あるいは

「以前よりもこの部分が増えている（減っている）」というものならば、「②変動を分析する手法」を選択して、現状や問題点を明らかにすることから始めます。

そして、現状や問題点が明らかになったところで、「③複数のデータの関係性を分析する手法」を選択して、問題を発生させている要因を割り出したり、今後、発生しそうなことを予測したりします。そこから問題を解決する施策や今後に向けての課題を提言します。

これが、データ分析の手法を選択するときの基本です。

さて、分析手法を選択したら、次に、分析において使うデータを選択します。

人事管理において使うデータは、官公庁が公表する統計データなどの「**社外データ**」と、自社の業績や給与などに関する「**社内データ**」とに分けられます。また、それぞれのデータは、金額や人数などの数・量で示された「**定量データ**」と、アンケート結果やヒアリング調査での意見をまとめた「**定性データ**」に分けられます。

社外データは、インターネットを通じて入手することもできます（逆に言えば、インターネットで公表されていない社外データを入手しようとすると、コストや時間がかかります）。人員比率、給与、企業業績など、分析に使える様々なデータがインターネット上で公表されていますが、そこから必要なデータを効率的に収集するには、「どこに、どのデータがあるのか」を把握しておかなければなりません。これについては、次項で説明します。

社内データは、売上高などの財務データ、従業員数や給与支給額などの人事データなどがあります。近年は、ほとんどの会社が、会計業務や給与計算業務を情報システムや市販のソフトを使って行っていますが、たいていの場合、これらの定量データは、情報システムや市販ソフトから、エクセルに直接ダウンロードできます。

一方、従業員満足度のような定性データは、過去に実施したアン

ケートなどで使えるものがあればよいのですが、それがなければ、あらためて調査しなければなりません。この場合、前のプロセスで構築した仮説に基づいて、それを検証できるような調査を行います。過去に実施したアンケート調査の結果の中には、時間が経過したことにより使えなくなってしまったものもあるでしょうから、なるべくなら、あらためて調査を実施したほうがよいでしょう。

[図表1-4] 分析に用いる主なデータ

	定量データ	定性データ
社外データ	●賃金水準に関する統計データ ●財務状況に関する統計データ ●経済指標、他社の財務状況　など	●消費者意識、業界動向 ●就職人気企業、若年層の意識 ●景気判断　など
社内データ	●賃金、労働時間などのデータ ●売上高、利益などの財務データ ●従業員数　など	●経営方針、職場の意見・要望 ●従業員満足度、ほかアンケート ●職務経験、スキルなどのデータ　など

(4) データ分析・結論の報告

　分析手法とデータを選択したら、実際にデータ分析を行います。このステップでは、主に、エクセルを使ったデータの加工、計算、および結果のまとめ、グラフ化などを行います。

　近年、統計的手法を使った分析が、エクセルで簡単にできるようになりました。しかし、統計的手法の使い方を知らなかったら、また、それがエクセルを使って簡単に計算できることを知らなかったら、その恩恵を受けることはできません。

　統計的手法をマスターするうえでも、エクセルの操作を覚えるう

えでも、実際に使ってみることが一番です。慣れるまでは大変かもしれませんが、まずは無理をしてでも使ってみることです。

データ分析の結果は、ほとんどの場合、資料として整理したり、関係者に報告したりすることになります。このような結果のまとめやプレゼンテーションについても、エクセルの機能向上などにより、多彩なグラフ化やビジュアル化が可能になりました。

しかし、最近は、グラフや図表が多すぎて、分析の結論が見えない資料、何が言いたいのかが伝わらない報告書を頻繁に見かけます。このようなことにならないように、**分析の結論を導き出すとき、または、それを報告するときには、あらためて最初のステップで明確にした「分析の目的」を振り返るようにしましょう**。分析する人が示したいことは、最初の目的の中で明確化したこと（または、その目的をもとに構築した仮説の検証）であって、統計的手法やグラフではありません。このプロセスにおいても、「（"効果的に報告する" という）手段が目的化する」ことがないように気を付けることが必要です。

3 データの入手方法

(1) 主な統計調査とデータの入手方法

　現在、賃金水準や財務状況に関する統計データが、インターネットを通じて、無料で簡単に入手できるようになりました。人事データ分析において使用する社外データは、厚生労働省などの官公庁が実施した統計調査の結果を用いますが、それらのほとんどは、インターネットから入手することができます。

　ただし最近は、インターネット上で公開されている情報量が膨大になりすぎて、入手したい統計データを探し出すのに手間取ることがあります。統計データを効率よく入手するには、どのようなデータが、どこにあるのか知っておくことが必要です。

　[図表1-5] は、インターネットから入手できる主な統計データとその入手先の一覧表です。まず、これらの統計調査のウェブサイトにアクセスしてみて、公開されているデータを確認しておくとよいでしょう。

　官公庁が公表している統計データを入手するときには、「政府統計の総合窓口　e-Stat」を活用すると便利です。e-Statとは、官公庁が実施した統計調査の結果をまとめたポータルサイトで、**[図表1-5]** で示したデータのほとんどが、ここから入手できます。

[図表1-5] 分析目的別 主な統計データと入手先

統計調査名	実施機関	データの入手先
掲載されているデータ、統計の特徴　など		

[1] 給与について調べる

賃金構造基本統計調査	厚生労働省	https://www.mhlw.go.jp/toukei/list/chinginkouzou.html

給与水準の比較などに最も頻繁に用いられる統計データ。
年齢階級ごとに、所定内給与、月例給与（時間外手当を含む）、賞与（前年の実績）などのデータが表示されている。産業別、職種別、役職別、学歴別など様々な区分で集計されているため、分析に適したデータが入手可能。

毎月勤労統計調査	厚生労働省	https://www.mhlw.go.jp/toukei/list/30-1.html

給与、労働時間、雇用の変動をとらえることを目的とした統計データ。
毎月、調査が行われており、翌々月に結果が公表される（速報性がある）。
変動をとらえやすくするために「指数」でも表示されている。
ただし、年齢別や職種別に区分されていないため、構造的な分析には不適。

賃金事情等総合調査	中央労働委員会	https://www.mhlw.go.jp/churoi/chingin/

労働争議を解決するための参考情報を収集するために公的機関が行う調査。
大企業（資本金5億円以上・従業員1000人以上）を調査対象としている。
モデル給与（一定の条件のもとに算出した所定内給与）のデータもある。
隔年でモデル退職金のデータも公表される。

中小企業の賃金事情	東京都産業労働局	https://www.sangyo-rodo.metro.tokyo.lg.jp/toukei/koyou/chingin/

都内中小企業の初任給、実在者給与、モデル給与のデータが掲載されている。
調査対象は、製造業や建設業は従業員300人、商業、サービス業は100人未満。
隔年でモデル退職金のデータも公表される。
PDF形式であるため、データをエクセルに直接ダウンロードできない。

3．データの入手方法

[2] 賃上げ、賞与、人事制度の運用状況などを調べる

賃金引上げ等の実態に関する調査	厚生労働省	https://www.mhlw.go.jp/toukei/list/12-23.html

賃金の改定額、改定率および賞与の支給状況などのデータが掲載される。
毎年8月に調査が実施され、11月末に調査結果が公表される。
なお、労使交渉期間中は、日本経済団体連合会などが適宜情報を公開する。

民間主要企業夏季（年末）一時金集計	厚生労働省	https://www.mhlw.go.jp/stf/seisakunitsuite/bunya/koyou_roudou/roudouseisaku/shuntou/index.html

夏季賞与は9月中旬、年末賞与は翌年1月末にデータが掲載される。
調査対象は、資本金10億円以上、従業員1,000人以上で労働組合がある企業。
なお、労使交渉期間中は、日本経済団体連合会などが適宜情報を公開する。

就労条件総合調査	厚生労働省	https://www.mhlw.go.jp/toukei/list/11-23.html

労働時間制度、定年制等および賃金制度等について総合的に調査するもの。
人事制度の導入・運用状況が分かる。「福利厚生制度」や「労働費用（従業員1人を雇用するためにかかる費用の内訳）」のデータが掲載されることもある。

[3] 財務状況、人件費などを調べる

法人企業統計調査	財務省	https://www.mof.go.jp/pri/reference/ssc/index.htm

企業の財務諸表のデータが公表されているようなもので、財務分析や人件費分析の参考データとして活用することができる。

企業活動基本調査	経済産業省	https://www.meti.go.jp/statistics/tyo/kikatu/

企業の収益構造（売上高利益率など）のデータが掲載されている。
財務データ以外にも、雇用区分別の従業員数、あるいは組織別の従業員数（いわゆる「直間比率」の元データ）も掲載されている。

※特定の会社（上場企業）の財務状況を調べたい場合は、EDINET（金融庁が運用する電子開示システム）から、その会社の「有価証券報告書」を見るとよい。

パソコン操作1 【e-Stat から統計データを入手する】

[1] e-Stat の画面を開く

インターネットの検索エンジンで「e-stat」と入力、または、左記の URL を入力して、e-Stat の画面を開きます。
画面上の「統計データを探す」から「主要な統計から探す」を選択します。

〈e-Stat の URL〉
http://www.e-stat.go.jp/SG1/estat/eStatTopPortal.do

[2] 統計調査を選択する

表示された統計調査から、自分が入手したいものを選択します。
(ここでは、「労働・賃金」から「賃金構造基本統計調査」を選択します。)

[3] 入手したいデータを選択する

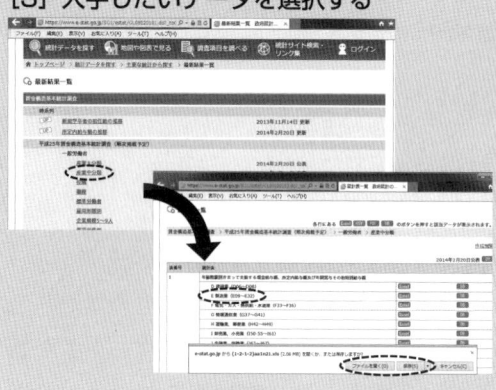

その統計調査が公表している様々なデータが表示されます。そこから自分が入手したいものを選択します。
(ここでは、「産業中分類」→「製造業」を選択しています。)
「Excel」を選択し、表示されたメニューボックスから[ファイルを開く]または[保存]を選択します。

3. データの入手方法

[4] データがダウンロードされる

統計データがダウンロードされました。
データは、エクセル形式になっていますから、そのままデータを切り貼りしたり、グラフ化したりすることができます。

他の統計データも、この手順で入手することができます。

(2) 統計データを使うときの注意点

[図表1-5] に示したもの以外にも、官公庁では、様々な統計データを公表しています。また、官公庁以外にも、様々な業界団体や営利企業が、独自に実施した調査の結果をインターネットや新聞・雑誌などを通じて公表しています。インターネットのキーワード検索などを使うと、これらの調査結果がヒットすることがありますので、分析の参考資料となりそうなもので、かつ信頼性が高いものであれば、積極的に活用するとよいでしょう。

なお、統計調査の信頼性をチェックするときには、次の点に着目します。

① 客観的な視点から行われたものか

例えば、コンサルティング会社が公表する統計調査の中には、その会社のコンサルティングに誘導するようなデータばかりを表示することがあります。このように、調査を実施した者が意図的に結論を導き出しているデータは、客観性を欠くものであ

り、分析には使わないほうがよいでしょう。

② **サンプル数が十分にあるか**

調査のサンプル数が少ないと、偏った結果となる危険性が高まります。したがって、なるべくサンプル数が多い統計調査のデータを使うようにします。

統計調査の冒頭部分に記載されているサンプル数や調査対象の属性などをチェックして、分析に使えるデータであることを、最初に確認することが必要です（なお、サンプル数や対象者の属性がどこにも記載されていない統計調査のデータは、信頼性が低いため、使うべきではありません）。

③ **調査方法が妥当なものであるか**

例えば、「仕事にインターネットを使っているか」というアンケート調査がインターネットを通じて行われている場合、インターネットの使用頻度が低い者からの回答が少なくなるため、その調査結果の信頼性は低いと言えます。

このように不適切な方法で行われた統計調査のデータは使わないようにします。

同様のことは、社内の調査にも言えます。例えば、「上司に対する不満があるか」というアンケートを記名式で行ったところで、多くの従業員は正直に回答しないでしょうから、信頼性が高いデータを得ることはできません。このようなアンケート調査の結果は分析には使えません。

④ **データが古くなっていないか**

統計調査が数年前に行われたものだと、データが古すぎて使えないことがあります。統計データは、なるべく新しいものを使うようにしましょう。なお、インターネットの検索エンジン

を使って統計データを探す場合、最初に表示されるものが直近の調査とは限りません。そこで表示された統計調査について、新しいデータが出ていないか、必ず確認してください。

　このような着目点からすると、官公庁などの公的機関、営利法人以外の研究機関、業界団体などが行っている統計調査が、比較的信頼性が高いと言えます。
　なお、新聞や雑誌などで役に立ちそうなデータを見つけたときでも、インターネットなどで、元の統計調査を調べたうえで、使うようにしてください（元の統計調査には、分析により適したデータが掲載されていることがあります）。

第2章

基本的な統計的手法

プロローグ

<課長>：やっぱり統計って難しそうだね。理論は難しいし、計算も複雑だし。私には使いこなせそうもないな。

<K子>：そんなことはないですよ。だって、課長だって「平均値」とか使っているでしょう。それも統計的手法です。私たちは、**日々の暮らしの中で**、**統計的手法を結構使っているの**です。

：いや。そりゃ平均ぐらいなら誰だって分かるけどね。統計的手法って、そんなに単純なことばかりじゃないよね。

：確かに、そうです。でも、課長。理論が難解で、計算が複雑だったら、そんなことは無視すればいいじゃないですか。今は、**エクセルにデータさえ入力すれば**、**統計的手法を使ったデータ分析の結果は手に入ります**よ。

：おぉ！ やっぱり君は「さとり世代」だな。理論を知ろうとしないで、結果さえ分かればいいんだ。

：ええ。とりあえず、結果さえ分かればいいです。もし興味がわいたら、後から理論とか計算式とか勉強します。でも、先に理論とか計算とか勉強したら、全然分からなくて、統計的手法を使う気にはなれないでしょうね。

　「統計の理論はよく分からないけど結果を使うことはできる」、「理論が分からないから、結果も使えない」。どちらが良いかと尋ねられれば、やはり結果だけでも使えるほうがいいですよね。

：開き直ったな。でも、理論が分からないままに統計を使っているのなら、「ヤマ勘」とレベルが変わらないような気もするよ。どちらも「なぜか分からないけど、結果はこうなるだろう」ということにすぎない。

：「ヤマ勘」も大切だと思います。私の場合、統計を使うときは、実は、最初に「ヤマ勘」があります。例えば、「年齢によって給与を決めているのかな」というヤマ勘があって、それが正しいことをデータによって実証するというのが、私にとっての統計の使い方です。

：**とりあえず使ってみることが大事で、理論は後回しでもいい**ということか。それでも、やっぱり、計算は大変だよね。

：それこそ、まさにエクセルのありがたみが分かるところですよね。覚えられない公式でも、すごく複雑な計算でも、データと関数式を入力するだけでできますから…。私なんか、統計で使う算式の中に、いまだに読めない記号があります。それでも、エクセルを使えば、計算結果だけは出てきます。こうなると、「使った者勝ち」ですよ。

：なんだ。「統計学が趣味」と言っても、実はそんな程度か。

：そうですよ。**難解な理論や複雑な計算を理解していなくても、仕事の中で統計学を使うことはできます**。とは言うものの、やはり最低限押さえておくべき基礎的な部分はあります。それをこれから説明しますね。

本書では、次の100人の給与データをサンプルとして使っています。

番号	性別	年齢	勤続	等級	役職	所定内給与 基本給	役職手当	その他手当	合計	所定外給与	年間賞与	年収
1	1	19	1	1		178,000	0	0	178,000	25,000	632,000	3,068,000
2	2	19	1	1		178,000	0	0	178,000	18,800	632,000	2,993,600
3	2	20	2	1		183,000	0	0	183,000	12,900	548,000	2,898,800
4	2	20	2	2		189,500	0	0	189,500	19,800	796,000	3,307,600
5	1	20	2	2		188,500	0	0	188,500	13,100	704,000	3,123,200
6	1	21	3	2		193,500	0	0	193,500	33,700	766,000	3,492,400
7	2	21	3	2		193,500	0	0	193,500	29,700	766,000	3,444,400
8	1	22	4	2		191,500	0	0	191,500	26,800	696,000	3,315,600
9	1	23	1	2		218,500	0	0	218,500	30,900	932,000	3,924,800
10	2	23	1	2		218,500	0	0	218,500	15,500	688,000	3,496,000
11	2	24	6	2		193,500	0	0	193,500	13,500	684,000	3,168,000
12	2	24	4	2		195,500	0	0	195,500	13,600	688,000	3,197,200
13	1	24	2	2		228,500	0	0	228,500	32,400	694,000	3,824,800
14	2	25	7	2		197,500	0	0	197,500	30,400	672,000	3,406,800
15	1	25	3	3		237,000	0	0	237,000	36,800	762,000	4,047,600
16	2	26	8	3		202,000	0	0	202,000	35,000	740,000	3,584,000
17	1	26	3	3		236,000	0	0	236,000	36,600	804,000	4,075,200
18	2	27	9	3		210,000	0	0	210,000	43,800	714,000	3,759,600
19	1	27	4	3		240,000	0	0	240,000	17,000	712,000	3,796,000
20	1	27	4	3		241,000	0	0	241,000	17,100	860,000	3,957,200
21	1	27	5	4		247,500	0	0	247,500	17,400	818,000	3,996,800
22	1	28	10	3		209,000	0	15,000	224,000	32,000	934,000	4,006,000
23	1	28	5	4		248,500	0	30,000	278,500	34,800	782,000	4,541,600
24	2	29	4	3		241,000	0	0	241,000	42,700	636,000	4,040,400
25	1	29	6	4		254,500	0	0	254,500	39,300	890,000	4,415,600
26	1	29	6	4		256,500	0	0	256,500	45,100	908,000	4,527,200
27	1	30	9	3		209,000	0	30,000	239,000	14,500	844,000	3,886,000
28	2	30	12	4		232,500	0	0	232,500	35,500	898,000	4,114,000
29	1	30	7	4		257,500	0	0	257,500	54,400	914,000	4,656,800
30	1	30	8	5		266,000	0	30,000	296,000	37,200	1,318,000	5,316,400
31	1	30	8	5		269,000	0	0	269,000	41,400	1,322,000	5,046,800
32	2	31	13	4		233,500	0	0	233,500	48,700	878,000	4,264,400
33	1	31	13	4	班長	226,500	5,000	30,000	261,500	35,000	868,000	4,426,000
34	1	31	4	4		223,500	0	40,000	263,500	15,400	872,000	4,218,800
35	1	31	9	5	班長	271,000	5,000	35,000	311,000	59,200	1,040,000	5,482,400
36	1	32	13	4	班長	234,500	5,000	35,000	274,500	36,500	964,004	4,696,004
37	1	32	6	4		254,500	0	15,000	269,500	17,900	790,000	4,238,800
38	1	32	8	5		272,000	0	0	272,000	47,700	1,174,000	5,010,400
39	1	33	6	5		273,000	0	25,000	298,000	57,400	1,126,000	5,390,800
40	1	33	11	6		299,000	0	30,000	329,000	41,600	1,244,000	5,691,200
41	1	33	11	6		296,000	0	0	296,000	45,200	1,704,000	5,798,400
42	1	34	13	5		248,000	0	10,000	258,000	34,000	930,004	4,434,004
43	1	34	5	5		288,000	0	15,000	303,000	20,300	946,000	4,825,600
44	1	34	12	6		304,000	0	0	304,000	52,900	1,314,000	5,596,800
45	1	35	5	3		226,000	0	40,000	266,000	43,800	848,003	4,565,603
46	1	35	13	6		311,000	0	35,000	346,000	65,200	1,330,000	6,264,400
47	1	35	13	6	係長	310,000	10,000	0	320,000	49,400	1,096,000	5,528,800
48	2	36	13	6		305,000	0	0	305,000	42,400	1,088,000	5,256,800
49	1	36	13	6		309,000	0	0	309,000	43,100	1,328,000	5,553,200
50	2	37	15	6		318,000	0	0	318,000	55,600	1,760,000	6,243,200

番号	性別	年齢	勤続	等級	役職	所定内給与 基本給	役職手当	その他手当	合計	所定外給与	年間賞与	年収
51	1	37	15	6		335,000	0	30,000	365,000	70,800	1,322,000	6,551,600
52	1	38	16	6		335,000	0	0	335,000	47,100	928,000	5,513,200
53	1	38	15	7	課長	336,000	30,000	30,000	396,000	0	2,170,000	6,922,000
54	1	39	9	5	班長	253,000	5,000	40,000	298,000	34,500	1,274,004	5,264,004
55	1	40	17	7	課長	337,000	30,000	0	367,000	0	2,456,000	6,860,000
56	1	41	23	7	課長	356,000	30,000	40,000	426,000	0	1,992,000	7,104,000
57	1	41	12	7	課長	337,000	30,000	35,000	402,000	0	1,846,000	6,670,000
58	1	42	7	5		312,000	0	10,000	322,000	22,900	874,000	5,012,800
59	1	43	25	6	班長	327,000	5,000	40,000	372,000	23,200	1,408,400	6,150,400
60	1	44	22	8	課長	403,000	30,000	35,000	468,000	0	2,668,000	8,284,000
61	1	45	27	6		402,000	0	35,000	437,000	63,400	1,060,000	7,064,800
62	1	45	27	6	係長	355,000	10,000	35,000	400,000	64,900	1,252,000	6,830,800
63	1	45	23	8	部長	401,000	50,000	30,000	481,000	0	2,348,000	8,120,000
64	1	46	28	6	係長	357,000	10,000	35,000	402,000	78,400	1,208,000	6,972,800
65	1	46	28	6	班長	362,000	5,000	15,000	382,000	52,200	1,276,000	6,486,400
66	1	46	22	7	課長	384,000	30,000	35,000	449,000	0	1,770,000	7,158,000
67	1	47	29	6	係長	378,000	10,000	30,000	418,000	55,500	1,868,000	7,550,000
68	2	47	29	6		346,000	0	0	346,000	73,400	1,130,000	6,162,800
69	1	47	27	7	課長	405,000	30,000	25,000	460,000	0	2,142,000	7,662,000
70	1	47	25	8	部長	426,000	50,000	35,000	511,000	0	2,122,000	8,254,000
71	1	47	25	9	部長	460,000	50,000	35,000	545,000	0	1,854,000	8,394,000
72	1	48	27	5		323,000	0	0	323,000	52,000	1,034,004	5,534,004
73	1	48	25	6	班長	355,000	5,000	15,000	375,000	56,300	1,262,000	6,437,600
74	1	48	30	8	課長	412,000	30,000	20,000	462,000	0	2,422,000	7,966,000
75	1	49	31	6	係長	389,000	10,000	0	399,000	85,800	1,406,000	7,223,600
76	1	49	29	7	課長	410,000	30,000	10,000	450,000	0	1,608,000	7,008,000
77	1	49	31	8	課長	464,000	30,000	15,000	509,000	0	2,156,000	8,264,000
78	1	49	26	9	部長	437,000	50,000	15,000	502,000	0	4,002,000	10,026,000
79	1	50	29	6	班長	377,000	5,000	35,000	417,000	68,300	1,322,000	7,145,600
80	1	50	32	8	課長	465,000	30,000	20,000	515,000	0	2,340,000	8,520,000
81	1	50	29	8	課長	460,000	30,000	25,000	515,000	0	2,154,000	8,334,000
82	1	50	28	8	課長	451,000	30,000	0	481,000	0	2,444,000	8,216,000
83	1	50	28	8	部長	539,000	50,000	30,000	619,000	0	2,374,000	9,802,000
84	1	51	30	6	班長	363,000	5,000	0	368,000	38,900	1,302,000	6,184,800
85	1	51	29	9	部長	535,000	50,000	25,000	610,000	0	3,138,000	10,458,000
86	1	52	33	7	課長	424,000	30,000	0	454,000	0	1,446,000	6,894,000
87	1	52	34	9	部長	565,000	50,000	30,000	645,000	0	1,558,000	9,298,000
88	1	53	33	6	班長	352,000	5,000	15,000	372,000	25,100	1,554,000	6,319,200
89	1	53	27	6	班長	348,000	5,000	25,000	378,000	24,800	1,356,000	6,189,600
90	1	54	36	8	部長	511,000	50,000	0	561,000	0	2,700,000	9,432,000
91	1	54	36	8	部長	513,000	50,000	25,000	588,000	0	2,106,000	9,162,000
92	2	55	28	5		342,000	0	0	342,000	61,300	970,000	5,809,600
93	1	55	34	6	班長	382,000	5,000	15,000	402,000	82,900	1,188,000	7,006,800
94	1	56	35	6		382,000	0	20,000	402,000	40,900	1,042,000	6,356,800
95	1	56	34	6		424,000	0	25,000	449,000	61,100	1,096,000	7,217,200
96	1	56	33	6		367,000	0	0	367,000	26,100	1,106,000	5,823,200
97	1	57	32	6		397,000	0	30,000	427,000	71,100	940,000	6,917,200
98	1	57	24	6		337,000	0	25,000	362,000	47,500	1,076,000	5,990,000
99	1	57	34	7	課長	497,000	30,000	20,000	547,000	0	1,738,000	8,302,000
100	1	58	34	9	部長	595,000	50,000	20,000	665,000	0	4,200,000	12,180,000

第2章 基本的な統計的手法

1 分析ツールのインストール

　統計的手法を使った分析は、エクセルの「**分析ツール**」を使えば、効率的に行うことができます。

　例えば、これから説明するヒストグラムの作成や代表値の算出は、「分析ツール」を使えば、エクセルが自動的に実施してくれます。この機能を使いこなせるかどうかによって、分析のスピードや質に大きな差が出てきます。

　なお、エクセルの「分析ツール」はアドイン（拡張機能）として設定されているため、通常の場合、すぐに使える状態にはなっていません。そこで、自分のパソコンのエクセルについて、次の要領で「データ分析」機能をアドインしてください（一度、アドインを有効にすれば、その後は、この操作を繰り返さなくても、「分析ツール」が使える状態に設定されます）。

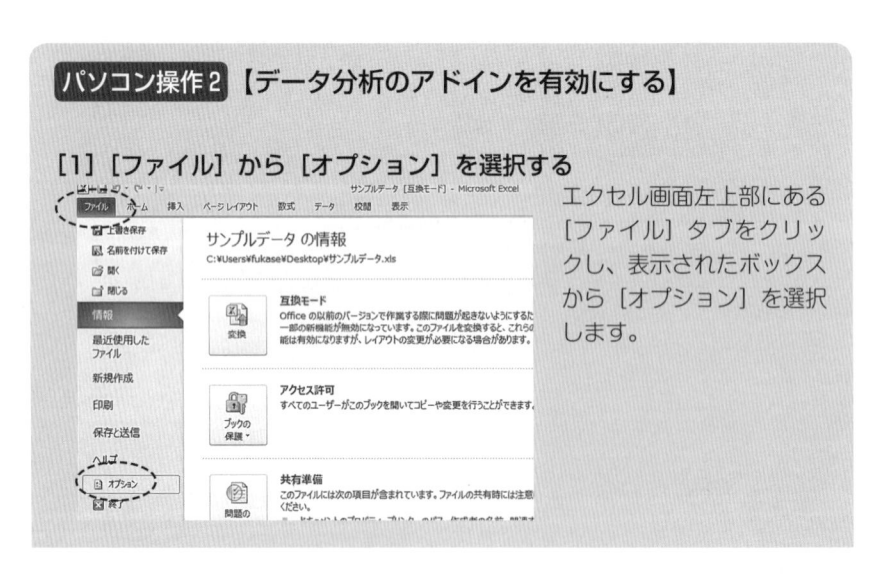

パソコン操作2【データ分析のアドインを有効にする】

[1]［ファイル］から［オプション］を選択する

エクセル画面左上部にある［ファイル］タブをクリックし、表示されたボックスから［オプション］を選択します。

[2] [アドイン]→[設定] をクリックする

[オプション] を選択すると、右側に「アドイン」の状態が表示されます。
画面下方の「管理」の右側のボックスに「Excel アドイン」と表示されていることを確認して、[設定]をクリックします。

[3] [分析ツール] をチェックし、[OK] する。

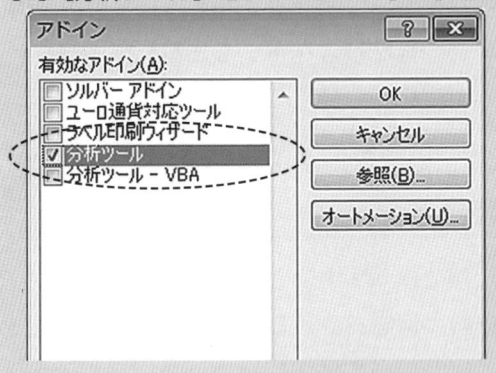

アドインのボックスが表示されたら、「有効なアドイン」の中の[分析ツール]にチェックを入れて、右側の[OK]ボタンをクリックします。
これでエクセルの「分析ツール」が有効になりました。

[4] 分析ツールの追加を確認する。

画面上方の[データ]タブをクリックし、リボンの中に「データ分析」が表示されていることを確認してください。

1. 分析ツールのインストール

2 度数分布とヒストグラム

(1) 度数分布とは

　多くのデータを分析するときには、まず、データがどの数値の範囲に、どのように分布しているのか、大まかにつかんでおきます。
　「度数分布」とは、データを大きさによっていくつかの階級に区分けしたときに、それぞれの階級に入るデータの数を示しています。各階級のデータ数を一覧表にしたものを「度数分布表」、それをグラフ化したものを「ヒストグラム（度数分布図）」と言います。
　[図表2-1] は、サンプルデータの所定内給与（合計）の分布を示したヒストグラムです。これを見れば、「25万円以上30万円未満の所定内給与をもらっている従業員が多いこと」や「60万円以上の所定内給与をもらっている従業員も少数ながら存在すること」などが分かります。

(2) ヒストグラムの作り方

　ヒストグラムは、次の手順で作ります。
① データを区分けする階級の間隔を決める（[図表 2-1] の場合は、階級を5万円きざみで設定しています）。
② 各階級に入るデータの数を数える。
③ 階級を横軸に、データ数を縦軸にとって、棒グラフを作成する。

[図表2-1] 所定内給与のヒストグラム

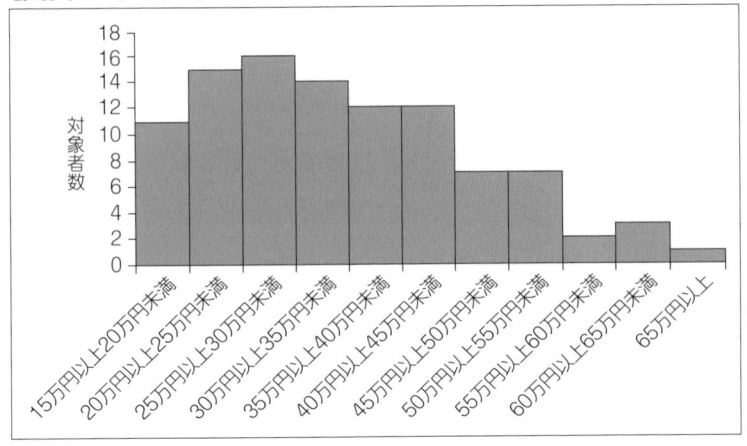

（棒グラフ：対象者数を縦軸、階級を横軸に表示）
15万円以上20万円未満、20万円以上25万円未満、25万円以上30万円未満、30万円以上35万円未満、35万円以上40万円未満、40万円以上45万円未満、45万円以上50万円未満、50万円以上55万円未満、55万円以上60万円未満、60万円以上65万円未満、65万円以上

　エクセルの「分析ツール」を使えば、②と③の作業は、パソコンが自動的に行ってくれます。操作方法は、次ページのとおりです。
　なお、ヒストグラムを作るときには、次の点に注意してください。

●区分けする階級の数を適切に設定すること
　階級の数が多すぎると、各階級に入るデータの数が少なくなり、どの階級にデータが集中しているのか分かりません。逆に、階級の数が少なすぎると、階級を区切る間隔が広くなり、データがどこに集中しているのか分からなくなります。データの特徴をつかむことができる、適切な階級の数を設定してください。

●階級の間隔を均一にすること
　ヒストグラムは、グラフの形状からデータの特徴を読み取ります。
　階級（グラフの横軸）の間隔を均一に設定して、グラフの形状を正しく描くように注意することが必要です。
　特に、グラフの両端に位置する、極端に小さい・大きいデー

タをまとめるときには「～未満」「～以上」を明確に表示して、他の階級よりもデータの数が多くならないように注意してください。

●図の縦横の比率に気を付けること

縦長か、横長かによって、ヒストグラムを見たときの印象が大きく変わります。データの特徴が的確に伝わるように、エクセル上で図の縦横を調整してください。

パソコン操作3 【ヒストグラムを作成する】

[1] データを入力し、[データ分析] を選択

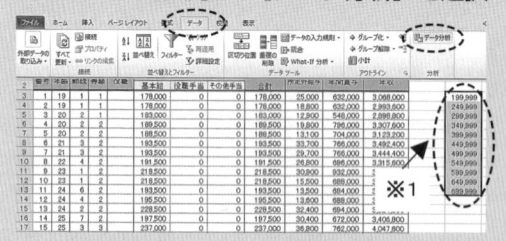

データを入力したシートを準備し、空いている領域に、データを区分けする階級を入力します。（左図の※1）画面上部の[データ]タブをクリックし、表示されたリボンの中から[データ分析]を選択します。

[2] [ヒストグラム]→必要事項の入力

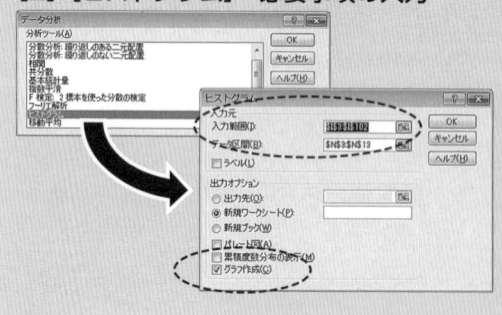

[ヒストグラム]を選択し、「入力範囲」には分析対象のデータが入力された領域を、「データ区間」には階級を入力した領域を、それぞれ指定します。

下方の「グラフ作成」にチェックを入れて、[OK]ボタンをクリックします。

[3] ヒストグラムが表示される

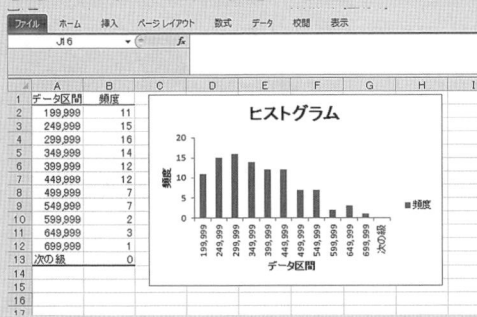

階級ごとのデータの数が表示され、その隣にヒストグラムが表示されます。
なお、表示されたヒストグラムのデザインは自由に変えることができますから、必要に応じて、グラフを加工します。

※ヒストグラムを作成するとき、データを区分けする「階級」を入力しますが、このときには小さいほうから順に階級の境目となる数字を入力していきます。なお、ここで入力した数値は、その階級の中に含めてカウントされますから、「20万円未満」の階級ならば「199999」と、「20万円以下」ならば「200000」と入力します。

(3) ヒストグラムの見方

ヒストグラムの形状を見れば、データの分布の特徴をつかむことができます。

形状を見やすくするためには、ヒストグラムの各階級の柱の頂点を結んだ折線グラフに加工するとよいでしょう（これを「度数曲線」

[図表 2-2] 所定内給与の度数曲線

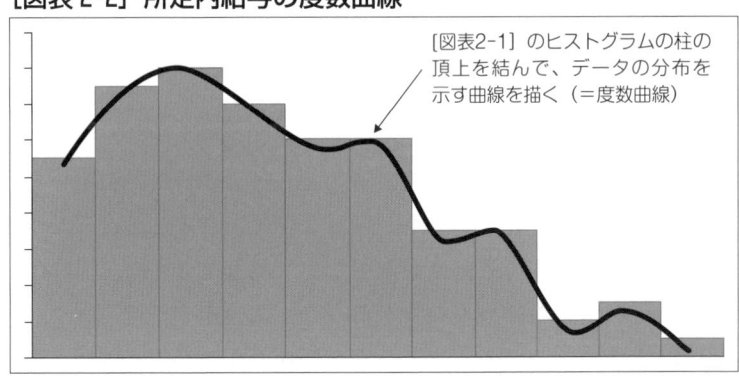

[図表2-1] のヒストグラムの柱の頂上を結んで、データの分布を示す曲線を描く（＝度数曲線）

と言います)。度数曲線の形状が、頂上が尖がった山型であれば、特定の階級に多くのデータが分布していることが分かります。また、左のすそ野が長い山型であれば、小さい階級に幅広くデータ分布していることが分かります。

　ヒストグラムを作成したときに、同時に表示される度数分布表を使って「折線グラフ」を描けば、度数曲線は簡単に描けます(エクセル操作は、度数分布表のデータ全体を範囲指定したうえで、[挿入]タブ→[グラフ]→[折れ線]を選択してください。なお、折れ線グラフを"曲線"にするときには、グラフ上の任意のデータを右クリックして、表示されたボックスから、[データ系列の書式設定]→[線のスタイル]を選択し、「スムージング」にチェックを入れます)。

　度数曲線のとんがり度合いを「尖度(せんど)」、左右のゆがみ度合いを「歪度(わいど)」と言います。頂点がとんがって、左右のすそ野が長い形状になると尖度は大きくなり、また、データが左右対称となれば歪度は0となります。

　人事管理におけるデータ分析においては、ヒストグラムの形状からデータの分布状態をつかむことができれば十分で、尖度や歪度を分析に使う場面はほとんどありません。むしろ、これらの数値を使わずに、「ヒストグラムの山の頂点がとんがっている」、「データが左側に偏っている」などと言ったほうが、データの分布状態を確実に相手に伝えることができます。したがって、ここでは、尖度や歪度の算出方法の説明は省略します。

(4)「正規分布」とは

　一般的に、膨大な数のデータが自然な状態で分布しているときには、平均値のあたりにデータが集中し、平均値を中心に左右対称となる、なだらかな釣鐘型(つりがねがた)の度数曲線を描くことが知られています。このようにデータが分布している状態を「**正規分**

布」と言います。

　例えば、日本の中学生の身長の度数曲線を描けば、正規分布の形のグラフになります。

　正規分布の状態であれば、尖度、歪度ともにゼロとなります。したがって、あるデータの分布が正規分布になっているのかどうかを調べたいのであれば、尖度、歪度がゼロになっているかどうかを確認すればよいことになります（確認方法については、「第2章-6-(2)」を参照してください）。

　正規分布は、自然な状態におけるデータ分布として、統計学において、大変重要な意味を持っています。ところが、給与や人事評価の結果など人事に関係するデータが、完全な正規分布になることは、ほとんどありません。なぜならば、1つの会社から得られるデータの数は少ないですし（正規分布になるほど多くはありませんし）、また、人の手によって何らかの調整が行われている可能性が大きい（自然な状態ではない）からです。

　「尖度・歪度」や「正規分布」という言葉は、実際にデータ分析に使うというよりも、統計的手法を身につけるうえで必要な言葉としてために、この機会に覚えておくとよいでしょう。

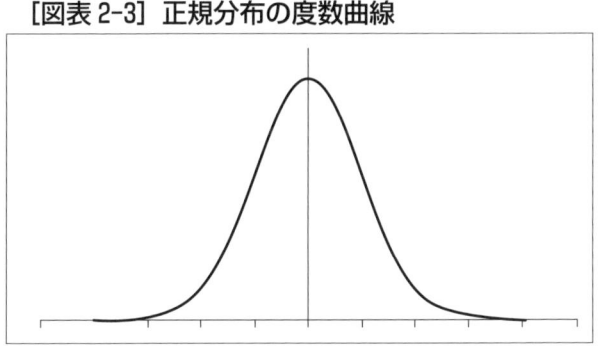

[図表2-3] 正規分布の度数曲線

3　散布図

(1) 散布図とは

　「散布図」とは、(x_1、y_1)、(x_2、y_2)…のように2つのデータが組になったものの集まりについて、一方のデータ（x）を横軸に、他方のデータ（y）を縦軸においた座標軸上に、それぞれのデータを点で示した（プロットした）図のことです。

　[図表2-4]は、サンプルデータの年齢別に所定内給与の分布を示した散布図です。これを見れば、次のことが分かります。

●各年齢の給与の最高額、最低額はいくらぐらいか
　→　最も上に位置する点と最も下に位置する点を見る。
●各年齢において、どのあたりに給与が集中しているか
　→　年齢ごとに点の密度が濃い部分を見る。
●年齢が上昇すると、給与はどのように変化するか
　→　全体の形、点が密集している部分の上がり方などを見る。

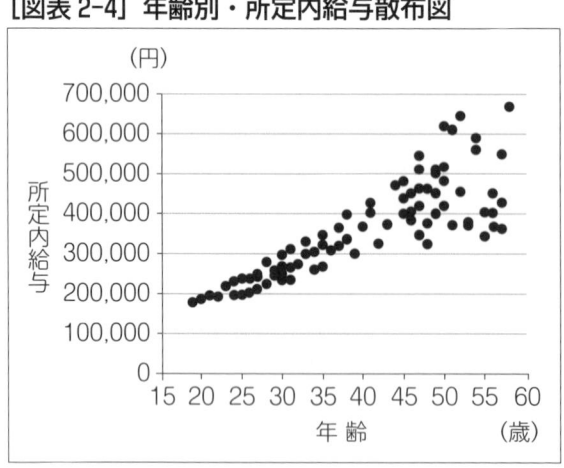

[図表2-4] 年齢別・所定内給与散布図

(2) 散布図の作り方

散布図も、エクセルを使えば簡単に作成することができます。

パソコン操作4 【散布図を作る】

[1] [挿入]→[グラフ]→[散布図] を選択

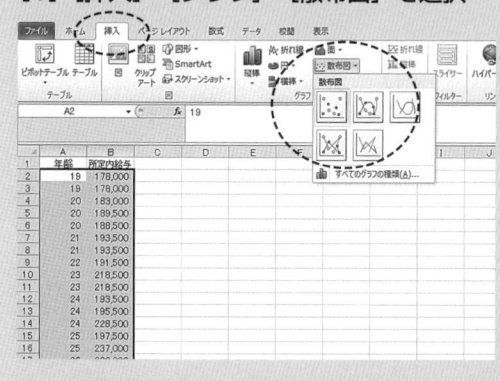

データが入力されている領域を範囲指定した状態で、[挿入] タブをクリックし、リボンから [グラフ]→[散布図（マーカーのみ）] を選択します。

[2] 散布図を見やすいように加工する

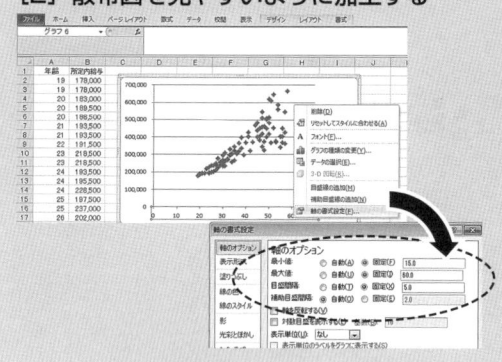

シート上に、散布図が表示されます。縦軸、横軸、プロットされている点などを右クリックし、表示されたボックスから [書式設定] を選択すれば、軸の最大値、最小値や点の種類などを修正できます。見やすいグラフになるように、必要に応じて加工してください。

これが、基本的な散布図の作成方法です。

3. 散布図

少し工夫を加えれば、[図表 2-5] のように、等級ごとにプロットする点の種類が異なる散布図も作成することができます。この散布図からは、次の点も分かります。

●**各等級は、何歳から何歳の間に出現しているか**
　→　各等級の最低年齢と最高年齢を見る。
●**各等級について、いくらぐらいの給与を支払っているのか**
　→　各等級の点が密集しているところ、および最低給与、最高給与を見る。
●**上下の等級間での、給与の格差はどうなっているのか**
　→　上下の等級間の給与の重複部分、または空白部分を見る。

[図表 2-5] 年齢別・等級別・所定内給与散布図

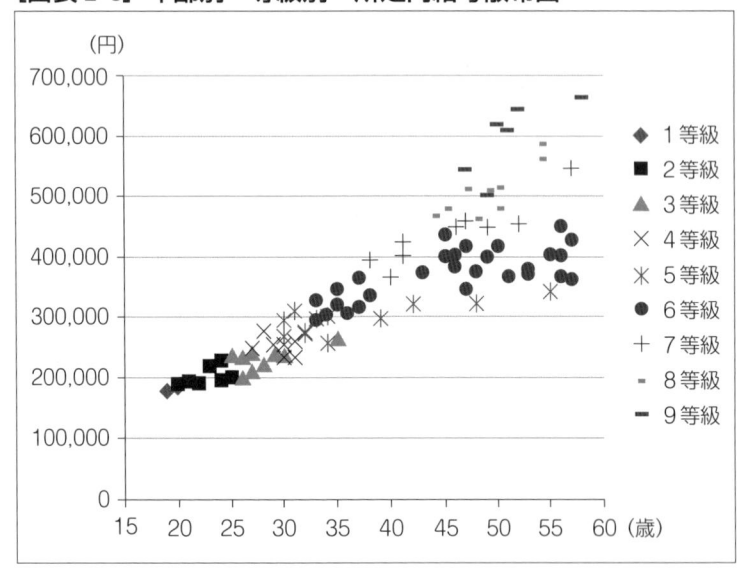

パソコン操作5【等級ごとに点の種類が異なる散布図を作る】

[1] データを等級順に並び替える

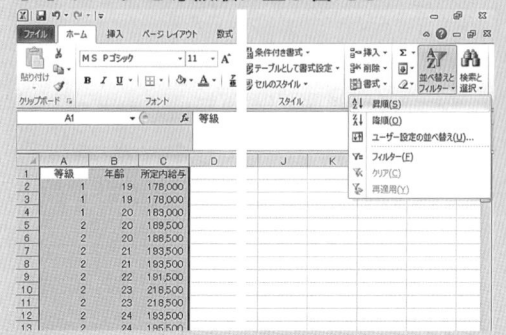

等級、年齢、給与のデータが入力されている領域を範囲指定した状態で、[ホーム]→[編集]→[並び替えとフィルター]を選択して、データを等級順に並び替えます。

[2] 等級ごとに、データの列をずらす

データが入力されている領域の右側の最上行に、「1等級」「2等級」…と、列をずらしながら等級を入力します。
その列の下に給与のデータを[切り取り]→[貼り付け]で移動させます。

[3] データ全体を指定して散布図を作成する

データが入力されている領域全体を範囲指定して、[挿入]タブ→[グラフ]→[散布図]を選択します（あとは普通の散布図の作成と同じです）。

3．散布図

(3) 散布図の見方

　散布図を見るときには、「水準」と「格差」という2つの視点を持つことが重要です。

　水準は、「データがどこに集中しているのか」という点に、格差は「データがどのように広がっているのか」という点に着目します。給与で言えば、水準は「標準的な従業員の給与はいくらか」、格差は「給与の最高額と最低額の幅がどれくらいあるのか」ということを意味します。

　このように2つの視点からデータを見ることは、統計学の基本とも言えるとらえ方です。なぜならば、複数のデータが集まっている場合、その特徴は、「データの標準的な値（＝水準）」と「それを中心にデータがどのように散らばっているか（＝格差）」という2つの点を示せば説明できるからです。

　[図表2-6] は、A社、B社の2つの会社の給与散布図です。両方とも、点が集中しているところを結んだ線が「水準」、点の上下の幅が「格差」となります。「A社はB社よりも水準が高く、格差が大きい」という表現で、両社のデータの特徴を説明できます。

[図表2-6] A社とB社の給与散布図の比較

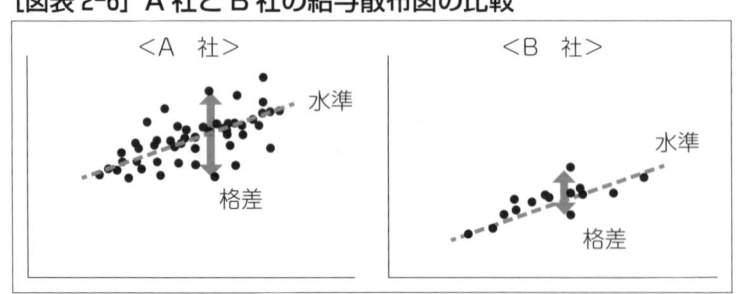

(4) 散布図を見るときの注意点

　エクセルを使って作成した散布図を見るときには、次のことに注意することが必要です。

①　1つの点に複数のデータが重なっていることがある

　1つの数値に10個のデータが重なっていたとしても、散布図上は、1つの点として表現されてしまいます。そのため、ある点に、たくさんのデータが分布していることを見落としてしまうことがあります。

　年齢と給与のようなデータの場合、同じ年齢に同じ額の給与のデータがたくさん重なっていることがあるので、注意が必要です。

②　極端に上（下）の位置にある点の印象を強く受けやすい

　他の多くの点から離れた位置にある1つの点（データ）が目立つために、見る者は強く印象付けられてしまいます。例えば、高い給与をもらっている人が1人でもいると（散布図の上のほうに点があると）、全体的に給与が高い水準にあるように印象付けられてしまうことがあります。

③　上下の点の真ん中に平均値があると思い込みやすい

　散布図上は、最も上と下の点の真ん中が標準的な値のように見えて、そこに平均値があるものと思い込んでしまいがちです。前述したとおり、1つの点に複数のデータが重複していることもありますので、最も上と下の点の真ん中に平均値があるとは限りません。必要に応じて、散布図と合わせて平均値も表示して、間違った思い込みが起きないようにするとよいでしょう。

　人事データ分析においては、散布図を頻繁に使います。エクセルを使った作成方法、2つの視点（水準と格差）を意識した散布図の見方は、必ずマスターするようにしてください。

4 データの標準的な値を見る

(1) 代表値とは

　ヒストグラムや散布図は、グラフを使って視覚的にデータの特徴をとらえる統計的手法です。次に、数値を使ってデータの特徴をとらえる手法を説明しましょう。

　「第2章-3-(3)」でも述べたとおり、たくさんのデータが集まっている場合、その集まりの特徴は、「データの標準的な値」と「それを中心にデータがどのように散らばっているか」という2つの点で説明することができます。数値を使うのであれば、データの標準的な値は「代表値」、データの散らばりは「分散」や「分位数」などで表されます。

　代表値として、最もよく使われるものが「**平均値（算術平均、mean）**」です。平均値は、すべてのデータの合計値をデータの個数で割って算出します。

　人事データ分析においても、平均年齢や平均給与額など、その会社の従業員構成や給与体系の特徴をとらえようとするときに、平均値が使われます。

　ところが、平均値では、データの特徴を適切に表現できない場合もあります。例えば、「1、2、3、4、20」という5個のデータの平均値は「6(=(1+2+3+4+20)÷5)」となりますが、実際には6の付近あたりにはデータが存在せず、これではデータの特徴をうまく表現できているとは言えません。このように、平均値は、データの中の極端に高い（低い）数値の影響を受けやすいという欠点があります。

こういうときに使われる代表値が「**中位数（中央値、median）**」です。中位数とは、データを大きさの順で並べたときに、真ん中に位置する数値のことです。前述の5つのデータであれば、小さいほうから数えても、大きいほうから数えても3番目に位置する「3」が中位数となります。

　「データの数が偶数だったら、真ん中に位置する数値が算出できなくなる」と思う人がいるかもしれません。その場合は、真ん中に位置する2つのデータの平均値を中位数とします。例えば、「1、2、3、4、5、20」という6つのデータであれば、「3」と「4」の平均値の「3.5」が中位数となります。

　代表値としては、この他にも「**最頻値（並数、mode）**」があります。これは、最もデータの数が多い数値のことで、ヒストグラムを描いたときに最も高い柱となる階級の数値です。例えば、特定の数値にデータが集中している場合、または、度数曲線の山が一方に偏っている場合などは、代表値として最頻値を使うことがあります。

[図表 2-7] 平均値、中位数、最頻値

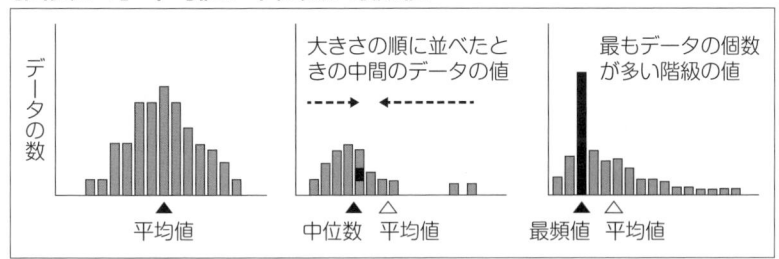

4．データの標準的な値を見る

(2) 代表値の算出方法

　これらの代表値は、すべてエクセルの関数を使えば、簡単に算出することができます（それぞれの関数は、「第2章-6-(1)」を見てください）。

　なお、給与データを分析するときには、性別、等級別、役職別など、様々な分類で給与の平均値を算出します。そこで、分類を変えるたびに、「データを並び替える→分類の区切りとなる行を空ける→関数を入力する」という作業を繰り返していては、非効率的です。

　こういうときには、**エクセルの「ピボットテーブル」**を使うとよいでしょう。ここでは、ピボットテーブルを使って、等級別の所定内給与の平均額の表を算出し、それを役職別の表に置き換えるという操作について説明します。エクセルのピボットテーブルが使いこなせるようになると、データ分析の効率が格段にアップしますから、使い方を是非マスターしてください。

パソコン操作6【ピボットテーブルで給与の平均値を算出する】

[1] 領域を指定し「ピボットテーブル」を選択

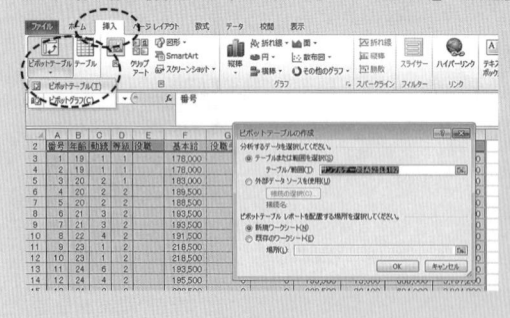

給与データが入力されている領域全体を範囲指定した状態で、[挿入] タブ→ [ピボットテーブル] を選択します。
「ピボットテーブルの作成」というボックスが表示されたら、そのまま [OK] ボタンをクリックします。

[2] リストから項目をドラッグ＆ドロップする

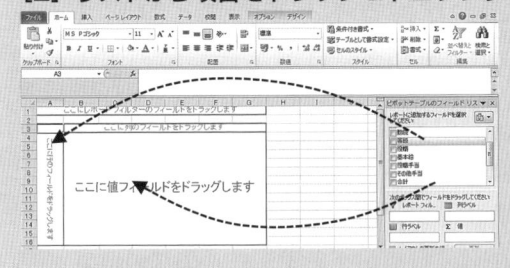

別シートに空白のピボットテーブルが表示されました。表示されている「ピボットテーブルのフィールドリスト」から、「等級」をテーブルの左列までドラッグ＆ドロップします。同様に「(所定内給与)合計」をテーブルの中央にドラッグ＆ドロップします。

[3] 値フィールドを「平均」に設定する

ピボットテーブルに、等級ごとの所定内給与の合計値が表示されました。これを平均値にするには、フィールドリストの「値」から、該当するデータの右の「▼」をクリックし、[値フィールドの設定]→「平均」を選択します。

[4] 等級を役職に置き換える

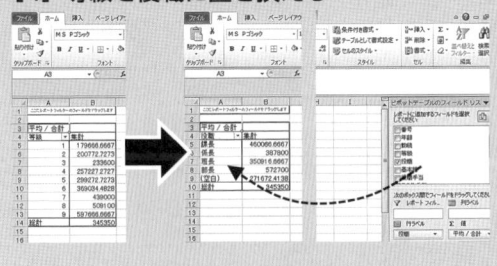

等級ごと所定内給与の平均額を集計したピボットテーブルが表示されました。
そのまま、フィールドリストの「等級」のチェックを外して、代わりに「役職」をテーブルの左列にドラッグ＆ドロップすれば、役職別に給与平均額を集計した表に置き換わります。

第2章 基本的な統計的手法

4. データの標準的な値を見る

(3) 代表値を世間水準と比較するときのポイント

　代表値を使えば、データの集まりの特徴や性質を一つの数値で言い表すことができるため、他のデータの集まりとの比較を行うことが可能になります。例えば、２つの会社の給与のデータが手に入れば、それぞれの平均値を算出して、給与水準の比較ができます。

　データの比較において、各種機関が公表する統計調査の結果が役に立ちます。特に、官公庁が公表する統計調査の結果は、多くの企業や従業員のデータを集計した「世間水準」と言えるものなので、それと自社のデータの代表値（平均値）を比較すれば、自社のデータが世間一般的な会社・従業員よりも高い給与水準にあるのかどうかが、すぐに分かります（官公庁が公表する統計調査については、「第１章-３-(1)」を参考にしてください）。

　代表値を世間水準と比較するときのポイントは、「数字の高低の意味することを考える」ということです。

　例えば、Ｘ社の給与の平均額が35万円、統計データから入手した給与の世間水準が30万円だったとします。こうなれば「Ｘ社の給与水準は（世間水準と比較して）高い」ということは明らかです。ここで問題とするべきことは、「給与水準が高いことは、Ｘ社にとってどのような意味を持つのか」ということです。Ｘ社が、高品質なサービスを提供している会社であれば、世間よりも高い給与水準は、優秀な人材を確保するために必要なことなので、さほど問題にはなりません。しかし、Ｘ社が、標準的なサービスを低価格で提供している会社であれば、世間よりも高い給与水準は、利益を圧迫する要因となり、経営上の大きな問題ととらえられるでしょう。

　代表値が世間水準よりも高い（または低い）という「事実」を示すだけではなく、その事実の意味を明確にする（良し悪しの価値判断を加える）ところまで行わなければ、データ分析とは言えません。

　また、「給与水準は低いほうがよい」などの**個人的な思い込みや世**

間の一般論に惑わされて、誤った価値判断をしないように気を付けることも必要です。「給与水準が高いほうが良いか、低いほうが良いか」ということは、事業特性や経営の方向性などから決まることです。

　これも代表値を世間水準と比較するときの重要なポイントで、本書では、この後、何度もこのポイントに触れることになります。

　ところで、X社の例において、次の情報が加わったとします。

　X社：給与の平均額35万円　従業員の平均年齢35歳
　世間水準：給与の平均額30万円　集計対象者の平均年齢30歳、

　この場合、X社の給与水準が世間よりも高いとは、一概には言えなくなります。X社の30歳の従業員の平均給与は30万円（世間水準）未満かもしれませんし、逆に、35歳の労働者の給与の世間水準は35万円（X社の平均額）を上回っているかもしれません。

　X社が、「自社の給与水準を世間相場に合わせたい」と思っているのであれば、このようなデータ分析では的確な判断ができません。X社の30歳の従業員の給与の平均額を世間水準と比較するか、あるいはX社の給与の平均額を35歳の労働者の給与の世間水準と比較するか、分析方法を変えることが必要となります。

　代表値を世間水準と比較する場合、元のデータの属性（この例の場合は「平均年齢」）が大きく異なっていると、的確な結論が導き出せないこともあるので注意が必要です（ただし、上記の例の場合、「X社では世間よりも高齢化が進んでいる」、「X社の人件費負担が重くなっている可能性がある」ということは分かりますから、データ分析の目的を「自社の経営課題を抽出したい」ということに置いているのであれば、比較対象のデータの属性を揃えないままにしておいたほうが、的確な結論を導き出すことができます）。

5 データの散らばりを見る

(1) 分散と標準偏差

　データの散らばりは、それぞれのデータが平均値からどれだけ離れているのかを見ればよいということになります。

　各データと平均値との差を「**偏差（deviation）**」と言い、これを見れば、データの散らばりは分かります。ところで、すべてのデータの偏差を合計すると、平均値よりも高い数値と低い数値が相殺されて、「ゼロ」になってしまいます。

　そこで、データ全体の散らばりを見るためには、偏差の絶対値をとって（マイナスの偏差をプラスに置き換えて）、その平均値を算出すればよいということになります。これが「**平均偏差（平均絶対偏差）**」と呼ばれるものです。

　しかし、絶対値をとる作業は、以前は手間がかかるものだったため、それぞれのデータを二乗して、（マイナスの値をプラスに変換して、）その平均値を算出するようにしました。このようにして算出された値を「**分散（variance）**」と言います。これで、すべてのデータの平均値との差をとらえられるようになり、データ全体の散らばりが分析できるようになりました。

　ところが、分散の算出ではデータを二乗していますから、それを元に戻したほうがよいとも言えます。このようにして算出される数値（分散の平方根）が「**標準偏差（standard deviation）**」です。データの散らばりを見るときには、この「標準偏差」が、最もよく使われます。

　平均偏差、分散、標準偏差は、いずれも数値が大きくなるほど、データの散らばりが大きいことを示します。

[図表2-8] 散らばりを見る指標① (分散、標準偏差など)

指標	定義	算式
偏差	各データと平均値との差	偏差 $= X_i - \bar{x}$
平均偏差	偏差の絶対値の平均値	平均偏差 $= \dfrac{1}{n}\sum_{i=1}^{n} \|X_i - \bar{x}\|$
分散	偏差を二乗したものの平均値	分散 $(S^2) = \dfrac{1}{n}\sum_{i=1}^{n}(X_i - \bar{x})^2$
標準偏差	分散の平方根	標準偏差 $(S) = \sqrt{\dfrac{1}{n}\sum_{i=1}^{n}(X_i - \bar{x})^2}$

(2) 標準偏差の性質

たくさんのデータが自然な形で分布している場合(正規分布で広がっている場合)、次のような関係が成り立つことが知られています。

- 「平均値±標準偏差」の範囲内に全データの約68%のデータが含まれる。
- 「平均値±2×標準偏差」の範囲内に全データの約95%のデータが含まれる。

つまり、正規分布の状態であれば、標準偏差を見れば、平均値を中心にして、どのあたりまでデータが散らばっているのか、おおよそ検討がつくのです。

この性質を利用したものが、学力試験などで使われる「偏差値」です。偏差値は、次の式で算出します。

偏差値＝(各データの値－平均値)÷標準偏差×10＋50

偏差値が「50点」であれば、自分の点数と平均点が同じということを示します。「60点」以上であれば、自分の点数は「平均点＋標準偏差」以上ということになりますから、上位16%に含まれているこ

とがわかります（中間層68％以外の32％のうち、点数が良いほうに存在していることになります）。偏差値が「70点」以上であれば、自分の点数は「平均点＋２×標準偏差」以上ですから、上位2.5％に含まれる、大変優秀な成績ということになります。

このように、偏差値が分かれば、自分が全体の中でどのあたりの位置にいるのかが分かります。

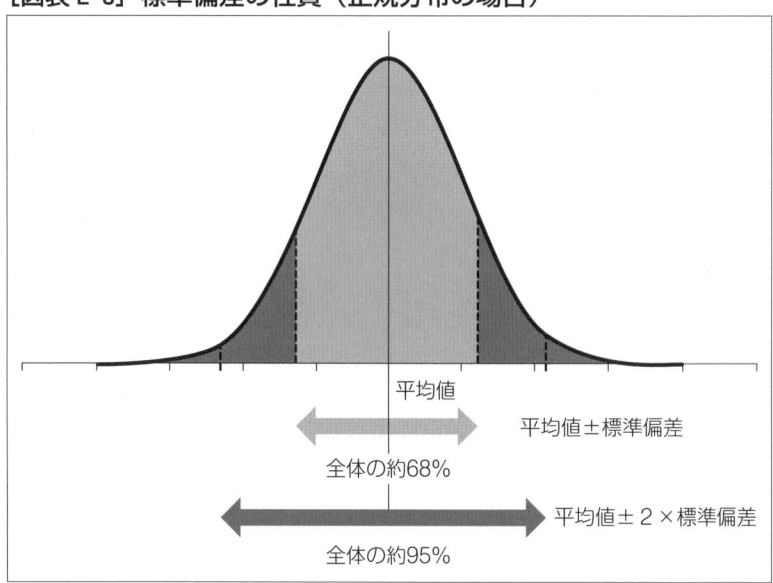

［図表 2-9］標準偏差の性質（正規分布の場合）

平均値
平均値±標準偏差
全体の約68％
平均値±２×標準偏差
全体の約95％

(3) 最大値・最小値と分位数

分散や標準偏差は、「平均値からどれだけ離れているか」という点に着目して、データ全体の散らばりを表す指標です。

これ以外にも、それぞれのデータの数値そのものに着目して、データの散らばりを表すこともできます。

最も簡単な方法は、データの「最大値」と「最小値」を示すこと

です。この2つの値を示せば、データがどこからどこまで広がっているのかが、すぐに分かります。なお、最大値と最小値の差を「範囲」と言います。範囲が、データの広がりを示すことになります。

ただし、最大値と最小値を示しただけでは、データの散らばりの表し方としては、あまりにも大雑把です。そこで、「分位数」という指標を使います。

分位数とは、すべてのデータを数値の小さい順に並べて、含まれるデータの個数が等しくなるようにいくつかの「節」に分けたときに、それぞれの節の境目にある数値のことを言います。

例えば、「四分位数」の場合は、小さい順に並べたデータを4等分したときに、それぞれの節の境目にある数値を言います。最初の節の境目のデータ（下位25％に位置するデータ）の値を「第1・四分位数」、3番目の節の境目のデータ（上位25％に位置するデータ）の値を「第3・四分位数」と言います。なお、2番目の節の境目にあるデータはちょうど全データの真ん中に位置することになりますので、代表値で述べた「中位数」となります。

各節には、それぞれ全体の25％ずつデータが含まれていることになりますから、第1・四分位数と第3・四分位数との間には、中間層の50％のデータが含まれていることになります。これを「**四分位範囲（中央分布範囲）**」と言います。四分位範囲の値が小さければ、中位数のあたりにデータが固まっていること、逆に大きければ、データが散らばっていることが分かります。

[図表2-10] のように13個のデータがあれば、小さいほうから4番目、7番目、10番目の数が、それぞれ第1、第2、第3・四分位数となります。ところで、4つの節の境目にデータがない場合、四分位数は、どのように算出すればよいのでしょうか。

このような場合、エクセルは、まず、中位数に該当するデータが小さいほうから何番目の数字になるのかを算出し、それに1を加えたものの半分の数値を第1・四分位数の「番目」として認識します

第2章　基本的な統計的手法

5．データの散らばりを見る

[図表2-10] 散らばりを見る指標②（四分位数など）

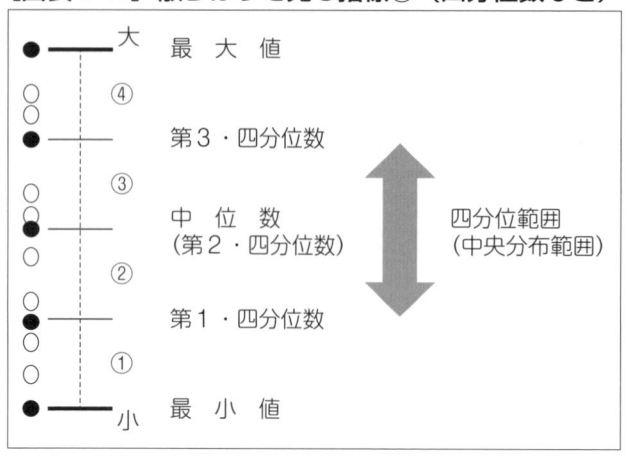

```
●───大     最　大　値
○
○    ④
●───       第3・四分位数
○
      ③
○          中　位　数      四分位範囲
●───       （第2・四分位数）  （中央分布範囲）
○
      ②
○          第1・四分位数
●───
○
      ①
○
●───小    最　小　値
```

（第3・四分位数は、中位数を挟んで、この逆に位置する数字を「番目」として認識します）。

　例えば、データが7個の場合は、中位数となる「4番目」に1を加えた「5」の半分の「2.5番目」番目のデータの値（2番目と3番目のデータの値の平均値）を、データが8個の場合は、中位数となる「4.5番目」に1を加えた「5.5」の半分の「2.75番目」番目のデータの値（2番目と3番目のデータの値の小さいほうから4分の3のところに位置する値）を、それぞれ第1・四分位数として表示します（ただし、これとは異なる方法で、四分位数を求める場合もあります）。

　なお、次の式で算出される数値を「**（四分位）分散係数**」と言います。

分散係数＝（第3・四分位数－第1・四分位数）÷（中位数×2）

　これは、中間層50％のデータが、中位数を中心として、どの程度まで広がっているかを示す指標です。この値が大きいほど、中間層

50％のデータ範囲が中位数から離れたところまで散らばっていることになります。

　ここでは、データを4つの節に区切った四分位数について説明しましたが、これと同様の考え方で10の節に区切れば「十分位数」となります。この場合、第1・十分位数と第9・十分位数との間には、中間層の80％のデータ（すなわち、大小両端の10％を除いたデータ）が含まれていることになります。

　給与分析で、データの散らばりを見るには、分散や標準偏差よりも分位数を使ったほうが、イメージが湧きやすいと思います。厚生労働省の「賃金構成基本統計調査」では、**分布特性値**として、所定内給与の四分位数や十分位数などが表示されています。これを見れば、世間の給与水準だけでなく、それが、どのように分布しているのか、あるいは、自分の給与が全労働者の中でどのあたり（下から何％のあたり）に位置するのかまで、大まかにつかむことができます。

6　代表値などを簡単に算出する

(1) データ分析でよく使うエクセルの関数

　ここまで、平均値や標準偏差など、データ分析で使う様々な指標について説明してきました。これらの指標は、エクセルの関数を使えば、簡単に算出することができます。
　[図表 2-11] は、データ分析でよく使う関数の一覧表です。
　データ分析を効率的に行うためには、**[図表 2-11]** に列挙した関数を使いこなせるようになることが必要です。普段から積極的に関数を使うようにして、この一覧表を見ないでも入力できるぐらいに慣れておきましょう。
　なお、エクセルシートに表示される「数式バー」(数式バーが表示されていない場合は、[表示] タブ→[表示] の「数式バー」にチェックを入れてください) の「fx」(関数の挿入) をクリックすると、関数のリストと入力方法が表示されます。英字の関数式を記憶することが苦手な人は、この機能を活用するとよいでしょう。

[図表2-11] データ分析でよく使うエクセルの関数一覧表

項目	関数（入力例[※1]）
データの個数を数える	＝COUNT（B1：B10）
合計	＝SUM（B1：B10）
平均値	＝AVERAGE（B1：B10）
中位数	＝MEDEAN（B1：B10）
最頻値	＝MODE（B1：B10）
分散	＝VARP（B1：B10）
標準偏差	＝STDEVP（B1：B10）
最大値[※2]	＝MAX（B1：B10）
最小値[※3]	＝MIN（B1：B10）
四分位数（第1・四分位数）[※4]	＝QUARTILE（B1：B10,*1*）
百分位数（第1・十分位数）[※5]	＝PERCENTILE（B1：B10,*0.1*）
度数を表示する[※6]	＝FREQUENCY（B1：B10,*C1*）

※1：セル「B1」から「B10」の領域に分析対象となるデータが入力されているものとして入力例を示しました。
※2：「＝MAX」の代わりに「＝LARGE（B1：B10,*1*）」を使うことができます。この場合、斜字「1」を「2」に置き換えると、大きいほうから2番目のデータの値が表示されます。
※3 「＝MIN」の代わりに「＝SMALL（B1：B10,*1*）」を使うことができます。この場合、斜字「1」を「2」に置き換えると、小さいほうから2番目のデータの値が表示されます。
※4：第3・四分位数の場合は、斜字の「*1*」の代わりに「*3*」を入力します。
※5：「百分位数」とは、データ全体を小さいほうから順番に並べて100の節に区切ったときの節の境目に位置するデータの値です。この場合、データ全体を「1」としたときの表示したい境目の位置を小数で入力します。第1・十分位数の場合、「1/10＝10/100＝*0.1*」を一番後ろに入力します。第9・十分位数の場合は、斜字の部分に「*0.9*」を入力します。
※6：度数とは、階級ごとに入るデータの個数です。斜字「C1」のセルに入力された数値以下のデータの個数を表示します。

(2)「基本統計量」を見る

　数字で示されたデータがたくさんあるときには、まず、平均値や標準偏差などを算出して、そのデータ群の特徴をとらえるとよいでしょう。**データ群の特徴を表すいくつかの指標をまとめたものを「基本統計量」と言います。**

6．代表値などを簡単に算出する

パソコン操作7【基本統計量を算出する】

[1][データ分析]→[基本統計量]を選択する

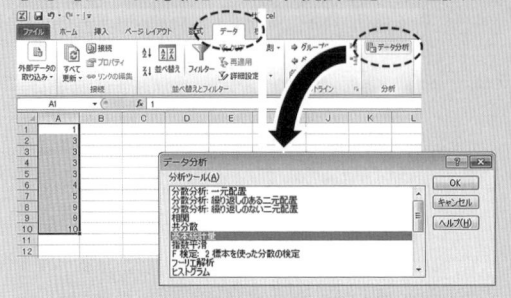

分析するデータをエクセルに入力して、[データ]タブから[分析]→[データ分析]を選択します。表示されたボックスから「基本統計量」をクリックして、[OK]ボタンをクリックします。
(リボンに「データ分析」が表示されていない場合は、「パソコン操作2」を参照してアドインしてください。)

[2]範囲を入力し、統計情報にチェックを入れる

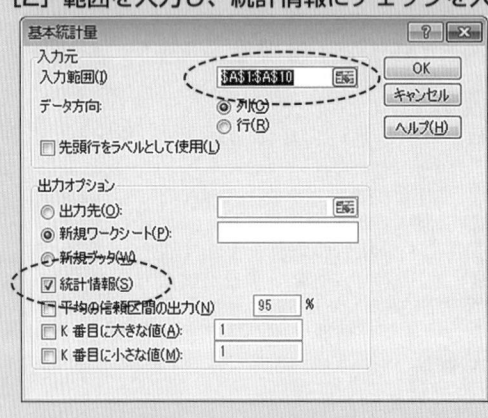

表示されたボックスの「入力範囲」に、分析対象となるデータが入力されている領域を指定し、「統計情報」にチェックを入れて、[OK]ボタンをクリックします。

エクセルには、基本統計量を自動的に表示する機能が備え付けられています。データ分析を行うときには、この機能を使って、まず大まかにデータの特徴をつかむとよいでしょう。

ここでは、「1、3、3、3、3、4、5、9、9、10」の10個のデータの基本統計量の算出を行います。エクセルは**[パソコン操作7]**

[図表2-12] エクセルの「基本統計量」の表示

列1	
平均	5
標準誤差	1
中央値（メジアン）	3.5
最頻値（モード）	3
標準偏差	3.162278
分散	10
尖度	−1.15714
歪度	0.68516
範囲	9
最小	1
最大	10
合計	50
標本数	10

のとおり操作します。

[図表2-12] のとおり、基本統計量が表示されます。平均値などの代表値、標準偏差、最大値、最小値などの指標が表示されているので、これを見るだけで、データ群の特徴を大まかにつかむことができます。

また、ここでは「第2章-2-(3)」で説明した「尖度（度数曲線の山の尖がり度合いを示す数値）」と「歪度（度数曲線の左右対称性を示す数値）」も表示されています。データが正規分布となっている場合、原則として、尖度、歪度ともに0となります。尖度と歪度の算出は難しいので、それらを確認したいときには、この基本統計量を使うとよいでしょう。

基本統計量の2行目に表示される「**標準誤差（standard error）**」とは、「**標本の抽出によって生じる統計量のバラつき**」を指します。

基本的に、エクセルのデータ分析に関する機能は、「標本調査（＝調査対象の一部をサンプルとして抽出する方法）」を前提として設計されています。すなわち、ここで分析対象となった10個のデータは、もっと多くのデータ（例えば、100個のデータ）から抽出されたサン

プルである、とエクセルはとらえているのです。したがって、この10個のサンプルデータから算出した平均値「5」は、もとの100個のデータ全部（＝母集団）を使って算出した平均値とはズレている可能性があり、その「ズレ」を標準誤差と言います。

標準誤差の算出は複雑なので、ここでは詳しく説明しませんが、サンプルデータの数（n）が多い場合、次の式で求められます。

$$標準誤差（SE）＝標準偏差÷\sqrt{n}$$

もとのデータ（母集団）が正規分布となっている場合、「（サンプルから得られた）平均値±標準誤差×1.96」の範囲内に母集団の平均値が95％の確率で存在することが知られています。したがって、ここの例で言えば、母集団（100個のデータ）が正規分布となっている場合、「（10個のサンプルから得られた）平均値5±（1×1.96）」、すなわち「3.04～6.96」の範囲内に、100個のデータの平均値があるものと推測することができます。一般的に、サンプル数を増やせば標準誤差は小さくなり、標準誤差が小さいほど精度が高いサンプル調査（母集団の平均値との乖離が小さい集計）が実施されたものととらえることができます。

人事管理におけるデータ分析は、通常、対象者全員のデータを使って行われますから、サンプル調査のときに用いる「標準誤差」が関係してくることは、ほとんどありません。ここでは、「標準誤差」という指標もあるということだけ知っていれば十分です。

ところで、「1、3、3、3、3、4、5、9、9、10」の10個のデータについて、「第2章-5-(1)」の説明を参考にしながら、自分で標準偏差を計算してみてください。手計算による標準偏差は「3」となり、エクセルの基本統計量が表示した標準偏差「3.162278」とは異なる結果が出てきます。

この差は、どこから生じてくるのでしょうか。

ここでも、エクセルのデータ分析に関する機能が標本調査を前提として設計されていることが関係しています。10個のデータがサンプル（たくさんあるデータの一部分）だとすれば、本来、求めるべき母集団の標準偏差は、サンプルから算出した標準偏差よりも大きくなる（母集団のほうがデータの散らばりが当然に大きくなる）ものと考えられます。そこで、サンプルデータを使って標準偏差を算出するときには、データの個数から1を引いて、数字の調整を行っています。すなわち基本統計量における標準偏差（サンプルデータを用いて算出する標準偏差）は、次の式で算出されているのです。

$$標準偏差\ (S) = \sqrt{\frac{1}{n-1} \sum_{i=1}^{n} (X_i - \bar{x})^2}$$

　上記のようにデータの個数に「n−1」を用いて算出する標準偏差（標本調査のときに使うもので、エクセルの関数は「＝STDEV」を使う）を「標本標準偏差」または「普遍標準偏差」と言います。なお、最初に説明した、データの個数「n」を用いて算出する標準偏差（全数調査のときに使うもので、エクセルの関数は「＝STDEVP」）を「母標準偏差」と言うことがあります。

　社内データを分析するときには、通常、対象者全員のデータを用いて行いますから、分子に「n」を用いる母標準偏差のほうがよく使われます。

　なお、データの数が多くなれば、標本標準偏差と母標準偏差との差は、ほとんどなくなります。

7 その他、知っておきたい統計的手法

これまで説明した統計的手法以外にも、給与に関する統計データを見るとき、あるいは自社のデータ分析を行うときに知っておきたい統計的手法とエクセル操作がいくつかあります。第2章の最後に、これらをまとめて説明します。

(1) 加重平均

各データに「重み」を付けたうえで算出した平均を「加重平均」と言います。

例えば、「従業員数100名、平均給与30万円」のA社、「従業員数200名、平均給与36万円」のB社の2つの会社があるとします。ここで、2つの「会社」の平均給与は、次のように求められます。

(30万円＋36万円)÷2＝<u>33万円</u>

一方、2つの会社に在籍する「従業員」をベースに平均給与を求める場合、両社の従業員数の違いを考慮して、次のように算出します。

(A社の平均給与×A社の従業員数＋B社の平均給与×B社の従業員数)÷(A社の従業員数＋B社の従業員数)
＝(30万円×100名＋36万円×200名)÷(100名＋200名)
＝<u>34万円</u>

ここで、前者のように、従業員数を考慮せずに、集計対象となった「会社」を単位として算出した平均値を「単純平均」、後者のように、それぞれの会社の給与に「従業員数」という重みを付けたうえ

で算出した平均値を「加重平均」と言います。

給与に関する統計データ（特に賃上げや賞与の集計結果など）では、単純平均と加重平均の2種類の平均値が表示されていることがあります。この場合、単純平均が「会社」ベースの平均値（1企業あたりの平均値）、加重平均が「従業員」ベースの平均値（1従業員あたりの平均値）ということになります。

[図表2-13] 単純平均と加重平均

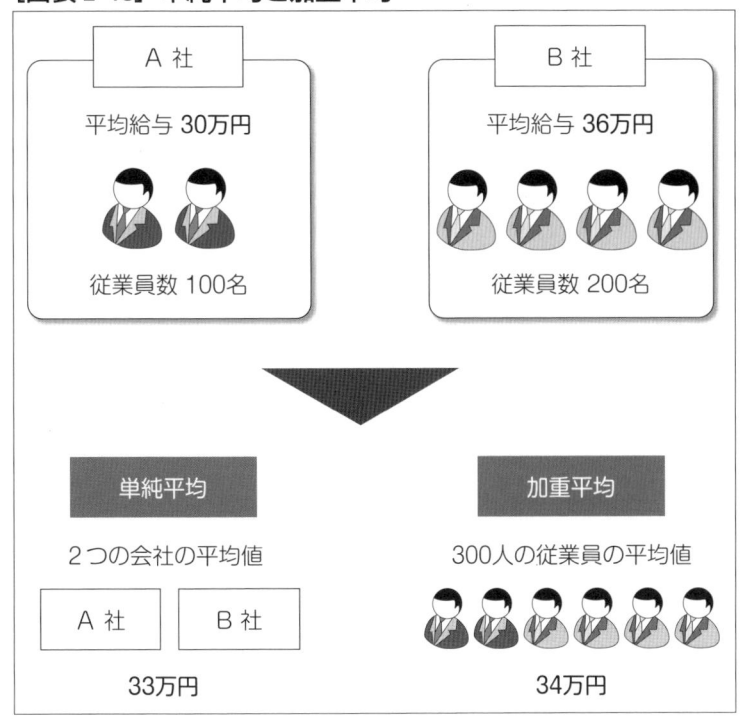

A社　平均給与30万円　従業員数100名
B社　平均給与36万円　従業員数200名

単純平均　2つの会社の平均値　A社　B社　33万円
加重平均　300人の従業員の平均値　34万円

単純平均と加重平均のどちらを使うべきかは、データ分析の目的によって決まります。

なお、賃上げ率・額や賞与支給額などのデータは、大企業のほうが中小企業よりも数値が高くなる傾向があります。したがって、従

業員ベースで算出する加重平均のほうが、従業員数が多い分だけ大企業の数値の影響を強く受けて、単純平均よりも高めの数値になります（加重平均のほうが、大企業の実績を強く反映する傾向があります）。これとは逆に、大企業も中小企業も「1社であれば1社」としてカウントする単純平均の場合、加重平均と比べて低い数値となります（中小企業の実績が強く反映される傾向があります）。そこで、賃上げや賞与などに関する統計データを見るとき、大企業は「加重平均」を、中小企業は「単純平均」を重視する傾向があります。

(2) 幾何平均（相乗平均）

例えば、次の設問を考えてみてください

「5年後に売上高を現在の1.5倍に引き上げたい。毎年、何％ずつ売上高を増加させていけばよいか？」

シンプルに考えれば、1年に10％ずつ増加させていけば、5年後には、現在の150％（＝1.5倍）になりそうです。しかし、これは誤りです。毎年10％ずつ増加させていくと、1年後は110％に、2年後は121％（＝1.1×1.1）に、3年後は133％（＝1.1×1.1×1.1）…となり、5年後には161％（＝1.6倍）にまで増加します。

ここで「10％ずつ増加させていけばよい」という発想は、最終的な売上高の増加率をその間の年数で割ったところから出てきました。（(1.5倍－1.0倍)÷5年間＝0.1＝10％）。しかし、このようにして算出した増加率を使うと、2年目以降は、前年までに増加した売上高に対して、さらに増加率を乗じることを繰り返していくため、年を追うごとに、当初予定していた売上高とのズレが大きくなっていきます。

このような場合は、次のように計算します。

$$毎年の増加率 = \sqrt[5]{(1.5 \div 1)}$$
$$= 1.0845$$

　つまり、毎年8.45％ずつ売上高を増加させていけば、5年後には現在の1.5倍になるという解答が得られます。（ためしに、電卓で「1.0845×1.0845×1.0845×1.0845×1.0845」を計算してみてください。「1.5002」という結果が出てくるはずです。）

　このように、「ある期間、一定の比率で増加していくものの乗率」を算出する場合は、n乗根を使って、その期間内の乗率を求めます。こうして算出される乗率の平均値を「幾何平均（または、相乗平均）」と言います。これに対して、データの総和をデータ個数で割って求める普通の平均値を「算術平均（または、相加平均）」と呼ぶこともあります。

[図表2-14] 算術平均と幾何平均

	算式	増加率	現在	1年後	2年後	3年後	4年後	5年後
算術平均	(1.5−1.0)÷5	10.00%	1.00	1.10	1.21	1.33	1.46	1.61
幾何平均	$\sqrt[5]{(1.5 \div 1.0)} - 1.0$	8.45%	1.00	1.08	1.18	1.28	1.38	1.50

　エクセルを使ってn乗、あるいはn乗根の計算をするときには、キーボード右上の「＾」キーを使います。例えば、「1.0845の5乗」は「＋1.0845^5」と入力します。n乗根は「n分の1乗」ということになりますので、「＋1.5^(1/5)」と入力します。

　それでは、幾何平均を使って、次の設問に答えてください。

　「22歳・20万円の給与について、毎年、一定乗率の昇給を行い、8年後の30歳のときに28万円にしたい。昇給率を何％に設定すればよいか？」

　エクセルで「＋(280000/200000)^(1/8)」と入力すると、「1.042956」という数字が表示されます。つまり、昇給率を「4.2956％」

に設定すればよいということになります。

幾何平均は、数年後にある状態にするための売上高（人員、給与、人件費など）の増加率の基準値を設定するときなどに使います。

(3) 移動平均

[図表 2-15] は、厚生労働省の「毎月勤労月調査」から入手した2007年から2012年までの各月の総実労働時間のデータをグラフ化したものです。なお、ここでは、データの変動をとらえやすくするために、基準時（2010年の平均）を100として各月の労働時間を指数化して表示しています（すなわち、「各月の労働時間指数＝各月の労働時間÷2010年の平均労働時間×100」で算出しています）。

この図から、労働時間の推移の傾向をとらえることは困難です。なぜならば、毎年1月、5月、8月の労働時間が他の月と比べて極端に少なくなり、そこでグラフが大きく落ち込んでデコボコが激しくなるため、変化の傾向が読み取りにくくなってしまうからです。

[図表2-15] 総実労働時間の推移（2007年～2012年）

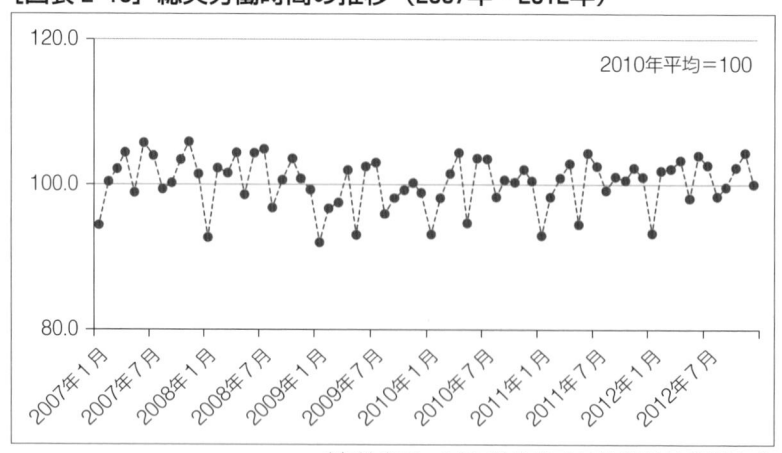

（資料出所：厚生労働省「毎月勤労統計調査」）

このように、短期的に激しく上下するデータについて、長期的な変化の傾向を分析するときには、「移動平均」を使います。**移動平均とは、ある時点のデータについて、その前後数回分の時点も含めた平均値を表示する手法**です。この手法を使うと、短期的あるいは突発的に生じたデータの増減は、数回分の平均値を算出する中でならされてくる（グラフがなだらかな曲線を描くようになる）ため、長期的な変化をとらえやすくなります。

　[図表 2-16] は、[図表 2-15] に、その月も含めた3カ月分の労働時間の平均値（移動平均・太線）を重ねて表示したグラフです。これを見ると、2009年1月から2010年1月まで少なめで推移してきた労働時間が、2010年1月以降、徐々に増えてきているという、長期的な変化がつかめます。

　エクセルを使えば、移動平均の表示や算出も簡単に行えます。

　なお、折れ線グラフを作成していないとき、あるいは移動平均の数値も見たいときには、「データ分析」機能を使います。

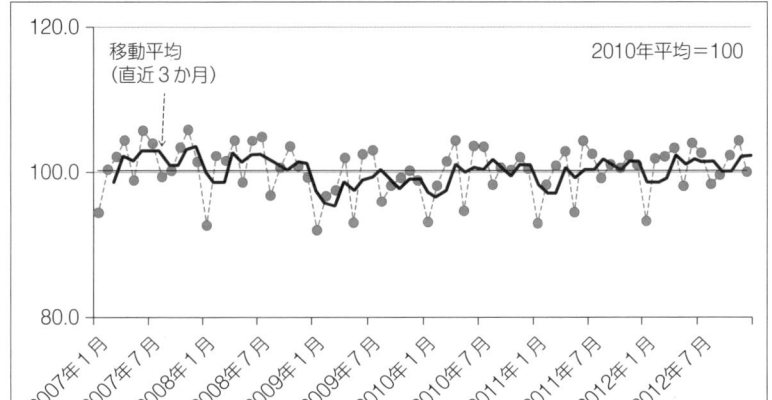

[図表 2-16] 総実労働時間の移動平均の表示

（資料出所：厚生労働省「毎月勤労統計調査」）

7．その他、知っておきたい統計的手法

パソコン操作8の1【移動平均のグラフの表示①】

[1] ボックスから［近似曲線の追加］を選択

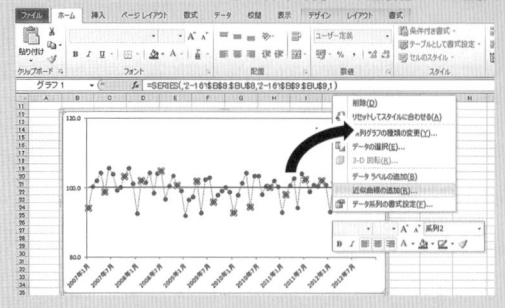

対象となるデータの折線グラフを作成します。折線グラフ上の任意のデータを右クリックして、表示されたボックスから［近似曲線の追加］を選択します。

[2]「移動平均」を選択し、区間を指定する

表示された「近似曲線のオプション」のボックスから「移動平均」を選択し、「区間」を指定します。
区間は、「3」を選択すると直近3回分のデータの平均値が、「6」を選択すると6回分のデータの平均値が、それぞれ表示されます。

　移動平均の「区間」は、平均を算出するときに対象とするデータの数を表します。エクセルの場合、区間が「3」であれば直近3回分、「6」であれば直近6回分のデータを使って移動平均を算出します。
　なお、「前後3項（3点）移動平均」という場合は、そのデータ、および前後のデータを1つずつ含めて算出した平均値となります。

パソコン操作8の2 【移動平均のグラフの表示②】

[1] [データ分析]→[移動平均]を選択

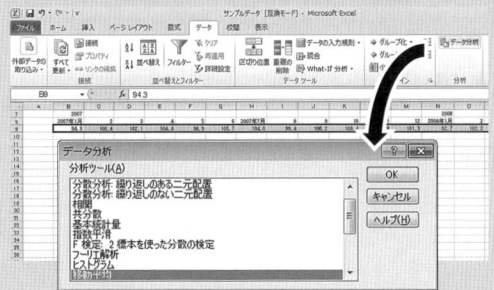

対象となるデータを入力し、[データ]タブを開き、[データ選択]→[移動平均]を選択します。

(リボンに「データ分析」が表示されていない場合は、「パソコン操作2」を参照してアドインしてください。)

[2] 入力範囲、区間などを指定する

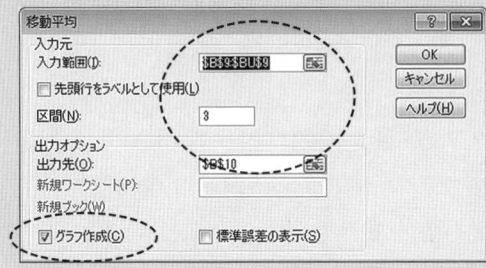

表示されたボックスの「入力範囲」(データが入力されている領域)、「区間」(平均を算出する区間)、出力先を指定します。
「グラフ作成」にチェックを入れておくと移動平均のグラフも表示されます。

[3]「移動平均」とグラフが表示される

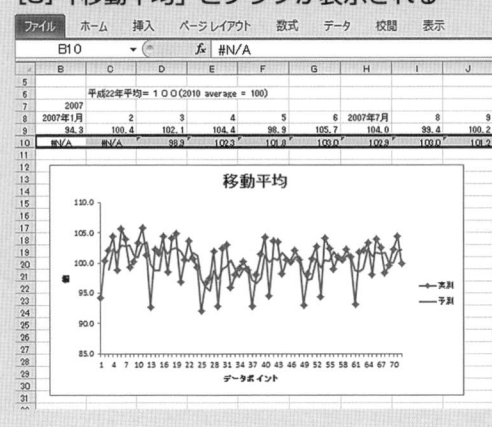

[OK]ボタンをクリックすると、移動平均の数値とグラフが表示されます。

7．その他、知っておきたい統計的手法

これは、各年齢に含まれるデータ数が少ないために前後の年齢も含めて給与の平均額を算出するときなどに用いられます。

移動平均の区間を大きくすれば、細かいデコボコがならされて、長期的な変化、傾向がつかみやすくなります。しかし、区間を大きく設定しすぎると、グラフが平らになりすぎて、逆に変化がつかめなくなってしまいます。「月」や「年齢」が関係するデータであれば移動平均の区間は3から6ぐらいまでが妥当です。

移動平均は、季節によって業績が大きく変化する産業や環境変化のスピードが速い産業などにおいて、長期的な傾向や構造的な問題を読みとるときに使います。

(4) 線形補完法（直線補間法）

厚生労働省の「賃金構造基本統計調査」では、給与水準のデータが次のように示されます。

25～29歳　平均年齢：27.7歳　所定内給与額：228,000円
30～34歳　平均年齢：32.3歳　所定内給与額：263,000円

ここで、「30歳の所定内給与額を知りたい」というときには、どうすればよいでしょうか。

グラフを使って考えると、[図表2-17]のようになります。27.7歳と32.3歳の給与のデータは表示されていますから、その2つのデータを、年齢を横軸、給与を縦軸にとった座標軸上にプロットします。その2つのデータの間は、直線的に給与が上がっていくものと仮定して、2つのデータを結ぶ直線を座標軸に描きます。この直線上の30歳のところを見れば、「30歳の所定内給与額」が推測できます。

このように、2つのデータから、その間に位置するデータの値を推測することを「線形補完法（直線補間法）」と言います。

具体的に数値を算出したいときには、次のように計算します。

[図表2-17] 線形補完法（直線補間法）の考え方

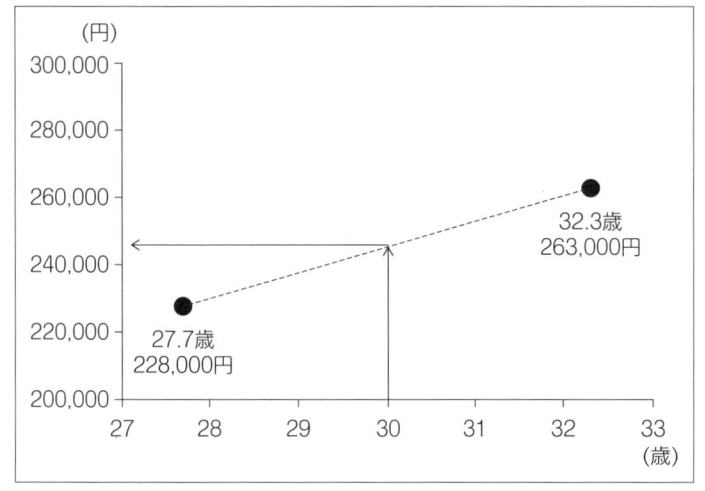

$$\frac{(263{,}000円-228{,}000円)}{(32.3歳-27.7歳)} \times (30歳-27.7歳) + 228{,}000円 = 245{,}500円$$

　線形補完法は、入手できるデータが限られている場合に、欠けている部分のデータを補うために、よく使われる方法です。人事管理においては、中途採用者の給与の決定において、社内に同年齢の従業員がいない場合に、この方法が使われることがあります（この場合は、在籍する前後の年齢の従業員の給与から中途採用者の給与を算出します）。

第3章

労務構成の分析
～人員比率の分析と人材ポートフォリオの最適化～

プロローグ

<課長>：ところで、統計って本当に役に立つものかな。

<K子>：統計を使っている身近な例とすれば、選挙の当確情報が分かりやすいですよね。開票が終わっていないのに、ある候補者について当選が確実であることが分かる。あれは、統計的手法に基づいて判断しているわけです。

：そりゃ、選挙のときには役に立つかもしれないけど…

：仕事でも同じですよ。例えば、従業員の年齢、給与等いくつかのデータを入力すると、「問題の発生は確実」なんて警告が出てくると、すごく便利じゃないですか。

：それができたら、確かにすごい。でも、本当にできるのかな。選挙の当確情報だって、事前情報とか出口調査とか様々なデータがあるから、出せるものだろう。仕事に関することでは、そういうデータはないぞ。

：今や、インターネットを見れば、いろいろなデータが出ています。**同規模の会社の財務状況はどうなっているのか。給与水準はいくらぐらいか。**こういうデータを使えば、自分の会社の経営のどこに**問題がありそうか、**だいたい分かります。だから「問題発生リスクあり」ぐらいの警告は出せますよ。

：やけに自信満々だな。それじゃあ、もし警告を出すとしたら、君ならば、どういうデータを使うかな？

：例えば、業界の労働者の平均年齢や平均給与。それから、管理職比率や正社員比率、あとは、現業部門と管理部門の人員比率（直間比率）などですかね。

：そういうデータまで、インターネットで公開されているのか？ 簡単には社外に公表しない機密データだと思うけど。

：ある特定された会社のデータはとれませんが、この業界の平均値というようなデータなら分かります。それらのデータと比較すれば、当社は同業他社と比べて平均年齢が高いとか、間接部門の人員が多すぎるとか、すぐに分かります。

：なるほど。それならば、片っ端からデータを調べて、君に詳しく分析してもらおうか。

：**インターネット上には、膨大な量のデータがありますから、「片っ端から調べる」というのは非効率的**です。まず、課長にインターネットで公開されている主な統計データについて説明しますから、その中で、特に関心があるテーマについて、分析してみるのはいかがでしょうか？

：よし。それが君の人事部での初仕事になるわけだ。では、早速、どういうデータが取れるのか、教えてもらおうか。

1 労務構成の分析

(1) 年齢別、勤続年数別の従業員構成を見る

　会社には、様々な年齢、勤続年数の人が集まっています。

　一般的に若い人が多く集まっている会社は、職場に活気がありますが、社内にノウハウが蓄積されていないため、業績が不安定になりがちです。逆に、中高齢者が多く集まっている会社は、雰囲気が落ち着いていて安定感がありますが、新しいことへの取り組みが十分に行われていない面が見られることがあります。

　また、平均勤続年数が短い会社の従業員は、仕事に刺激を求める傾向がある（その結果、従業員の入退社が多くなる）でしょうし、逆に平均勤続年数が長い会社の従業員は、安定志向が強い傾向が見られます。

　このように従業員の平均年齢や平均勤続年数を見れば、会社の組織風土や従業員意識等を大まかにつかむことができます。

　平均年齢、平均勤続年数を見ることには、これ以外にも重要な意味があります。

　平均給与が30万円のX社と32万円のY社について考えてみましょう。これだけのデータで「給与水準が高いのはどちらか」と質問されれば、誰もが「Y社」と答えるでしょう。それでは、これに「X社の平均年齢が30歳、Y社の平均年齢が40歳」というデータが加わったら、どうでしょうか。X社とY社の同年齢同士の給与を比較したら、X社のほうが高いかもしれません。

　つまり、平均年齢や平均勤続年数を見ることは、給与水準などを統計データや他社のデータと比較する場合の前提条件を把握しておくという意味もあります。ですから、人事データ分析を行うときに

は、最初に従業員の平均年齢や平均勤続年数を算出することが必要です。

平均年齢や平均勤続年数は、データさえあればエクセルの関数式（"＝AVERAGE"）を用いて簡単に算出できます。「わざわざ計算しなくても大体分かっている」で済ませないで、データ分析を行うたびに、必ず算出するようにしましょう。

[図表3-1] 平均給与と平均年齢

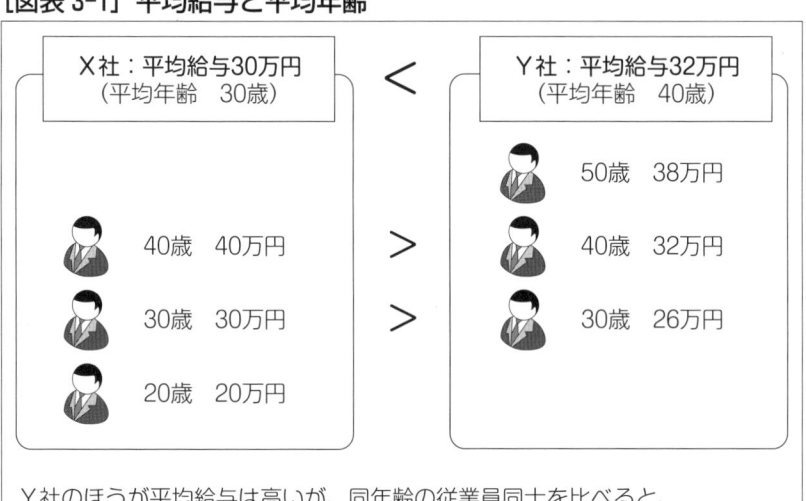

```
┌─────────────────────────┐     ┌─────────────────────────┐
│ X社：平均給与30万円     │  <  │ Y社：平均給与32万円     │
│  （平均年齢　30歳）     │     │  （平均年齢　40歳）     │
│                         │     │                         │
│                         │     │    50歳    38万円       │
│    40歳    40万円       │  >  │    40歳    32万円       │
│    30歳    30万円       │  >  │    30歳    26万円       │
│    20歳    20万円       │     │                         │
└─────────────────────────┘     └─────────────────────────┘
```

Y社のほうが平均給与は高いが、同年齢の従業員同士を比べると、（平均年齢が低い）X社のほうが給与が高い。
⇒　平均年齢を見ないと、給与水準の高低は判断できない。

(2) 年齢・勤続年数の同業水準との比較

自社の従業員（正社員）の平均年齢や平均勤続年数を世間水準と比較したいときには、厚生労働省「賃金構造基本統計調査」を見ます。データの見方は、「第1章-3-(1)」を参照してください。

賃金構造基本統計調査の「産業中分類」には、建設業や製造業等

の産業別に一般労働者（パートタイマー等を除いた常用労働者）の平均年齢や平均勤続年数が表示されています。これは、厳密に言えば「その産業に属する労働者の平均年齢・勤続年数」であって、「1つの会社の従業員の平均年齢・勤続年数」を表すデータではありません。しかし、普通の会社であれば（意識的に中高齢者を集めた会社や設立直後の会社等でなければ）、従業員の平均年齢・勤続年数は、労働者全体の平均値に近くなっているものと考えられます。ですから、ここに表示された平均年齢などを普通の会社のデータとみなして自社の従業員のデータと比較しても、さほど問題はありません。

なお、「賃金構造基本統計調査」の産業別データは、「産業大分類」と、それを細分化した「産業中分類」の2種類があります。

例えば、メーカーの場合、大分類では「製造業」として一まとめで表示されていますが、中分類では「食料品製造業」、「鉄鋼業」等24の業種に分けられています。同じ製造業でも何を作っているかによって、あるいは小売業でも何を売っているかによって、会社の特徴は大きく変化します。したがって、平均年齢・勤続年数、あるいは給与等のデータを見るときには、「産業中分類」のデータを使うほうが、より的確な分析ができます。

平均年齢、勤続年数を見るときの問題のとらえ方について、簡単に説明します。

例えば、衣服の小売業Z社の平均年齢が32.0歳、平均勤続年数が6.0年で、「賃金構造基本統計調査」の「織物・衣服・身の回り品小売業」の平均年齢が37.4歳、平均勤続年数が8.3年（ともに2013年）だったとします。ここから、Z社は、同業よりも平均年齢が若く、勤続年数が短いということになります。もしZ社が、10代の若者をメインターゲットとするアパレル・ショップであれば、業界平均よりも従業員の平均年齢が若く、その結果、勤続年数が短くても当然のことと言えるでしょう。しかし、Z社が、中高齢者をメインターゲットとする高級な紳士服店であれば、業界平均より若い平均年齢や短

い勤続年数は、あまり望ましくないこととも考えられます。そうであれば、Z社の人事管理に問題はないか、あるいは、若い年齢・短い勤続年数からくる従業員の経験不足が事業運営において不都合を生じさせていないか、チェックすることが必要です。

(3) 特定の会社との年齢・勤続年数の比較

　自社の平均年齢・勤続年数を特定の会社(ライバル会社や業界トップ等)と比較するときには、その会社の「有価証券報告書」を見るとよいでしょう。

　有価証券報告書とは、一部・二部上場会社や店頭登録会社等が自社の情報を外部に開示するために作成する報告書です。そこには、その会社の事業内容、業績、財務諸表等のデータが掲載されており、その中の「従業員の状況」を見れば、その会社の従業員数、平均年齢、平均勤続年数、平均年間給与などが分かります。

　有価証券報告書は、金融庁が運営するウェブサイト「EDINET」を見れば、自分のパソコンで簡単に(もちろん無料で)閲覧することができます。

　例えば、「トヨタ自動車」の有価証券報告書には、従業員の状況として、次のデータが公開されています。(2013年3月31日現在)

- ●従業員数：68,978人
  臨時従業員の年間の平均人員：9,320人(外数)
- ●平均年齢：38.6歳
- ●平均勤続年数：15.5年
- ●平均年間給与：7,511,342円

　この平均年齢・勤続年数を、自社と比較すればよいのです。

　なお、有価証券報告書に掲載されている平均年齢・勤続年数は、正社員のみを算出対象としている場合もあれば、パートタイマー等も含めている場合もありますから、注意が必要です。

また、持株会社を設立してグループ経営を行っている会社の場合、有価証券報告書に記載されている平均年齢・勤続年数は、持株会社に所属する従業員（いわゆる本部社員）のみを算出対象としていることが多く、普通の事業会社と単純比較できないこともあります。

パソコン操作9【「EDINET」を閲覧する】

[1] EDINETの画面を開く

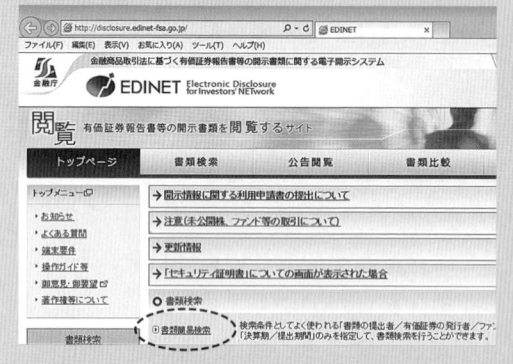

インターネットの検索エンジンで「EDINET」と入力、または、左記のURLを入力して、EDINETの画面を開きます。

データを閲覧したい会社名が分かっている場合は、書類検索から「書類簡易検索」を選択します。

〈EDINETのURL〉
http://disclosure.edinet-fsa.go.jp/

[2] 会社名を入力し、[検索]を選択する

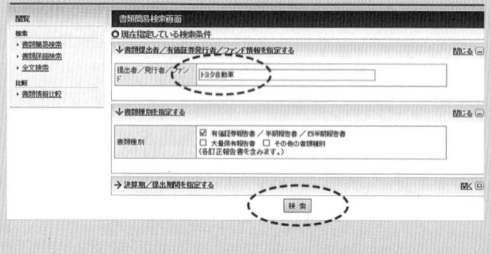

「提出者/発行者/ファンド」にデータを閲覧したい会社名の名称を正しく入力します。必要に応じて、決算期/提出期間を指定します。（指定しなければ、最新のデータから順に表示されます。）入力が完了したら［検索］ボタンをクリックします。

[3] 閲覧したい書類を選択する

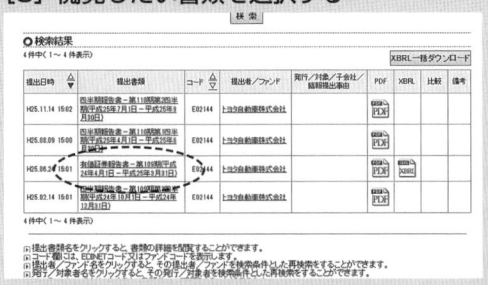

閲覧したい会社の提出書類のリストが表示されました。ここでは、直近の「有価証券報告書」を選択します（PDF 版を閲覧したい場合は、[PDF] を選択します）。

[4] [従業員の状況] を選択する

閲覧したい会社の有価証券報告書が表示されました。左側に表示されているメニューから「従業員の状況」を選択します。
これで、その会社の従業員の平均年齢・勤続年数などのデータを入手できます。

※ 有価証券報告書は、従業員の状況だけではなく、業績推移や財務諸表等、その会社の様々なデータが掲載されています。経営に関わるデータ分析では頻繁に使われる資料なので、自分で閲覧できるようにしておきましょう。なお、自社およびライバル会社の有価証券報告書については、新しいものが出るたびに（年度が変わるたびに）、全体に目を通しておくことをお薦めします。

(4) 年齢別従業員分布図（ピラミッド・グラフ）の作り方と見方

同じ「平均年齢40歳」でも、20歳から60歳まで均等に従業員が分布している会社と、35歳から45歳までの間にしか従業員が存在しない会社とでは、組織風土等が全く異なるはずです。すなわち、労務構成の特徴をとらえる場合、年齢・勤続年数の平均値だけではなく、その散らばりも見なければなりません。

労務構成の散らばりをとらえるには、年齢・勤続年数の度数分布を調べます（「第2章-2」参照）。一般的に、年齢の分布状態を示す

ヒストグラムは、左側に男性、右側に女性のデータを配置した横棒グラフが使われます（若い従業員が多いとグラフの形状が三角形になるので、「ピラミッド・グラフ」と呼ばれることもあります）。

[図表 3-2] は、サンプルデータの年齢別従業員分布図です。これを見ると、男性従業員は「45～49歳」と「30～34歳」の2つの年齢階級に多くの従業員が分布しており、「40～44歳」の従業員は前後の年齢層と比較して少ないことが分かります。なお、このサンプルデータの男性従業員の平均年齢は「40.4歳」です。平均値と聞くと、そのあたりに最も多くのデータが分布しているようなイメージを持ちますが、この例が示すように、必ずしもそうではありません。

男性は「30～34歳」に多くの従業員が存在していますが、その下の20代の従業員が少なくなっています。逆に、女性は30歳以上になると、従業員数が極端に少なくなっています。男性従業員については基幹人材確保のために20歳代の採用を増やすこと、女性従業員については育児をしていても安心して仕事ができる仕組みづくり等を行って優秀な従業員の退職を防ぐことが必要でしょう。

このように年齢別従業員分布図を見れば、その会社の労務構成の特徴が分かり、そこから人事管理上の問題について仮説を構築する

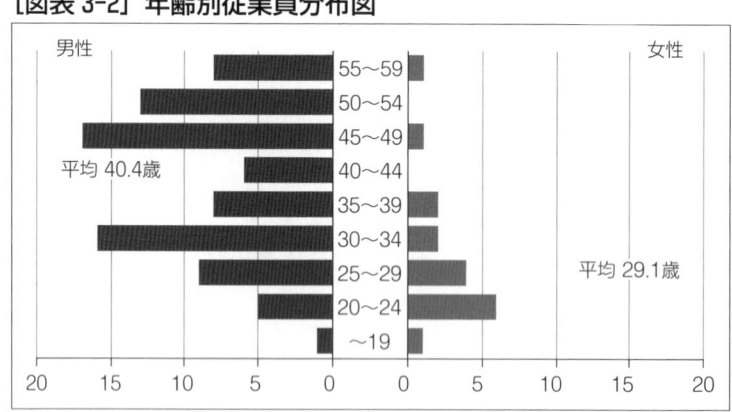

[図表 3-2] 年齢別従業員分布図

ことができます。

それでは、エクセルで年齢別従業員分布図を作ってみましょう。

パソコン操作 10 【年齢別従業員分布図を作成する】

[1] 各年齢階級のデータ数をカウントする

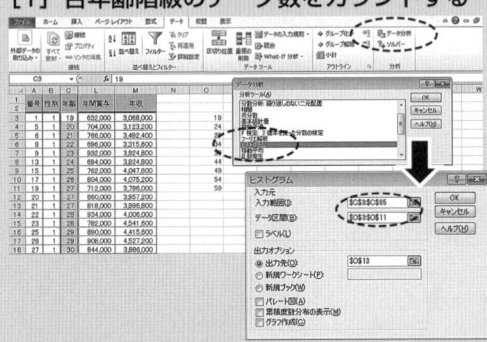

元データを性別順に並び替えたうえで、各年齢階級のデータ数をカウントします。[データ] タブを開き、表示されたリボンから [分析]→[データ分析]→[ヒストグラム] を選択します。[ヒストグラム] の [入力範囲] にはカウントの対象となるデータが入力されている領域を、[データ区間] には、区分けする年齢階級が入力されている範囲を指定します。

[2] グラフ作成用のデータ領域をつくる

男性、女性の年齢階級別従業員数がカウントできたら、両者の値をコピーして、グラフ作成用のデータ領域を作成します。
ここで、横棒グラフの左側に配置するデータ（通常は男性従業員のデータ）に「−1」を乗じて、マイナス表示となるようにします。

第3章 労務構成の分析

1．労務構成の分析

[3] 横棒グラフを作成する

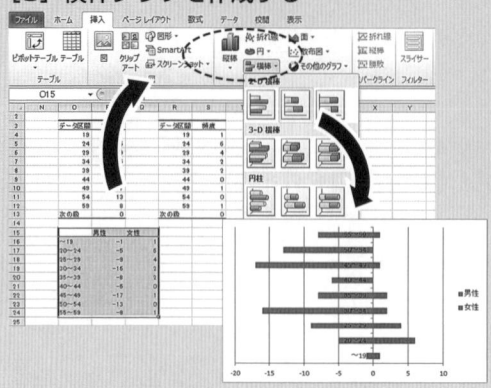

データ領域を指定して、[挿入]→[グラフ]→[横棒グラフ]（積み上げ横棒）を選択します。
これで、年齢別従業員分布図が表示されます。

[4] グラフを見やすいように加工する

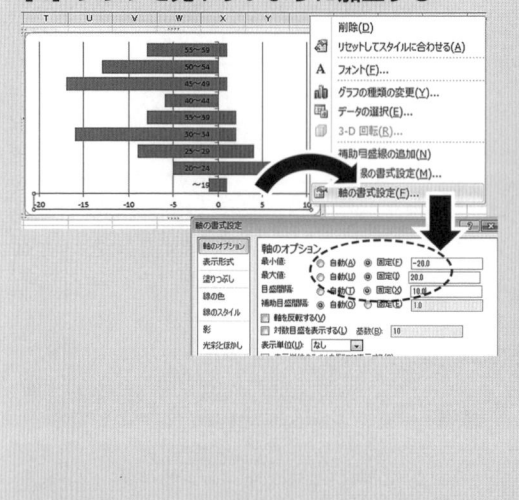

このグラフは、中心に「0」（男女の境界線）が来ないと読み取りにくいので、[軸の書式設定]を使って、横軸の最大値と最小値の絶対値をそろえておきます。
男性従業員の軸の目盛がマイナス表示となっているので、テキストボックスを使って上書きします。なお、[図表3-2]のように、横棒グラフの中央に年齢階級を表示するときは、女性従業員のデータに「5」を加算し、グラフの「0～5」の範囲にテキストボックスを使って、年齢階級を表示させます。

　この図を作るには、まず、年齢階級の"区間"を決めなければいけません。従業員数が500人以上の会社であれば、年齢階級の"区間"

は1歳ごとでもよいのですが、従業員数が少ない会社の場合は、「5歳きざみ」にしたほうが従業員数の多い年齢層と少ない年齢層の区別をつけやすくなります。

次に、各年齢階級の区間に含まれるデータ数を数えます。元データを性別で並び替えた後に、ヒストグラムを作成する要領と同じで男性、女性に分けて、データをカウントします（[データ] タブ→[分析]→[データ分析]→[ヒストグラム] を選択）。

年齢階級別のデータ数がカウントできたら、それをもとに横棒グラフ（積み上げ横棒グラフ）を作成します。その際、男性のデータ数に「−1」を乗じて、グラフの左側に表示されるようにすることがポイントです。

あとは見やすいように、必要に応じてグラフを加工します。

年齢別従業員分布図の形状は、おおむね次の4つのパターンに分類することができます。

[図表3-3] 年齢別従業員分布図の形状

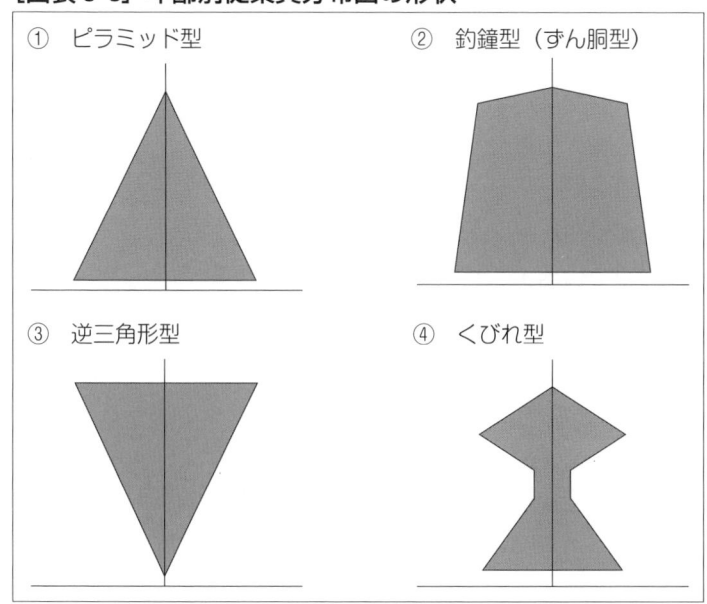

① ピラミッド型　　② 釣鐘型（ずん胴型）

③ 逆三角形型　　④ くびれ型

① ピラミッド型

　若い従業員の数が多く、年齢が上がるにしたがって、従業員数が少なくなる状態です。「人数の少ない中高齢者が管理職になり、大人数の若年層を部下にして組織運営にあたる」、「給与水準の高い中高齢者が少なく、給与水準の低い若年層が多い」という点で、上意下達や年功序列を基本としていた日本企業にとっては、人事管理がしやすい労務構成だったと言えるでしょう。

　かつては、多くの日本企業が、ピラミッド型の労務構成となっていました。

② 釣鐘型（ずん胴型）

　年齢層が上から下まで同じように分布している状態です。ピラミッド型の労務構成だった会社において、従業員の高齢化が進み、若年層の採用数が減ると、このような労務構成になります。

　「ポスト不足（管理職になれない人が増える状態）になり、昇進できない従業員のモチベーションが低下する」、「中高齢の従業員が過剰になって、人件費負担が重くなる」等の問題が生じやすい状態になっています。

　1990年代後半から、日本企業の中にも、このような労務構成になるところが増えてきました。

③ 逆三角形型

　ピラミッド型の逆で、若い従業員が少なく、年齢が上がるにしたがって従業員数が多くなる状態です。釣鐘型の状態がさらに進むと、このような状態になります。一般的に、このような労務構成になると、社内には活気がなくなり、さらに過重な人

件費負担のために業績が低迷する状態に陥ってきます。業績低迷状態からの脱却を目指して、（逆三角形の上方部に位置する）中高齢者のリストラが行われることがあります。

④　くびれ型

　中間の年齢層（30代や40代）が、その上下の年齢層に比べて極端に少ない状態です。くびれている年齢層が40代前半の場合はバブル経済崩壊後の1993年頃に、30代前半の場合は就職氷河期の2000年頃に、新卒採用数を減らした会社と考えられます。「中間管理職となる人材が不足気味で組織運営に支障が出てくる」、「高齢者と若年者のつなぎ役がいないために職場のコミュニケーションが悪くなる」等の問題が生じていることがあります。

　なお、ここに述べていることは、各パターンで「一般的に」見られる傾向にすぎません。自社の労務構成の特徴と、それと関連付けられる人事管理上の問題点については、年齢別従業員分布図を見ながら、それぞれ考えてみてください。

(5) 勤続年数別従業員分布図のチェックポイント

　[図表3-2]の縦軸の年齢を勤続年数に置き換えれば、勤続年数別従業員分布図を作成することができます。これを見るときには、「勤続何年目から従業員数が少なくなるのか（多くの退職者が発生するのは、勤続何年目までか）」という点をチェックします。

　厚生労働省「新規学校卒業就職者の在職期間別離職状況」によれば、2010年3月に大学を卒業して就職した者のうち、入社後3年間で退職した者の割合は31.0％となっています。一般的に入社後3年目までは退職者が発生しやすい状態にある（逆に言えば、入社後の

３年間を乗り切れば定着する可能性が高くなる）と言えます。このような傾向が認められることから、勤続３年未満の若手社員に対して先輩社員を指導役にあてる「メンター制度」を導入する企業が増加しているのです。

　自社の勤続年数別従業員分布図から、新入社員が短い勤続期間で退職する傾向が読み取れたら、何らかの対応策を講じることを検討するべきでしょう。

(6) 管理職比率を世間水準と比較する

　従業員は、「管理職」と「一般社員」に分けることができます。
　言葉の定義からすれば、管理職とは、「組織のマネジメントを行う者」で、複数の従業員（部下）から構成される組織（部や課等）を管理監督する職責を担う者（部長や課長等）を指します。労働基準法では、第41条に「事業の種類にかかわらず監督若しくは管理の地位にある者又は機密の事務を取り扱う者」については、労働時間等に関する規定の適用除外とする旨の規定があり、基本的には、この「監督若しくは管理の地位にある者」が管理職ということです。
　そして、管理職以外の従業員、すなわち管理職の部下として、割り当てられた職務を遂行する者が「一般社員」となります。
　通常は、職務上の重要度、責任度が重い分だけ、一般社員より管理職のほうが給与は高額になります（上記の労働基準法の規定により管理職には時間外労働割増賃金（いわゆる、残業手当）が支払われないため、その分、給与が高いということもあります）。
　従業員のうち管理職が占める割合を「管理職比率」と言います。
　従業員の仕事の質が低下している、若い人材が育たない等の問題を抱えている会社は、組織を管理する者が少ないこと、すなわち、管理職比率が低すぎることに一因があるかもしれません。また、人件費負担が重くて利益を出せない会社は、給与水準が高い管理職が

多いこと、すなわち、管理職比率が高すぎる可能性があります。

　このように、管理職比率を世間水準と比較すれば、自社の人事管理上の問題を発生させている要因をつかむこともできます。

　ところで、管理職比率を世間水準と比較しようとするときに、困った点が1つあります。

　それは「会社によって管理職の名称や範囲が異なる」という点です。部長、課長等の名称（役職名）を用いている会社があれば、グループ長やマネジャー等の役職名を用いている会社もあります。また、部下を持たない「担当課長」や「課長代理」も管理職としている会社もあれば、それを管理職として取り扱っていない会社もあります。このように管理職の範囲が曖昧な状態では、管理職比率を世間水準と比較するどころか、自社の管理職比率の算出もできません。

　こういう場合は、分析に使えそうなデータが掲載されている統計調査を探して、そこで採用されている定義や算式に基づいて、自社の管理職比率を算出するとよいでしょう。

　管理職比率の世間水準を調べるときには、厚生労働省「賃金構造基本統計調査」を使います。

　この統計調査には、「役職」別にデータを集計した結果が公表されており、そこの労働者数を見れば管理職比率を算出することができます（なお、この統計における「労働者数」は、調査対象者数ではなく、対象者全体（母数）の推計値が表示されています）。

　役職は、「部長級」「課長級」「係長級」「職長級」（職長級は、鉱業等、建設業、製造業のみ）に分類されており、それぞれの定義は、次のとおりです（「賃金構造基本統計調査」の「調査の説明　役職及び職種解説」より抜粋したものです）。

●部長級

　いわゆる部（局）長で、経営管理活動を行う営業、人事、会計、生産、研究、分析等の事務的、技術的な組織を統制、調整、監督し、所轄部門を運営する業務に従事する者およびこれらと同程度の責任と重要度を持つ職務に従事する者をいう。

　事業所で通常「部長」または「局長」と呼ばれている者であって、その組織が2課以上からなり、または、その構成員が20人以上（部（局）長を含む）のものの長をいう。

　部（局）長を兼ねない取締役、部（局）長代理、同補佐、部（局）次長は含まれない。

●課長級

　いわゆる課長で、経営管理活動を行う営業、人事、会計、生産、研究、分析等の事務的、技術的な組織を統制、調整、監督し、所轄部門運営する業務に従事する者およびこれらと同程度の責任と重要度を持つ職務に従事する者をいう。

　事業所で通常「課長」と呼ばれている者であって、その組織が2係以上からなり、または、その構成員が10人以上（課長を含む）のものの長をいう。

　課長代理、同補佐、課次長は含まれない。

●係長級

　いわゆる係長で、営業、会計、調査等の事務的な業務の企画、立案、実施や技術面の業務、企画、設計、工程の技術的管理、維持、指導または研究等において係員を指揮、監督する仕事に従事する者およびこれらと同程度の責任と重要度を持つ職務に従事する者をいう。構成員の人数にかかわらず通常「係長」と呼ばれている者をいう。

● 職長級

　鉱物の採集、土木・建設の作業、各種製品の製造等の現場、工程で図面、仕様書の点検、仕事の手順、仕方、割当等の決定、仕事の進行状況の監督等を通じて、担当の仕事が円滑に進行するよう生産労働者を指揮、監督する者をいう。

　職長、組長、班長、伍長、組頭等、名称のいかんを問わず、生産労働者の集団（集団の大きさは問わない）の長として集団内の指揮、監督にあたる者をいう。

　この定義にそって、自社の役職を分類し、各役職の全従業員に占める割合（管理職比率）を算出します。世間水準は、産業ごとに、次のように算出します。

① 「賃金構造基本統計調査」の「役職」で、自社の属する産業のデータを入手します。
② 企業規模（1,000人以上、500〜999人、100〜499人、企業規模計（100人以上））を選択します。なお、性別、学歴別に集計したデータもありますが、とくに問題がなければ、「男女計・学歴計」のデータを使えばよいでしょう。
③ 「部長級」、「課長級」、「係長級」（建設業、製造業等の場合は「職長級」）および「非役職」の「労働者数」のデータを見ます。「部長級＋課長級＋係長級（＋職長級）＋非役職」が「全従業員数」となります。管理監督者としての立場にあり、残業手当が支給されない管理職（一般的には課長級以上）の割合（管理職比率）は、「（部長級＋課長級）÷全従業員数」で算出されます。

[図表 3-4] 管理職比率（世間水準）の算出方法

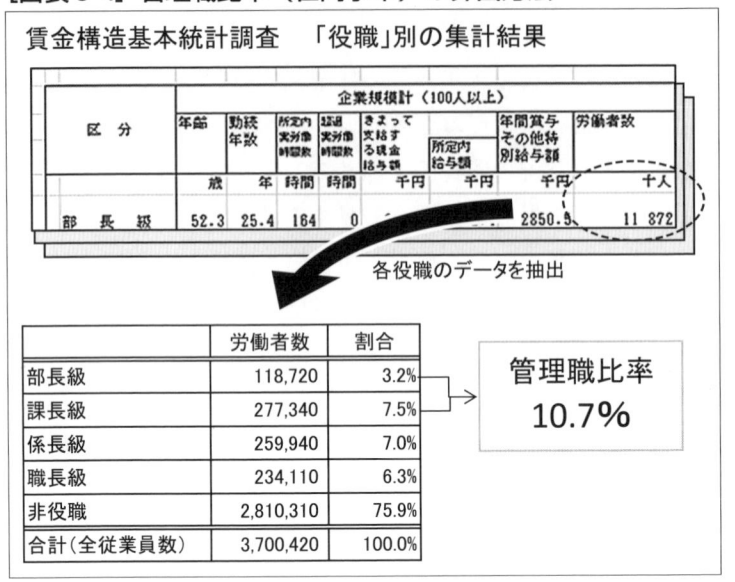

賃金構造基本統計調査　「役職」別の集計結果

区分	年齢	勤続年数	所定内実労働時間数	超過実労働時間数	きまって支給する現金給与額	所定内給与額	年間賞与その他特別給与額	労働者数
	歳	年	時間	時間	千円	千円	千円	十人
部長級	52.3	25.4	164	0			2850.9	11 872

各役職のデータを抽出

	労働者数	割合
部長級	118,720	3.2%
課長級	277,340	7.5%
係長級	259,940	7.0%
職長級	234,110	6.3%
非役職	2,810,310	75.9%
合計（全従業員数）	3,700,420	100.0%

管理職比率
10.7%

　なお、「賃金構造基本統計調査」の役職のデータは、一般労働者のうち「雇用期間の定めがない者」、すなわち「正社員・正規職員」を集計対象としています。自社の管理職比率を算出するときには、「正社員に占める管理職の割合」を算出してください。

　[図表 3-5] は、上記の要領で算出した、主な産業の管理職比率です。（賃金構造基本統計調査には、これ以外の産業のデータも掲載されています）自社の管理職比率を世間水準と比較して、人事管理上の問題との関連性がないか、考えてみるとよいでしょう。

[図表 3-5] 主な産業の管理職比率

		建設業	製造業	卸売・小売業	金融業保険業	宿泊業、飲食サービス業	医療、福祉
管理職比率		18.5%	10.7%	14.1%	12.5%	10.9%	5.4%
	部長級	6.2%	3.2%	3.9%	3.6%	3.3%	1.9%
	課長級	12.3%	7.5%	10.2%	8.9%	7.6%	3.4%
一般社員比率		81.5%	89.3%	85.9%	87.5%	89.1%	94.6%
	係長級	7.5%	7.0%	8.3%	5.1%	7.8%	3.7%
	職長級	4.3%	6.3%	—	—	—	—
	非役職	69.7%	75.9%	77.6%	82.4%	81.3%	90.9%

（資料出所：厚生労働省「賃金構造基本統計調査」(2012年) のデータを用いて著者が作成）

(7) 組織管理の構造分析を行う

部長、課長、係長、非役職（一般社員）の人数が分かれば、「部長が管理している課長の数（＝課長数÷部長数）」や「課長一人当たりの部下の数（＝（係長＋職長＋非管理職）÷課長数）」を算出することができます。このデータから、各産業における**組織管理の構造（部や課の標準的な構成人数、管理職1人当たりの部下の数等）**を、大まかにつかむことができます。

[図表 3-6] は、上記の管理職比率をもとに作成した、組織管理の構造のイメージ図です。

この図から分かるとおり、部や課の標準的な構成人数や管理職1人当たりの部下の数等は、産業によって異なります。自社の属する産業の組織管理の構造イメージを「賃金構造基本統計調査」から算出して、自社のデータと比較してみると、人事管理上の問題点を見つけるヒントが得られます。

なお、統計データから作成した組織管理の構造イメージが示しているものは、「標準的な組織体制のパターン」であって、「最適な組

[図表3-6] 統計データから推定した組織管理構造の標準パターン

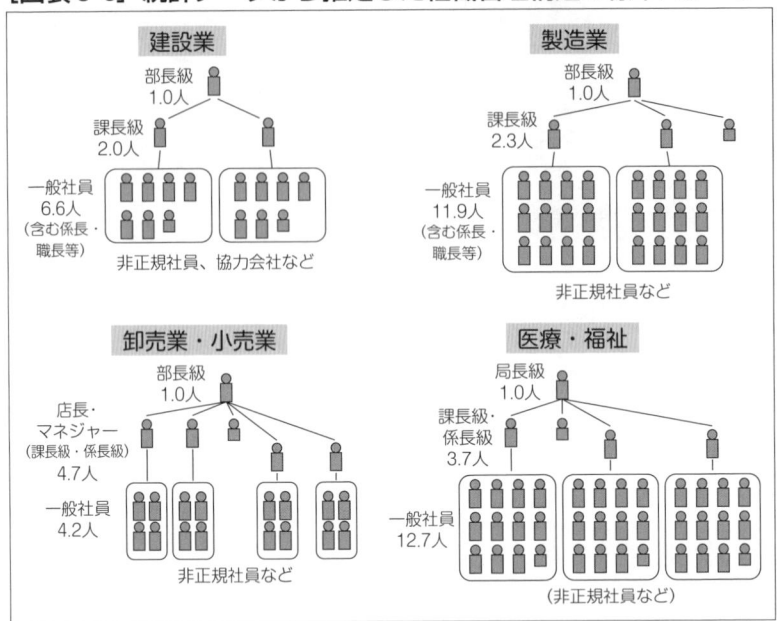

建設業
- 部長級 1.0人
- 課長級 2.0人
- 一般社員 6.6人（含む係長・職長等）
- 非正規社員、協力会社など

製造業
- 部長級 1.0人
- 課長級 2.3人
- 一般社員 11.9人（含む係長・職長等）
- 非正規社員など

卸売業・小売業
- 部長級 1.0人
- 店長・マネジャー（課長級・係長級）4.7人
- 一般社員 4.2人
- 非正規社員など

医療・福祉
- 局長級 1.0人
- 課長級・係長級 3.7人
- 一般社員 12.7人
- （非正規社員など）

（資料出所：厚生労働省「賃金構造基本統計調査」（2012年）のデータを用いて著者が作成）

※ [図表3-6] では、建設業、製造業は、係長と職長を組織単位の「長」とはせず、一般社員に含めています。卸売業・小売業は店長・マネジャー等、また、医療・福祉は主任・リーダー等と呼ばれる監督的立場になる役職が課長級と係長級にまたがって存在していると考えられるため、課長級と係長級を合わせて組織単位の「長」としています。

織構造」ではありません。事業を継続している会社のデータを集計したわけですから「倒産しにくい組織体制」に近いものと言えるかもしれませんが、「最も効率的に事業運営ができる組織体制」ではありませんので注意する必要があります。

また、製造業と言っても食品メーカー、自動車メーカー等の幅広い業態があり、それぞれに組織体制も異なっています。また、1つの食品メーカーの中には、製造部門、開発部門、営業部門など様々な部署があり、ここでも組織体制が異なってきます。このように考

えると、1つの産業につき1つの組織管理の構造イメージを描くこと自体に無理があると言わざるを得ません。

したがって、統計データから作成した組織管理の構造イメージは、「目指すべき、理想的な組織体制」ではなく、組織構図を考えるときの「一つの目安」程度のものととらえておいてください。

(8) 直間比率を世間水準と比較する

製造業などでは、人員配置の効率性を示す指標として「直間比率」を使っている会社もあります。

直間比率とは、デスクワークを主体とする従業員（間接人員）を、生産や販売等のいわゆる現業を中心に行う従業員（直接人員）で割った比率です。直間比率が高くなる（売上に直結する活動を行っていない間接人員の構成比が大きくなる）と、組織としては非効率的な状態にあると考えられます（なお、直間比率の算式および直接人員・間接人員のとらえ方には様々なものがあり、これとは違う算式や定義を用いている場合もあります）。

直間比率そのものを調べた統計調査はありませんが、ここでも、厚生労働省「賃金構造基本統計調査」の労働者数のデータを用いて、

[図表3-7] 直間比率（世間水準）の算出方法

	男性	女性	合計
生産労働者	281,390	263,690	545,080
管理・事務・技術労働者	124,040	84,760	208,800
合計	405,430	348,450	753,880

直間比率
（管理・事務・技術労働者／生産労働者×100）
38.3%

直間比率の世間水準を求めることができます。

「賃金構造基本統計調査」の「産業中分類」の「年齢階級別きまって支給する現金給与額、所定内給与額及び年間賞与その他特別給与額」の最下部にある「労働者の種類別」という項目を開いてください。そこには、産業別（ただし、建設業と製造業のみ）に「生産労働者」と「管理・事務・技術労働者」に区分けして給与や労働者数のデータが掲載されています。このデータを使えば、直間比率を算出することができます。

[図表3-8]は、上記の要領で算出した主な産業の直間比率です。産業によって、直間比率が大きく異なっていることが分かります（間接部門には技術労働者を含んでいますから、開発や設計等を行う労働者が多い産業ほど、直間比率が高くなります）。

[図表3-8] 主な産業の直間比率（労働者の種類を基準に算出）

総合工事業	男性	女性	合計
生産労働者	37%	1%	38%
管理・事務・技術労働者	50%	12%	62%
合計	87%	13%	100%
直間比率（管理・事務・技術/生産）			164%

電気機械器具製造業	男性	女性	合計
生産労働者	39%	13%	52%
管理・事務・技術労働者	39%	9%	48%
合計	78%	22%	100%
直間比率（管理・事務・技術/生産）			93%

食料品製造業	男性	女性	合計
生産労働者	37%	35%	72%
管理・事務・技術労働者	16%	11%	28%
合計	54%	46%	100%
直間比率（管理・事務・技術/生産）			38%

輸送用機械器具製造業	男性	女性	合計
生産労働者	54%	7%	61%
管理・事務・技術労働者	34%	5%	39%
合計	88%	12%	100%
直間比率（管理・事務・技術/生産）			64%

（資料出所：厚生労働省「賃金構造基本統計調査」（2012年）のデータを用いて著者が作成）

この統計データから算出した直間比率は、「生産ー非生産」という基準で従業員を区分けしていますが、「社内サービスを行っている総務部門の人員と、売上高の向上に貢献している技術部門や営業部門の人員とを分けて比率を算出したい」と思う人もいるでしょう。

　また「生産ー非生産」という区分けは、建設業や製造業以外の産業では適用できないため、卸売業・小売業やサービス業等では、この統計データを使って直間比率を算出することはできません。

　非生産の従業員を総務、営業、技術等に細かくに区分けしたい場合、あるいは、卸売業・小売業やサービス業等で直間比率を算出したい場合には、経済産業省の「企業活動基本調査」を見ます。

　「企業活動基本調査」には「産業別、企業数、事業組織別従業者数」というデータがあり、次のように区分けされた部門（事業所）ごとに従業者数が表示されています。

＜企業活動基本調査の部門（事業所）の区分＞

① **本社・本店**

　●本社機能部門
　　・調査・企画部門
　　・情報処理部門
　　・研究開発部門
　　・国際事業部門
　　・その他
　●現業部門
　　・製造・鉱業・電気・ガス部門
　　・商業事業部門
　　・飲食店部門
　　・情報サービス事業部門
　　・サービス事業部門

第3章　労務構成の分析

1．労務構成の分析

・その他部門

② **本社・本店以外**

・製造・鉱業・電気・ガス事業所
・商業事業所
・飲食店　情報サービス事業所
・サービス事業所
・研究所
・倉庫・輸送・配送等事業所
・その他
・海外支社、支店、駐在所等

　この統計データを使う場合は、「本社機能部門の調査・企画部門、情報処理部門、研究開発部門、国際事業部門、その他」と「本社・本店以外の研究所、倉庫・輸送・配送等事業所、その他」の従業員数の合計値を間接人員として、それ以外の従業員数（現業部門の人員等）との比率を算出すれば、直間比率を算出することができます。
　この方法で算出した直間比率は、**[図表3-9]** のとおりです。
　参考までに、**[図表3-8]** で例示した食料品製造業、電気機械器具製造業、輸送用機械器具製造業について、この方法で算出した直間比率も示します。「企業活動基本調査」のデータを使って組織単位で直間比率を算出すると、営業所の人員や工場部門に勤務する技術者等が直接部門に組み入れられるため、「生産―非生産」の区分で算出した **[図表3-8]** よりも、直間比率は大幅に下がります。
　売上に直接的に関係しない「間接人員」の構成比を見るという意味では「企業活動基本調査」を使って算出した直間比率（労働者の種類ではなく、組織を基準に区分けした直間比率）のほうが、実感に近い数字になっているものと考えられます。
　なお、この部門別従業員数のデータを加工すれば、**[図表3-6]** と同

パソコン操作 11 【経済産業省「企業活動基本調査」を閲覧する】

[1] 企業活動基本調査のサイトを開く

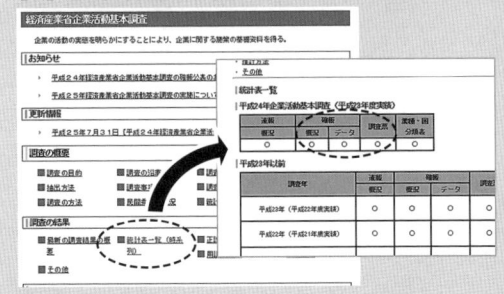

インターネットの検索エンジンで「企業活動基本調査」と入力、または、左記のURLを入力して、経済産業省「企業活動基本調査」の画面を開きます。

「調査の結果」の「統計表一覧(時系列)」を選択すると、掲載されている調査結果のリストが表示されますから、最新の「確報　データ」をクリックします。

〈企業活動基本調査の URL〉
http://www.meti.go.jp/statistics/tyo/kikatu/

[2] 入手したいデータをダウンロードする

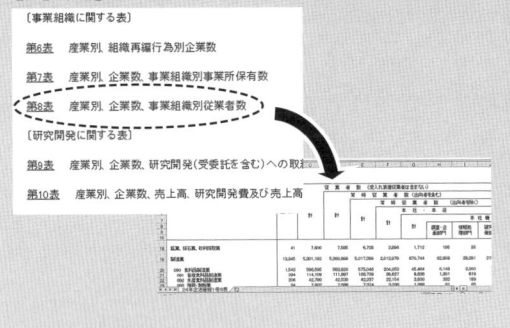

「確報データ」の「統計表」の中から「事業組織に関する表」の第8表を選択すると、パソコンに「産業別、企業数、事業組織別従業者数」が表示されます。
データは、エクセルにダウンロードされていますから、そのまま、データを加工することもできます。

様に、人員配置の標準的なイメージ図を描くことができます。**[図表3-10]** は、この統計データをもとに作成した製造業と小売業（ともに従業員1,000人の場合）の部門別人員配置イメージ図です。

第3章　労務構成の分析

1．労務構成の分析

[図表 3-9] 主な産業の直間比率（組織の所属人員を基準に算出）

	直接部門 (a)			間接部門 (b)			直間比率 (b/a)
	本社・現業	本社以外・現業	合計	本社・本店	本社以外	合計	
製造業	26.8%	54.9%	81.6%	13.4%	5.0%	18.4%	22.5%
情報通信業	49.7%	37.3%	87.0%	11.2%	1.8%	13.0%	14.9%
卸売業	24.5%	54.8%	79.3%	13.4%	7.3%	20.7%	26.1%
小売業	5.4%	87.6%	93.0%	4.4%	2.5%	7.0%	7.5%
学術研究、専門・技術サービス業	36.0%	32.8%	68.7%	12.4%	18.9%	31.3%	45.5%
飲食サービス業	2.4%	92.7%	95.1%	1.8%	3.1%	4.9%	5.2%
生活関連サービス業、娯楽業	25.2%	59.7%	84.8%	5.6%	9.5%	15.2%	17.9%
サービス業（その他のサービス業を除く）	20.5%	67.3%	87.8%	3.9%	8.3%	12.2%	14.0%
【参考】							
食料品製造業	27.6%	62.6%	90.1%	7.9%	2.0%	9.9%	10.9%
電気機械器具製造業	25.9%	57.4%	83.3%	12.7%	4.0%	16.7%	20.0%
輸送用機械器具製造業	25.3%	52.6%	77.9%	16.7%	5.4%	22.1%	28.4%

（資料出所：経済産業省「企業活動基本調査」（2012年）のデータを用いて著者が作成。）

　企業活動基本調査のデータを使えば、他の業界についても、同じようなイメージ図を作成することができます。組織設計や人員配置を検討するときの参考資料として使うとよいでしょう。

[図表3-10] 統計データから推定した人員配置の標準パターン

● 製造業（従業員1,000人）

```
                                    本　社                    本社工場
         海外拠点              経営企画・管理部門  90人      技術部門           90人
      駐在員等      5人        研究開発部門        40人      製造部門（正社員） 100人
                                営業部門            40人      製造部門（パート等）25人
         │                        │                            │
    ┌────┴────┐        ┌─────────┴─────────┐        ┌────────┴────────┐
    研究所              営業所                          工場（2か所）
研究開発部門  40人   営業部門（10拠点）100人      製造部門（正社員）   350人
                                                    製造部門（パート等） 120人
```

● 小売業（従業員1,000人）

```
                        本　社
                  経営企画・管理部門  30人
                  商品・業務部門      50人
                        │
            ┌───────────┴───────────┐
        大型店（10か所）            一般店（40か所）
    販売部門（正社員）  120人    販売部門（正社員）  200人
    販売部門（パート等）200人    販売部門（パート等）400人
```

（資料出所：経済産業省「企業活動基本調査」（2012年）のデータを用いて著者が作成。）

(9) 正社員比率を世間水準と比較する

　ほとんどの会社が、正社員以外にもパートタイム労働者や契約社員等の「非正規従業員」を雇用しています。

　正社員は、雇用期間の定めがない労働契約を締結している（＝長期間にわたり働き続けることを前提としている）ため、短期間で人数を減らすことは困難ですが、期間を定めた契約を締結している（短

期雇用を前提としている）非正規従業員は、契約期間が満了すれば雇用関係を終わらせることができるので、その時点の状況に応じた人数調整が比較的簡単に行えます。

　また、一般的に正社員は非正規従業員よりも給与水準が高く、正社員数が多くなると、それだけ人件費負担が重くなります。一方で、会社は長期雇用を前提とする正社員に対して、教育訓練を行い、高いレベルの仕事を期待することができます。

　正社員と非正規従業員の特徴を整理すると、[図表3-11]のようになります。

[図表3-11] 正社員と非正規従業員の比較

	正社員	非正規従業員
雇用期間	定めなし	定めあり（1年間等）
人数調整	困難	比較的、容易
労働時間	通常の労働時間 （短時間勤務もあり）	正社員よりも短い （フルタイム勤務もあり）
従事する職務	幅広い（職務転換有り）	限定的
給与水準	高い	低い
人件費	高い	正社員よりも低い

　従業員に占める正社員の比率を「正社員比率」と言います。正社員比率の高低を見れば、次のことがわかります。

① **正社員比率が高い場合**

　●良い点
　・労働力を安定的に確保できる
　・長期雇用が見込まれる従業員が多く存在するため、事業開発を進めたり、仕事の質を高めたりしやすい

●悪い点
- 状況に応じた人員調整が行いにくい（正社員の解雇は難しい）
- 人件費負担が重くなる

② **正社員比率が低い場合**

●良い点
- 人員調整を柔軟に行うことができる（必要な期間だけ雇用することができる）
- 正社員に比べると、人件費を低く抑えることができる

●悪い点
- 社内にノウハウが蓄積されず、仕事の質が下がることがある
- 将来を考える従業員が少なくなり、新しい事業が育ちにくい

すなわち、正社員比率を世間水準や同業他社と比較すれば、「人件費負担が過重になっていないか」、あるいは「将来を担う基幹人材が十分に確保できているか」という点を調べることができます。

厚生労働省「就業形態の多様化に関する総合実態調査」には、正社員、パートタイム労働者等の就業形態別労働者割合のデータが掲載されていますから、それを見れば、各産業の正社員比率を求めることができます。

この調査では、労働者を次の8つの就業形態に区分しています。

●正社員：雇用している労働者で雇用期間の定めのない者のうち、パートタイム労働者や他企業への出向者などを除いた、いわゆる正社員。

●契約社員：特定職種（科学研究者、機械・電気技術者、プログラマー、医師、薬剤師、デザイナーなどの専門的職種）に従事し、専門的能力の発揮を目的として雇用期間を定めて契約する者。

●嘱託社員：定年退職者等を一定期間再雇用する目的で契約し、雇用する者。
●出向社員：他企業より出向契約に基づき出向してきている者（出向元に籍を置いているかどうかは問わない）。
●派遣労働者：労働者派遣法に基づき派遣元事業所から派遣されてきている者。
●臨時的雇用者：臨時的にまたは日々雇用している労働者で、雇用期間が1カ月以内の者。
●パートタイム労働者：正社員より1日の所定労働時間が短いか、1週間の所定労働日数が少ない労働者で、雇用期間が1カ月を超えるか、または定めがない者。
●その他：上記以外の労働者で雇用している者。

　この定義に従って自社の従業員を区分したうえで、就業形態別に労働者数割合を算出し、「就業形態の多様化に関する総合実態調査」のデータ（[図表3-12]参照）と比較してみてください。
　なお、この統計調査は、数年おきに実施されるものであるため、調べるタイミングによっては、データが古くなっていることがあります。最新の正社員比率を調べたい場合には、厚生労働省の「毎月勤労統計調査」の最新月の結果に掲載されている「常用雇用及び労働異動率」のデータを見ます。そこには、「一般労働者」と「パートタイム労働者」に分けて労働者数が表示されており、そこから正社員比率を算出することができます。
　正社員比率は、30％を下回る宿泊業・飲食サービス業や小売業から、77％を上回る学術研究、専門・技術サービス産業や情報通信業まで、産業によって大きく異なっています。
　このことは、一つの産業内においても同じことが言えます。例えば、小売業の場合、自動車小売業（ディラー）は正社員比率が高く、

[図表3-12] 主な産業の就業形態別労働者数割合

(単位：%)

産業・事業所規模・企業規模	総数	正社員	正社員以外の労働者	就業形態 契約社員	嘱託社員	出向社員	派遣労働者	臨時的雇用者	パートタイム労働者	その他
総数	100.0	61.3	38.7	3.5	2.4	1.5	3.0	0.7	22.9	4.7
製造業	100.0	72.7	27.3	2.2	2.6	1.7	4.9	0.4	10.5	5.1
情報通信業	100.0	77.3	22.7	3.9	1.3	3.0	8.5	0.3	3.9	1.7
運輸業、郵便業	100.0	70.0	30.0	3.8	5.5	2.0	3.7	1.5	10.1	3.6
卸売業	100.0	75.7	24.3	3.7	2.7	1.4	2.6	0.1	10.8	3.0
小売業	100.0	35.0	65.0	2.7	1.0	0.6	1.3	0.9	53.2	5.2
金融業、保険業	100.0	71.4	28.6	2.5	2.8	6.8	5.6	0.1	8.9	1.9
不動産業、物品賃貸業	100.0	61.5	38.5	4.0	4.5	3.0	2.3	0.2	19.2	5.3
学術研究、専門・技術サービス業	100.0	77.6	22.4	4.3	2.3	3.6	4.1	0.3	6.0	1.8
宿泊業、飲食サービス業	100.0	27.3	72.7	1.9	0.7	0.2	0.6	1.6	60.0	7.6
生活関連サービス業、娯楽業	100.0	45.4	54.6	4.9	1.8	0.9	1.4	2.4	36.8	6.4
医療、福祉	100.0	66.8	33.2	3.6	1.5	0.5	1.1	0.3	21.5	4.8

(資料出所：厚生労働省「平成22年 就業形態の多様化に関する総合実態調査」)

飲食料品小売業は低くなります。

細かい産業分類で正社員比率を調べたいときには、経済産業省「企業活動基本調査」の「産業別、企業数、事業組織別従業者数」を見ます。そこには、「正社員・正職員、パートタイム従業者、その他」の区分で労働者数が表示されていますので、そこから正社員比率を求めることができます（[図表3-13] 参照）。

正社員比率が高い会社は、「人件費負担が重くなるので、世間水準並みに正社員比率を低くしたい（＝正社員を低コストの非正規従業員に置き換えたい）」と考えがちです。しかし、前述したとおり、正社員比率が高いことには「事業開発を進めたり、仕事の質を高めたりしやすい」というメリットがあり、それが会社の競争力の源泉となっている場合もあります。このような場合に正社員比率を下げてしまうと、その会社の強みが消滅し、業績が大幅に悪化してしまうことがあります。

[図表3-13] 小売業（事業内容別）の正社員比率

産　業	正社員比率
小売業	38.7%
織物・衣服・身の回り品小売業	51.1%
飲食料品小売業	21.8%
自動車・自転車小売業	95.6%
機械器具小売業	77.8%
家具・建具・じゅう器小売業	35.2%
医薬品・化粧品小売業	40.9%
燃料小売業	59.1%
その他の小売業	34.1%
無店舗小売業	37.5%

（資料出所：経済産業省「平成24年　企業活動基本調査」）
※　正社員比率は「正社員・正職員÷（常時従業員数－他企業等への出向者）×100（％）」で算出

　正社員比率は、世間水準を参考にしながら、自社に最適と考えられる数字を設定していくことが必要です。

　平均年齢・勤続年数や年齢等の分布状況のチェック、および正社員比率等の各種比率の算出によって自社の労務構成の特徴をつかむことは、人事管理上の問題点抽出やその解決策を考えるうえで、大変重要なプロセスになります。人事管理に関するデータ分析を行うときには、最初の段階で必ず実施するようにしましょう。

2　人員の時系列分析と将来予測

(1) 人員の時系列分析

　前項では、管理職比率、直間比率、正社員比率を世間水準と比較する方法について説明してきました。実際にこれらの比率を統計データと比較するときに、多くの人が悩むことが2つあります。

　1つは、「自社のデータをどの産業のデータと比較するのか」ということです。正社員比率等は、産業によって大きく異なるため、自社の属する産業のデータと比較することが必要です。しかし、自社が事業の多角化を進めており、複数の産業に属している場合、統計データのどの産業と比べればよいのか、判断に迷うことがあります。

　基本的には、「（従業員数が最も多い、あるいは売上高の構成比が高い）主たる産業のデータと比較する」または「事業ごとに従業員を分けて、それぞれに産業のデータと比較する」等の方法を取りますが、それでも上手くいかないときには、「世間水準との比較には無理がある」という結論になってしまいます。

　もう1つの悩みは、「自社のデータが世間水準より高い（低い）という事実が分かったとしても、それが自社の問題を示しているかどうかが分からない」ということです。例えば、高い品質のサービス提供を「強み」にしている会社では、同業他社よりも正社員比率が高くても当然と考えられます。この考え方を広げていくと、世間水準よりも高い（低い）という分析結果すべてが「自社の特徴」という見方になってしまい、そこから自社の問題点を見つけることができなくなります。

　そこで各種比率を分析するときには、世間水準との比較とあわせ

て、自社における比率の変化（時系列の推移）を見るようにします。

合併などの大きな組織再編が行われない限り、自社の過去と現在の事業はほとんど同じはずなので、時系列での推移を見るときには、産業の差異を気にする必要がありません。また、各種比率の時系列での増減傾向と業績の推移との関連性を見ることにより、世間水準との比較においては見えなかった、自社が抱えている問題点を明確化することもできます。

[図表3-14]は、ある製造業の業績と管理職比率、直間比率、非正規従業員比率の10年間の推移をグラフ化したものです（ここでは、1つのグラフにすべての指標を表示するため、「正社員比率」ではなく、「非正規従業員比率（＝100％－正社員比率）」を使っています）。

この会社は、2004年から2013年までの10年間、売上高はほぼ横ばい（ただし、リーマンショックが発生した2008、09年は、一時的に

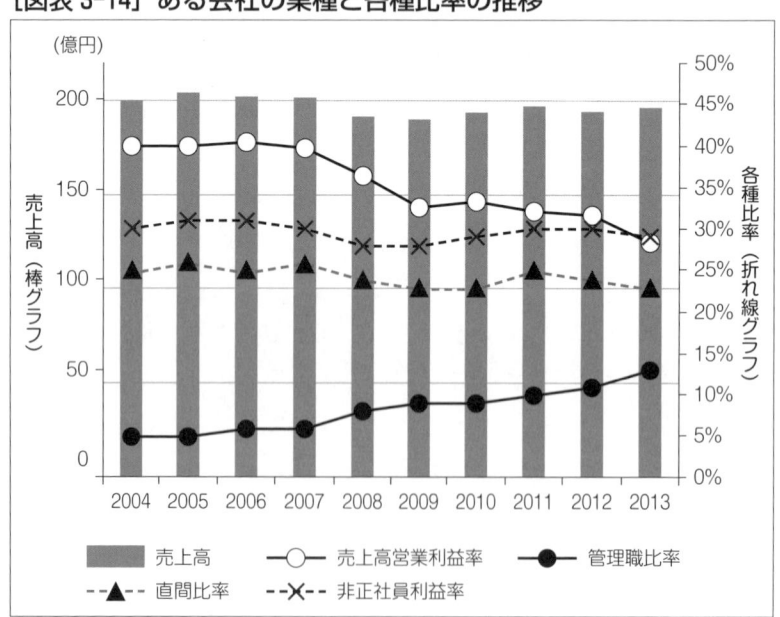

[図表3-14] ある会社の業種と各種比率の推移

売上げが低下した）ですが、売上高営業利益率は40％（2004年）から29％（2013年）に大きく落ち込んでいます。

そこで、社長から「人件費負担が重いために、営業利益率が落ち込んでいるのではないか」という質問が投げかけられました。

早速、人事部は、2013年の管理職比率（13％）、直間比率（23％）、非正規従業員比率（29％）を統計データと比較してみましたが、世間水準との大きな差異は見られません。すなわち、2013年の各種比率を世間水準と比較するだけでは、営業利益率の低下の要因を見つけだすことはできなかったということです。

そこで、各種比率の時系列での推移を見ることにしました。すると、営業利益率の低下傾向とあわせるように、管理職比率が高まってきていることが分かりました。ここから、人事部は「給与が高い管理職が増えたことによって、人件費の高騰と営業利益の低下が起こっているのではないか」という仮説を構築し、引き続き、管理職昇格率の推移や管理職の増加が人件費に与える影響等を分析することにしました。

このように、ある時点での各種比率を世間水準と比較しただけでは分からなかったことが、時系列の推移を見ることによってとらえられることもあります。

(2) 入職率、離職率のチェック

労務構成に関するデータが時系列で変化していなくても、実際には、従業員の動きが発生していることもあります。例えば、退職が出た場合、退職者と同年齢の人を同じ就業形態・役職で採用していれば平均年齢や正社員比率等の数字は変化しませんが、その中味である従業員の入れ替えは起こっています。

このように考えると、労務構成を分析する場合、ある時点での平均年齢や各種比率、およびそれらの時系列推移を見るだけではなく、

従業員の実際の出入り、すなわち、一定期間内の入退社の状況を見ることも必要と言えます。

入退社の状況は、統計データ上は、「入職率」「離職率」という指標でとらえられ、次の式で算出されます。

入職（離職）率＝一定期間の入職（離職）者数÷労働者数×100（％）

厚生労働省の「毎月勤労統計調査」では、月ごとの入職・離職率が、また、同省「雇用動向調査」では、半期・年間の入職・離職率が、それぞれ公表されています。これらの統計データと自社の入職・離職率とを比較してみるとよいでしょう。

離職率が統計データよりも高い会社は、労働条件や組織風土に何らかの問題が生じている可能性があります。「ブラック企業」というレッテルを貼られないうちに、早めに対策を講じるべきでしょう。

なお、「毎月勤労統計調査」では、ある月の調査結果が翌々月に公表され、一方、「雇用動向調査」は、上半期（1～6月）の調査結果が12月下旬に、年間の調査結果が翌年8月に公表されます（公表まで時間がかかる分、年齢階級別、理由別等の集計がなされているため、様々な分析に使えます）。直近の入職・離職率を見たいときには「毎月勤労統計調査」を、入職・離職率を年齢階級別等で細かく分析したいときには「雇用動向調査」を見るとよいでしょう。

細かいことですが、「毎月勤労統計調査」の入職（離職）者は、同一企業内での事業所間の異動者を含み、「雇用動向調査」では、事業所間異動者は含まれません。また、「雇用動向調査」の入職（離職）者には、出向者・出向復帰者が含まれています（統計上は、離職者から、出向者、出向復帰者を除いたものが退職者となります）。このように、厳密に言えば、統計上の「離職率」と企業が使う「退職率」とは対象範囲が若干異なりますので注意してください。

[図表3-15] は、「雇用動向調査」から主な産業の入職率、離職率のデータを抽出したグラフです。自社のデータと比較してみてください。

[図表3-15] 主な産業の入職率・離職率

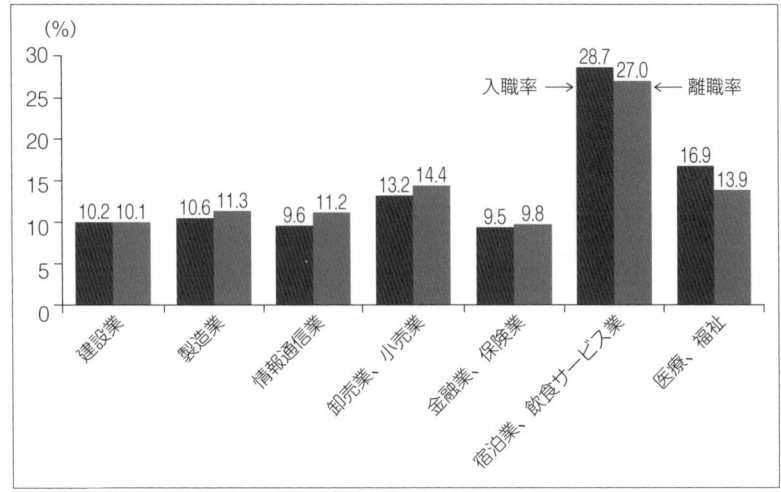

産業	入職率(%)	離職率(%)
建設業	10.2	10.1
製造業	10.6	11.3
情報通信業	9.6	11.2
卸売業、小売業	13.2	14.4
金融業、保険業	9.5	9.8
宿泊業、飲食サービス業	28.7	27.0
医療、福祉	16.9	13.9

(資料出所:厚生労働省「雇用動向調査」(2012年) より抜粋)

(3) 労務構成の将来予測

　労務構成は、従業員の入退社だけではなく、従業員の年齢の上昇によっても変化します。当たり前の話ですが、従業員は1年ごとに1歳ずつ年齢を重ねていくので、この労務構成の変化は、おおむね予測できます。労務構成の将来の姿を予測して、そこから問題が発生しそうなリスクを発見することができれば、早い段階から効果的な対策を講じることができます。

　入退社が全くない状態であれば、5年後には全従業員の年齢が5歳増加し、会社の平均年齢が5歳上昇します。ところが、実際には、従業員の入退社が発生するため、このような単純な話にはなりません。労務構成の将来予測を厳密に行うのであれば、退職の発生等も加味したうえで、数年後の各年齢の従業員数を算出することが必要です。

　労務構成の将来予測を行うときには、各年齢の退職率(ある年齢

の1年間の退職者数÷その年齢の1年間の平均従業員数×100（％））が必要となります。ある年齢 x 歳の従業員数を N_x 人とすれば、その層の従業員数の将来予測は、次のように行います。

x 歳の従業員数を Nx、退職率を Rx とすると、
● 1 年後（x＋1 歳の従業員数）
　　$N_{x+1} = N_x \times (1 - R_x)$
● 2 年後（x＋2 歳の従業員数）
　　$N_{x+2} = N_{x+1} \times (1 - R_{x+1})$
　　　　　$= N_x \times (1 - R_x) \times (1 - R_{x+1})$
● z 年後（x＋z 歳の従業員数）
　　$N_{x+z} = N_{x+z-1} \times (1 - R_{x+z-1})$
　　　　　$= N_x \times (1 - R_x) \times (1 - R_{x+1}) \times \cdots \times (1 - R_{x+z-1})$

　例えば、22歳の従業員数（大卒の新卒入社者の数）を100人、その会社の退職率が1年目は20％、2年目は10％、3年目は5％とすると…
● 22歳の従業員数；100人（新卒採用人数）
● 1 年後の23歳の従業員数；80人（＝100×(1－0.2)）
● 2 年後の24歳の従業員数；72人（＝100×(1－0.2)×(1－0.1)）
● 3 年後の25の従業員数；68.4人
　　（＝100×(1－0.2)×(1－0.1)×(1－0.05)）
と予測できます。

　ここで問題になることが、年齢ごとの退職率の設定です。
　従業員数が多い会社であれば、上記の「ある年齢の1年間の退職者数÷その年齢の1年間の平均従業員数×100（％）」を使っても問題は生じることは、ほとんどありません（なお、希望退職の募集や整理解雇等が行われた場合には、その退職者数、従業員数は集計対

象から外します)。

　ところが、従業員数が少ない会社の場合は、この方法で算出した退職率が使えないこともあります。例えば、従業員が1人しか存在しない年齢で退職が発生すると、退職率は100％になってしまうため、その会社では、その年齢に達すると全員が退職するという話になってしまいます。

　こういう場合は、統計データから算出した、標準的な退職率を使うとよいでしょう。

　ここでは、厚生労働省「雇用動向調査」に掲載されている離職率を使って、年齢ごとの退職率を試算します。「雇用動向調査」の年齢階級別離職率を見ると、「20〜24歳の離職率：24.1％」、「25〜29歳の離職率：14.7％」…のようにデータが表示されています。「20〜24歳」のような年齢幅があるデータだと扱いにくいので、離職率を各年齢階級の中間の年齢の値（「22歳：24.1％」、「27歳：14.7％」…）と仮定して、上下の年齢の間にある各年齢の離職率を線形補完法（第2章-7-(4)参照）で推測します。

　なお、この統計データの集計対象は「常用労働者」で、そこには正社員よりも離職率が高いパートタイム労働者も含まれます。したがって、正社員の退職率として使うのであれば、ここで推測した数字を調整することが必要となります。一般労働者の離職率は常用労働者の離職率の約75％ですが、ここでは、常用労働者の離職率に、男性は0.5、女性は0.6の調整係数を乗じることにしました。

　このようにして推測した各年齢の退職率は、**[図表3-16]** のとおりです。この表では、22歳の従業員が100人だった（＝大卒新卒で100人採用した）場合、それぞれの年齢の退職者数と、次の年の残存者数（期初人員）も表示しています。これによると、22歳の大卒新卒者（男女計で200人）が3年間で30％（60人）が退職することになっていますが、これは、新卒の退職状況に関する統計データ（厚生労働省「新規学卒就職者の在職期間別離職率の推移」）に近い数字であ

[図表 3-16] 大卒正社員の各年齢の退職率（推測値）

年齢	男性			女性		
	退職率	期初人員	退職者数	退職率	期初人員	退職者数
22	12.1%	100	11	13.8%	100	13
23	11.1%	89	9	13.1%	87	11
24	10.2%	80	7	12.5%	76	9
25	9.2%	72	6	11.8%	67	8
26	8.3%	66	5	11.2%	60	6
27	7.4%	62	4	10.6%	53	5
28	7.0%	57	4	10.1%	48	5
29	6.6%	54	3	9.7%	43	4
30	6.2%	50	3	9.2%	39	3
31	5.8%	47	3	8.8%	36	3
32	5.5%	45	2	8.3%	33	3
33	5.2%	42	2	8.2%	30	2
34	4.9%	40	2	8.0%	28	2
35	4.6%	38	2	7.9%	26	2
36	4.3%	37	1	7.7%	24	2
37	4.1%	35	1	7.6%	22	2
38	3.9%	34	1	7.4%	20	1
39	3.8%	33	1	7.1%	19	1
40	3.6%	31	1	6.9%	17	1
41	3.5%	30	1	6.7%	16	1
42	3.4%	29	1	6.5%	15	1
43	3.2%	28	1	6.3%	14	1
44	3.1%	28	1	6.1%	13	1
45	2.9%	27	1	6.0%	13	1
46	2.8%	26	1	5.8%	12	1
47	2.6%	25	1	5.7%	11	1
48	2.7%	25	1	5.5%	11	1
49	2.9%	24	1	5.3%	10	1
50	3.0%	23	1	5.2%	10	0
51	3.1%	22	1	5.0%	9	0
52	3.3%	22	1	4.9%	9	0
53	3.3%	21	1	4.7%	8	0
54	3.3%	20	1	4.5%	8	0
55	3.4%	20	1	4.3%	7	0
56	3.4%	19	1	4.1%	7	0
57	3.5%	18	1	4.0%	7	0
58	3.5%	18	1	4.0%	7	0
59	3.5%	17	17	4.0%	6	6

「期初人員」は、22歳・100人の従業員の該当年齢の残存人数の推定値。
「退職者数」は、22歳・100人の従業員の該当年齢における退職者数の推定値。
小数点以下を四捨五入して表示しているため、表中の計算があわないことがある。

[図表3-17] 5年後の年齢階級別従業員分布図

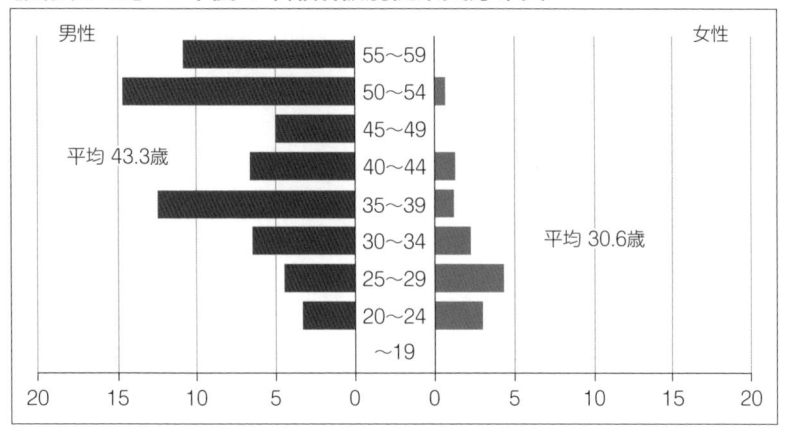

男性　　　　　　　　　　　　　　　　　　　　女性
　　　　　　　　　　　55～59
　　　　　　　　　　　50～54
　　　　　　　　　　　45～49
平均 43.3歳　　　　　40～44
　　　　　　　　　　　35～39
　　　　　　　　　　　30～34　　平均 30.6歳
　　　　　　　　　　　25～29
　　　　　　　　　　　20～24
　　　　　　　　　　　～19
20　15　10　5　0　　0　5　10　15　20

り、この推測が妥当であることが分かります。

　この退職率を使ってサンプルデータの5年後の労務構成のシミュレーションを行った結果が**[図表3-17]**の年齢階級別従業員分布図です。現状の労務構成（**[図表3-2]**）と比べると、男性の従業員数が多い2つの年齢階級が、現在よりも5歳上昇して、それぞれ「50～54歳」「35～39歳」になっています。男性従業員の50歳以上の者の構成比は、5年後には40.3％（現在は25.3％）となる見込みです。今のうちから、50歳以上の従業員に割り振る職務のことや高齢者の給与水準を適正化すること等について考えておかなければなりません。

　従業員の平均年齢は、現在よりも、男性は2.9歳、女性は1.5歳だけ上昇します（なお、ここでは、男女ともに、毎年、大卒新卒を1名ずつ採用することを前提条件に置いています）。従業員の平均年齢は、5年後だからといって5.0歳高くなるわけではありません。
　「入退社が発生する状況においては、n年後の従業員の平均年齢は、現在よりもn歳高くなるとは限らない」これは、人事管理を行ううえで押さえておくべきポイントの一つです。

例えば、この会社が、1年に1万円ずつ増加する年功的な給与体系を持っていたとします。この場合、5年後の男性従業員平均給与は、現在よりも5万円（＝1万円×5年）増加するのではなく、2.9万円（＝1万円×平均年齢の上昇分）の増加となります。極端なことを言えば、定年退職者が多数出て、従業員の平均年齢が下がれば、この年功的な給与体系のもとでは、平均給与額は将来的に下降していくことになります。

　余談ですが、人事管理の書籍で「年功的な給与体系が人件費を増加させる」という表現を見かけることがありますが、これは明らかな事実誤認です。人件費の増加を招いているものは、「従業員の平均年齢の上昇」であって、「年功的な給与体系」ではありません。

　この会社では、毎年新卒2名を採用していても、今後5年間で23名の退職（うち8名が定年退職）が見込まれます。定年退職者全員を継続雇用するとしても、5年間で15名ほどの人員減が発生しますから、現状の従業員数を維持するのであれば、毎年3名ずつ中途採用を行っていくことが必要と考えられます。このような人員見込みに基づいて、今後の採用計画を策定します。

3 人材ポートフォリオを使った最適配置

(1) 人材ポートフォリオとは

　会社では、様々な就業形態（正社員、パートタイム労働者、契約社員等）の従業員が勤務しています。一般的には、正社員は、長期雇用を前提として人件費が高く、パートタイム労働者等の非正規従業員は、期間を定めた雇用（有期雇用）を前提として人件費が低いという特徴があります。それぞれに特徴を持つ就業形態を効果的に組み合わせることができれば、労働力を安定的に確保しつつ、人件費が低い状態（経営にとって最も望ましい状態）を作り出すことができます。

　そこで、**職務内容等に応じてどの就業形態で人材を確保するのがよいのかを定めた概念図**が「**人材ポートフォリオ**」です。

　[図表3-18] は、ある会社の人材ポートフォリオの例です。

　この会社では、社内の職務を「専門性の高さ」と「継続性」の2つの視点から分類しています。図の右上の、専門性が高く、長期に継続する職務には正社員（総合職）を配置します。この職務は、管理職、企画開発職、技術職、営業職等が該当します。右下の専門性が低いものの、長期に継続する職務には、正社員（一般職）あるいは、育成段階の総合職を配置します。一般事務職や技術や営業のアシスタント等が、この職務に該当します。

　図の左上の、専門性は高いが短期的に発生する職務は、例えば、新事業の開発を行うプロジェクトのような仕事です。このような職務には、有期契約・年俸制で雇用する「契約社員」を必要に応じて採用して配置します。また、定年後の継続雇用者である「嘱託社員」を配置することもあります。

[図表3-18] 人材ポートフォリオの例

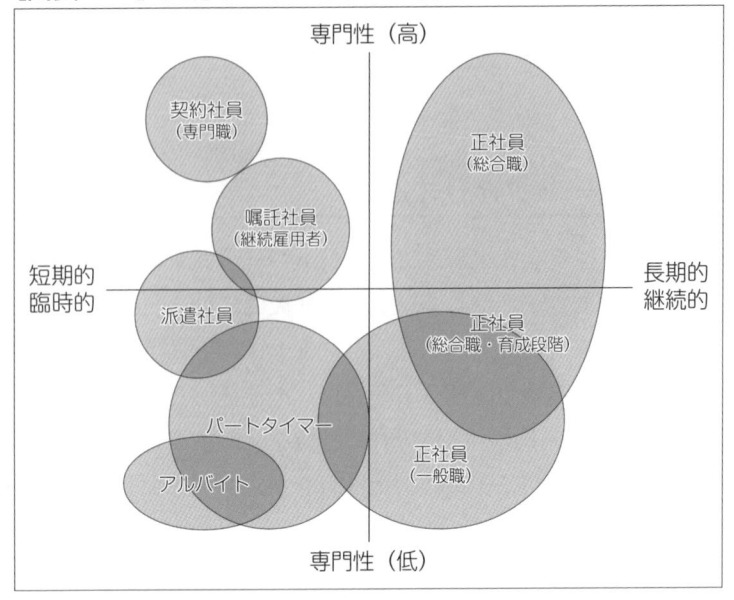

```
                    専門性（高）
                         │
      契約社員             │      正社員
      (専門職)            │     (総合職)
                         │
              嘱託社員     │
             (継続雇用者)  │
短期的                    │                   長期的
臨時的 ───────────────────┼─────────────────── 継続的
              派遣社員     │      正社員
                         │   (総合職・育成段階)
                         │
          パートタイマー    │
                         │      正社員
         アルバイト         │     (一般職)
                         │
                    専門性（低）
```

　図の左下の、専門性が低く短期的、臨時的職務については、パートタイム労働者やアルバイトを配置します。この職務の労働力確保は、「必要なときに必要な人数だけ」、かつ「人件費をなるべく低く」という2点がポイントになります。

　人材ポートフォリオを効果的に活用すれば、事業の継続性と人件費の適正性とのバランスが取れた人材配置（就業形態の組み合わせ）を実現することが可能になります。

(2) これまでの人材ポートフォリオ活用の失敗

　近年、人材ポートフォリオをベースにして、要員計画の策定や処遇の決定等を行う会社が増えてきています。

　もっとも、日本企業は従来から無期雇用の正社員には主要な職務を、有期雇用のパートタイム労働者には補助的な職務を割り当てる

ことによって人件費を抑制してきており、その意味では、人材ポートフォリオを活用した人事管理と同様のことは、かなり以前から行われていました。

　2000年代に入ってから、労働者派遣法の改正（製造業への労働者派遣の解禁等）や高年齢者雇用安定法の改正（60歳定年後の継続雇用の義務化）等を受けて、会社が派遣社員や嘱託社員をより積極的に活用するようになったこと、また、長引く景気低迷により人件費削減（＝正社員数の削減）の必要性が高まったことから、あらためて人材ポートフォリオを使って就業形態の効果的な組み合わせを考えようとする風潮が、大手企業を中心に広まっています。

　ところが、人材ポートフォリオが効果的に機能しているという事例は、ほとんど耳にすることがありません。それどころか、人材ポートフォリオを他社に先駆けて導入した会社（大手の電機メーカーや流通会社等）が、その後、長期間にわたり業績低迷に苦しんでいる姿を目にします。このような状況を見ると、人材ポートフォリオを活用した人事管理に何かしら問題があったと考えざるを得ません。

　人材ポートフォリオのどこに問題があったのでしょうか。

　それは、人材ポートフォリオを「正社員を減らして、非正規従業員を増やすための言い訳に使ってきたこと」、言葉を換えれば、「その時点の人件費削減を実現するためのプレゼンテーション・ツールにしか使ってこなかったこと」にあります。

　元来、「ポートフォリオ」とは、投資家や金融機関が、保有する資産を分散投資するときに、複数の金融商品の最適な組み合わせを考えるために産み出したツールです。金融商品の「組み合わせ」によって、リターンの極大化とリスクの軽減、あるいは短期収益の拡大と長期収益の安定的確保という「二つの相反する事項のバランス」をとるために編み出した手法なのです。

　ところが、人材ポートフォリオを導入した会社の多くは、このような「組み合わせ」や「相反する事項のバランス」ということをほ

3．人材ポートフォリオを使った最適配置

とんど考えていませんでした。「就業形態の組み合わせ」ではなく、「正社員を低コストの非正規従業員に置き換えること」を、「短期収益と長期安定性のバランス」ではなく、「人件費を削減して、目先の利益を確保すること」ばかりを考えてしまったのです。その結果、人材ポートフォリオを導入した会社では、当初は、非正規従業員の活用が進み、人件費削減と収益拡大が実現されましたが、数年後には、正社員削減によって開発力や現場力の低下が発生して、長期にわたる業績低迷に陥る羽目になってしまったということです。

　これまでの人材ポートフォリオは、各就業形態（正社員、パートタイム労働者、契約社員等）の特徴を示した概念図に過ぎませんでした。それは、「各就業形態に何人の従業員を配置するか（組み合わせ）」、「その配置より短期、長期の収益がどのような影響を受けるか（バランス）」と言う、最も重要な２つのことが示されていないという点で、そもそも"ポートフォリオ"と呼べるような代物ではありませんでした。

　もっとも、人材ポートフォリオが組み合わせやバランスを示せる代物ではなかったとしても、これらのことを考えるための手法や道具が揃っていなかったという点では、仕方がなかった面があります。ところが、今ではエクセルに、様々な統計分析を行う機能が組み込まれており、これを使えば、人員配置の組み合わせのシミュレーションを行ったり、短期・長期収益のバランスを検討したりすることができます。

　これまでの人材ポートフォリオは、あくまでも「絵に描いた餅」であって、全く機能しない代物（それどころか、下手に使うと短期の「人件費抑制」ばかりに気を取られて、長期的には業績悪化を招くという危険物）でした。しかし、それはポートフォリオの考え方そのものに問題があったわけではなく、むしろ、ポートフォリオを機能させるための手法や道具が準備できていなかったところに問題があったわけです。今や、私たちは、このような手法や道具を手に

入れています。それらを使えば、人材ポートフォリオを使った人事管理は、有効に機能するようになります。

(3) 人材ポートフォリオの作り方

それでは、効果的に機能する人材ポートフォリオの作り方を説明しましょう。ポイントは、次の2点です。

① 就業形態別従業員数を明示する

「専門性が高く、継続的な職務には正社員をあてる」、「専門性が低い仕事には非正規従業員をあてる」ということは当然のことで、それを図示したところで人事管理には使えません。それぞれの職務に配置するべき従業員数が明示され、「今後5年間で、正社員、非正規従業員を、それぞれ何人採用（または削減）しなければいけない」ということが分かったときに、はじめてポートフォリオは機能するものとなります。

② 短期と長期の収益のバランスを検証する

正社員と非正規従業員の最も合理的な組み合わせとは、短期的には収益を確保しつつ、長期的には成長性を確保できる、バランスが取れた労務構成となります。したがって、ポートフォリオの作成にあたり、今後5年間の収益見込みのシミュレーションを行い、その期間内の期待利益を最大化する就業形態別従業員の組み合わせを「**(非線形) 最適化**」という手法を使って算出します。

(非線形) 最適化は、かつては専門家以外の人はできない、複雑な手法でしたが、今や、エクセルを使えば、誰でも簡単にできるようになっています。

[図表3-19] 機能する人材ポートフォリオ

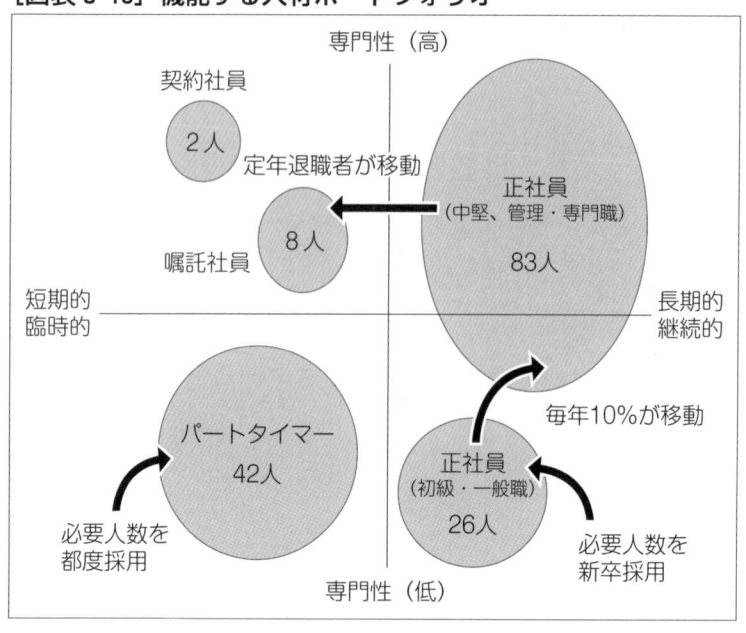

専門性（高）

契約社員 2人

定年退職者が移動

嘱託社員 8人

正社員（中堅、管理・専門職） 83人

短期的・臨時的 ── 長期的・継続的

パートタイマー 42人

必要人数を都度採用

正社員（初級・一般職） 26人

毎年10%が移動

必要人数を新卒採用

専門性（低）

収益シミュレーション　　　　　　　　　　　　　　　　（単位；千円、人）

		2014年 現在	2015年 1年後	2016年 2年後	2017年 3年後	2018年 4年後	
売上高		5,000,000	5,100,000	5,200,000	5,300,000	5,410,000	
変動コスト（人件費を除く）		2,000,000	2,040,000	2,080,000	2,120,000	2,164,000	
固定コスト（人件費を除く）		1,000,000	1,000,000	1,000,000	1,000,000	1,000,000	
人件費		1,201,500	1,234,082	1,258,966	1,292,845	1,310,848	5年間期待利益
営業利益		798,500	825,918	861,034	887,155	935,152	
営業利益（現在価値）		798,500	743,326	697,438	646,736	613,553	3,499,554
人件費の内訳							増加率（増減数）
正社員（中堅以上）	人件費単価	12,000	12,000	12,000	12,000	12,000	0.0%
	人数	76	78	80	82	83	7
正社員（初級・一般職）	人件費単価	6,000	6,060	6,121	6,182	6,244	4.1%
	人数	24	24	25	25	26	2
契約社員	人件費単価	10,000	10,000	10,000	10,000	10,000	0.0%
	人数	2	2	2	2	2	0
パートタイマー	人件費単価	2,500	2,500	2,500	2,500	2,500	0.0%
	人数	43	43	42	42	42	−1
嘱託社員	人件費単価	3,600	3,636	3,672	3,709	3,746	4.1%
	人数	5	5	6	6	8	3
従業員数合計		150	153	155	158	161	11

[図表3-19] が、効果的に機能する人材ポートフォリオの例です。図の上半分の概念図には、就業形態ごとに目指すべき従業員数が明記されています。下半分の収益見込みの表には、現在を含めて5年間の業績と従業員数のシミュレーションが示されています。

　このシミュレーションは、「**一定の制約条件の中で、5年間の期待利益を最も高くする、就業形態別の従業員数を、エクセルの最適化分析の計算機能**」（「GRG非線形」。GRGは、Generalized Reduced Gradientの略）**を使って求めています**（ただし、契約社員と嘱託社員は、今後5年間の予定従業員数を入力しています）。

　ここでは、制約条件を満たす最も理想的な解（これを「最適解」と言います）を求める理論やアルゴリズムについては解説しません。それが分からなくても、エクセルを正しく操作することさえできれば、とりあえず最適解は導き出せます。

　それでは、エクセルを使った、就業形態別の従業員数の最適化分析の進め方を説明します。

　最適化分析は、**[図表3-19]** の下の収益見込みの表を作成することによって進めます。この表は、上から順に「売上高」「変動コスト」「固定コスト」「人件費」「営業利益」が入力されています。それぞれの入力方法は次のとおりです。

●売　上　高

　現在および1年後、2年後…の売上高の欄には、会社が経営計画の中で目標としている売上高が入力されています。この例の場合、毎年2.0％の売上高増加があるものとして、各年の売上高のセルには、数式（「前年売上高×1.02」）を入力しています。

● 変動コスト、固定コスト

　過去の損益計算書から、売上高と「人件費以外のコスト」の関係性について「回帰分析」を行い、売上高に比例して増加する「変動コスト（売上高に乗じる乗率；変動コスト率）」と、売上高に関係なく一定額がかかっている「固定コスト」を割り出します（回帰分析については、次の項で詳しく説明します）。

　人件費以外のコストは、原材料費や外注費など個々のコストを積算するのではなく、次の式で算出しています。

人件費以外のコスト＝売上高－（人件費＋営業利益）

　売上高、営業利益は、会社の損益計算書を見れば金額が表示されています。人件費という科目は、営利企業の決算書には表示されていませんから、「従業員給与」や「法定福利費」など、従業員の雇用に関わる費用を損益計算書からピックアップして、その合計値を使います。具体的な算出方法は、後述します（なお、社会福祉法人や学校法人等の計算書には、「人件費（支出）」という科目が表示されていますので、それを使います）。

　ここでの回帰分析は、過去の傾向から今後のデータの変化を予測していますから、過去のデータ数が少ないと傾向が読み取れず、的確な予測ができなくなります。売上高、人件費、営業利益のデータは、直近5年度分以上（できれば10年分）を用意することが必要です。

　この例の場合、売上高と人件費以外のコストとの間に次の関係性があることが、回帰分析により分かりました。

　　$y = 0.4x + 1{,}000$（百万円）
　　ただし、x：売上高、y：人件費外のコスト

この式の、「傾き」（xの前の数字、0.4）が売上高に比例して増加する「変動コスト」の乗率を、「y切片」（式の最後に加える定数、1,000百万円）が「固定コスト」を示しています。したがって、1年後、2年後の変動コストのセルには、「売上高×変動コスト乗率（0.4）」を、固定コストのセルには「固定費の額（1,000百万円）」を入力します。

● 人件費

人件費は、損益計算書において、次の項目で計上されています。

1)「販売及び一般管理費」の従業員給与、賞与、退職給付費用、福利厚生費　等
2)「製造原価明細書（売上原価明細書）」の労務費（製造業、サービス業等の場合）

これらの項目を合算すれば、その年度の人件費を算出することができます。

ただし、この方法は、過去の決算書類から（すでに確定した）人件費を算出することはできますが、今後の人件費の見込額を算出するうえでは、大雑把すぎるので使えません。

そこで、人件費のうちの「給与・賞与」を「正社員（中堅以上と初級・一般職）の給与総額」と「非正規従業員（パート、契約社員等）の給与総額」とに区分けし、さらに、それぞれを「給与単価（平均年収）」と「従業員数」とに分解します（**[図表3-19]**の下表の「人件費の内訳」を参照）。

具体的に言えば、ある月の給与データ（賃金台帳のデータ）を使って、「正社員の給与総額＋年間賞与」と「非正規従業員の給与総額」とを算出し、その比率に基づいて損益計算書の「従業員給与」を正社員分と非正規従業員分とに按分します。さらに、「正社員の給与総額・賞与」を、その年度の正社員数で割っ

て給与単価（年額）を算出し、同様の方法でパートや契約社員の給与総額も、それぞれ「給与単価（年額）×従業員数」の形式で表すように変形します。

　人件費には、給与以外にも、法定福利費や退職給付費用なども含めなければいけないため、正社員、非正規従業員それぞれの給与単価に、これらの給与以外の人件費の分を上乗せして、「人件費単価」を求めます。

　なお、製造業やサービス業の場合、製造原価（売上原価）明細書の「労務費」にも、製造（現業）部門の人件費が計上されています。これについては、販売及び一般管理費の人件費の内訳を参考にして、労務費を従業員給与、賞与、退職給付費用、福利厚生費に分解したうえで、前述と同じ処理（正社員分と非正規従業員分との分解等）を行います。

　この作業によって、人件費を次のように変形することができます。

人件費＝正社員人件費＋非正規従業員の人件費
**　　　＝（正社員人件費単価×正社員数）＋（非正規人件費単価×非正規従業員数）**

　シミュレーションでは、正社員と非正規従業員の人件費単価および従業員数を変化させることによって、人件費の予測を行います。

　この例では、正社員（中堅以上）の人件費単価は1,200万円、契約社員は1,000万円、パートほかは250万円で、今後も増減しないものと設定しました。正社員（初級・一般職）の人件費単価は現在600万円ですが、その後、毎年1％ずつ増加していくことにしています。嘱託社員（定年後の継続雇用者）の人件費単価は、その期の正社員（初級・一般職）の60％と設定しました。

　2014年の各就業形態の従業員数は、現在の人員を、そのまま

入力しています。この状態で、「人件費単価×従業員数」で算出した人件費と、損益計算書の人に関わる支出を合計して算出した人件費とが、ほぼ同額になっています。

2015年以降の従業員数については、就業形態ごとに次のように入力しています。

1）正社員（中堅以上）：過去の実績から、毎年、正社員（初級・一般職）の10％の人員が昇格し、また、定年退職者が嘱託社員に移動するものとして、今後の従業員数を算出します。
2）正社員（初級・一般職）：中堅以上への昇格者や退職者が発生した場合に、必要人員を補充することにします。シミュレーションでは、2018年に理想の従業員数にすることにして、その間の3年度は線形補完法で従業員数を求めています
3）契約社員：高度な専門職として、現在と同数の人員（2名）を、今後も雇用することにします。
4）パートタイマー：正社員（初級・一般職）と同様に、シミュレーションでは、2018年に理想の従業員数にすることにして、その間の3年度は線形補完法で従業員数を求めています。
5）嘱託社員：定年退職者全員を継続雇用するものとして、今後の対象者数の見込みを入力しています。

これで、現在、および今後の就業形態別の人件費単価と従業員数がすべて入力できました。しかし、正社員（初級・一般職）とパートタイマーの従業員数は、現在の数字を仮に入力してある状態で、また、正社員（中堅以上）の数値も確定していません（初級・一般職の数字が変われば、変動することになります）。これから行うシミュレーションでは、これらの従業員数の最も良い組み合わせを「最適化分析」という手法を使って導き出します。

●営業利益

営業利益は、次の算式で求められます。

営業利益＝売上高－(人件費以外のコスト＋人件費)
**　　　　＝売上高－(変動コスト＋固定コスト＋人件費)**

すでに、すべての項目について数字が設定されていますので、各年度の営業利益の見込額を算出することができます。

以上で[図表3-19]の収益シミュレーションの表が完成しました(ただし、従業員数は、この状態では「仮」の数値が入っています)。この表を使えば、現在の利益はもちろん、今後の期待利益も考慮したシミュレーションを行うことができ、短期・長期のバランスが取れた人材ポートフォリオを描けます。

なお、財務的なシミュレーションにおいて、現在の利益と将来の利益が算出された場合には、基本的にはそれらを同等に扱うことはできません。なぜならば、現在の利益はほぼ確定したものとして信頼できる数字ですが、将来の利益は、あくまでも「見込み」であって状況によっては減少するリスクがあるからです。したがって、将来の営業利益については、リスクの発生を見込んだ「割引率」を乗じて、現在価値に直したうえで今年の利益と合算するという方法をとります。

ここでは、割引率を「10％」と設定しています。(売上高が前提条件のように増加しないリスクがあるため、高めの割引率としました。)したがって、各年の営業利益(見込額)の現在価値は、それぞれ次のように算出されます。

n年後の営業利益の現在価値＝(n年後の営業利益見込額)×(1－割引率)^n

例えば、[図表3-19]の2018年（4年後）の営業利益の現在価値は、「935,152×(1－0.1)^4」、すなわち「935,152×0.9×0.9×0.9×0.9＝613,553千円」となります。

このようにして、各年の営業利益を現在価値に換算した数字を合算して「5年間の期待利益」を算出します。そして、この期待利益を最大にする就業形態別従業員数の組み合わせが、最も理想的な人材ポートフォリオとなります。

●ソルバー機能による最適解の算出

以上の入力作業で、[図表3-19]の下表（「収益シミュレーション」と「人件費の内訳」）を作成することができました。ただし、この段階では、正社員（初級・一般職）とパートタイマーの4年後の従業員数は、仮の数字（現在の人員数）が入力されている状態になっています。

そこで、最も良い経営状態になるように、この4年後の従業員数を調整します。

ここで言う「最も良い経営状態」とは、前項で求めた「5年間の期待利益」が最大になる状態です。すなわち、直近だけではなく将来も見込んだ一定期間の利益を最大にする状態を「最も良い」ととらえます。

直近の利益を最大化することだけを考えてシミュレーションを行うと、「コストが高い正社員を極力少なくして、流動性が高く、コストが低い非正規従業員を極力多くする」という結果が必ず出てきます。しかし、実際にそれを行うと、正社員減少の影響で数年後には売上高の減少が始まり、それが正社員の削減効果を上回ったときには、利益が減少してしまいます。すなわち、直近の利益の最大化だ

けを考えて人員調整を行うと、むしろ、将来見込める利益を減少させてしまうことになるのです。これでは、「最も良い経営状態」とは言えません。

　就業形態別の従業員数を変えるときには、いくつかの制約条件があります。ここでは、従業員数を変えるうえで満たすべき制約条件として、次の4つを設定しました。

1）契約社員は2名、嘱託社員は8名（2018年）とする
　　　契約社員は特定業務を行う人数、嘱託社員は定年後継続雇用者の人数が、あらかじめ分かっていますから、その数字を使います。

2）正社員数の増加率は売上高成長率以上であること
　　　会社の成長を支えているのは、基本的には、基幹職務を行っている正社員と考えられます。そこで、正社員数の増加率は、会社の売上高成長率以上になるように設定します。

3）「従業員1人当たり売上高」は、1％を上回る改善は見込めない
　　　従業員総数（正社員、非正規従業員の総合計）をできるだけ削減すれば、人件費が減少して、利益は多くなります。しかし、売上高を増やすのであれば、従業員総数の削減には限界があります。ここでは、売上高を従業員総数で割った「従業員1人当たりの売上高」を算出し、それについては「1％を上回る改善は見込めない」という条件を設定して、従業員総数の減少に歯止めをかけることにしました。

　　　なお、この「1％」という数字は、自社の過去の最も効率が良かったとき、および同業他社の「1人当たり売上高」（EDINETで調べられます）を参考にして設定しました。

4）「正社員比率」を現状よりも1.0ポイント以上高くする
　　　パートなどの非正規従業員を管理するために、一定割合以

上の正社員が必要です。ここでは、「現在も非正規従業員に比べて正社員が少ない状況にある」という問題意識のもと、正社員比率を現状よりも1.0ポイント高くするという条件を設定しました。

　なお、実際には、上記の制約条件は、事業構造の分析、経営者へのヒアリング、従業員の異動状況の分析等を行い、組織編成のポイントとなる3〜10項目を設定します。制約条件を的確に設定しないと、これから説明するソルバー機能では、的確な計算ができません。

　制約条件を設定したら、それらを満たし、かつ5年間の期待利益を最大化する就業形態別従業員数（理想人員）をエクセルで算出します。まず、[図表3-19]の「収益シミュレーション」の上に、理想人員、および制約条件に関係する指標が表示される表を作成しておきます。（[図表3-20]）なお、理想人員の表の「正社員（中堅以上）」は、「前年の中堅以上人員＋前年の初級・一般職人員×10％－定年退職者数（今年と前年の嘱託人員の差）」を算出する式を入力しています。また、正社員（初級・一般職）とパートタイマーの理想人員は、下の「人件費の内訳」の表の2018年のセルとリンクさせており、理想人員の数字が変われば、その下の「人件費の内訳」や「収益シミュレーション」の表も（したがって、「5年間の期待利益」も）再計算されるようになっています。

　最適化分析は、エクセルの「ソルバー」という機能を使って行います。ソルバーは、第2章で使った「分析ツール」と同じ、エクセルのアドイン（拡張機能）の一つです。エクセルの操作画面上方の「データ」タブを開き、表示されたリボンの［分析］を見て、「ソルバー」が表示されていなかったら、自分のパソコンにインストールしなければなりません。インストールの方法は、「第2章-1」で説明した「分析ツール」のアドインと同じで、ここでは「Excelアドイン」の「ソルバーアドイン」を有効にします。

[図表 3-20] 理想人員、制約条件を算出する表の作成

制約条件設定

人員	2014人員	理想人員
正社員（中堅以上）	76	83
正社員（初級・一般職）	24	24
契約社員	2	2
パートタイマー	43	43
嘱託社員	5	8
合計	150	160

指標	2014	2018	増加率・ポイント
売上高	5,000,000	5,410,000	108.2%
従業員数	150	160	106.4%
正社員数	100	107	106.6%
1人あたり売上高	33,333	33,897	101.7%
正社員比率	66.7%	66.8%	0.1%

収益シミュレーション　　　　　　　　　　　　　　　　（単位：千円、人）

	2014年 現在	2015年 1年後	2016年 2年後	2017年 3年後	2018年 4年後	
売上高	5,000,000	5,100,000	5,200,000	5,300,000	5,410,000	
変動コスト（人件費を除く）	2,000,000	2,040,000	2,080,000	2,120,000	2,164,000	
固定コスト（人件費を除く）	1,000,000	1,000,000	1,000,000	1,000,000	1,000,000	
人件費	1,201,500	1,231,920	1,254,029	1,284,518	1,298,516	5年間期待利益
営業利益	798,500	828,080	865,971	895,482	947,484	
営業利益（現在価値）	798,500	745,272	701,437	652,806	621,644	3,519,659

人件費の内訳　　　　　　　　　　　　　　　　　　　　　　　　　　増加率（増減数）

							増加率
正社員（中堅以上）	人件費単価	12,000	12,000	12,000	12,000	12,000	0.0%
	人数	76	78	80	82	83	7
正社員（初級・一般職）	人件費単価	6,000	6,060	6,121	6,182	6,244	4.1%
	人数	24	24	24	24	24	0
契約社員	人件費単価	10,000	10,000	10,000	10,000	10,000	0.0%
	人数	2	2	2	2	2	0
パートタイマー	人件費単価	2,500	2,500	2,500	2,500	2,500	0.0%
	人数	43	43	43	43	43	0
嘱託社員	人件費単価	3,600	3,636	3,672	3,709	3,746	4.1%
	人数	5	5	6	6	8	3
従業員数合計		150	152	155	157	160	10

　ソルバーをアドインしたら、次のように操作します。

パソコン操作 12 【ソルバーによる最適な従業員構成の計算】

[1] シミュレーションシートの作成

ここまで説明した要領で「収益シミュレーション」および「制約条件の設定」等の表を作成します。表が完成したら、[データ] タブを開き、[分析]→[ソルバー] を選択します。

なお、リボンに「ソルバー」が表示されない場合は、「ソルバーアドイン」のインストールが必要です。

[ファイル]→[オプション]→[アドイン] を選択し、「管理」の「Excel アドイン」の「設定」をクリックして、「ソルバーアドイン」を有効にしてください。

3．人材ポートフォリオを使った最適配置

[2] 目的セル、実数セルを指定する

「ソルバーのパラメーター」というボックスが開きます。

「目的セルの設定」には、「5年間期待利益」の数字が表示されているセルを指定し、その下の「目標値」を「最大値」にします。

「実数セルの変更」（目的を達成するために変化させるデータ）には、「理想人員」の従業員数が表示されているセル（ただし、中堅以上の正社員を除く）を指定します。

[3] 制約条件を入力する

「制約条件の対象」には、前述した4つの制約条件を入力します。

「制約条件の対象」の空欄の右にある［追加］ボタンを押すと、「制約条件の追加」のボックスが開きますので、その指定に従って、制約条件を算式で入力します。

ここでは、4つの制約条件を左記の算式で入力しました。

（制約条件の算式の入力）
D6=2 　→契約社員は2人
D8=8 　→2018年の嘱託社員は8人
I6>=I4 　→正社員増加率≧売上高成長率
I7<=1.01 　→1人当たり売上高の改善率1％以下
I8>=0.01 　→正社員比率は1％以上上昇

[4]［解決］ボタンをクリックし、結果を確認

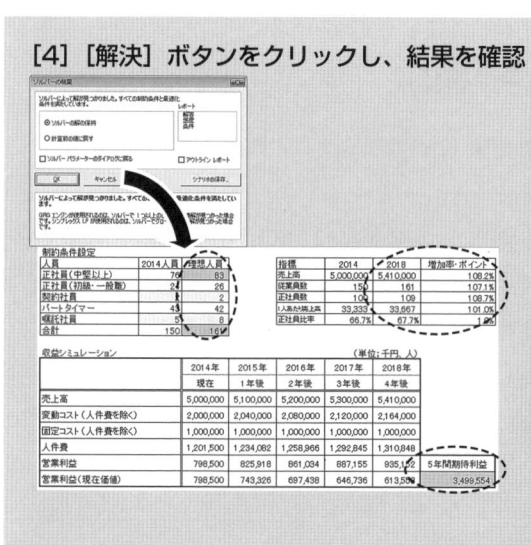

制約条件をすべて入力し終わったら、「ソルバーのパラメーター」の下方の［解決］ボタンをクリックします。

「ソルバーの結果」というボックスが表示され、そこに「ソルバーによって解が見つかりました」と示されていればシミュレーションは成功です。

［OK］ボタンをクリックすると、元のエクセシートの数字が最適解（5年間の期待利益を最大化する従業員構成）に置き換えられますから、その内容を確認します。

ソルバーの操作は、制約条件を数式化することにコツが少し必要になりますが、慣れれば、それも簡単にできるようになります。

このシミュレーションでは、次の最適解が示されました。

● 理想人員

　　正社員（中堅以上：83人（7人増）

　　正社員（初級・一般職）：26人（2人増）

　　契約社員：2人（増減なし・制約条件どおり）

　　パートタイマー：42人（1人減）

　　嘱託社員：8人（3人増・制約条件どおり）

　　従業員総数：161人（11人増）

3．人材ポートフォリオを使った最適配置

● 経営指標（制約条件の確認）

　4年後の正社員増加率（108.7％）は、売上高成長率（108.2％）以上となっています。

　4年後の従業員1人当たり売上高は、33,667千円で、現在の同指標（33,333千円）からの改善率は1.0％（1.0％以内）です。

　4年後の正社員比率（67.7％）は、現状の同指標（66.7％）よりも1.0ポイント以上高くなっています。

　以上、この結果は、すべての制約条件を満たしています。

● 5年間の期待利益

　3,499,554千円（最大値）

　これで、最適な従業員構成を算出することができました。この結果に基づいて作成した人材ポートフォリオが**[図表3-19]**です。このポートフォリオを実現すれば、短期と長期の収益のバランスが取れた最も良い経営状態を作りだすことができます。

(4) より高度なシミュレーション

　複雑なエクセルシートや「最適化分析」という聞きなれない言葉が出てくるため、この人材ポートフォリオの作成が、相当に難しいことを行っているように思われるかもしれませんが、実際にやってみると予想以上に簡単です。

　特にこの例の場合は、就業形態別の人員の組み合わせを考えるといっても、実際には、正社員（初級・一般職）とパートタイマーの人員しか変動させていません（ここでは、中堅以上の正社員の数は初級・一般職の昇格者と定年退職者の数で算定できるものと設定し、また、契約社員や嘱託社員の数は、あらかじめ決まっているものと

しました)。また、制約条件も、4つ（契約社員、嘱託社員人数を除けば3つ）しか定めていませんので、シミュレーションとしては、シンプルな「基本形」となっています。

しかし、この「基本形」を押さえて、ソルバーを使った最適化分析に慣れておけば、相当に複雑なシミュレーションができるようになります。例えば、正社員を「中堅以上」と「初級・一般職」に2分するのではなく、役職ごと、あるいは部門ごとに細分化して、最適な役職分布や部門別人員配置を求めることも可能です。

この章で紹介した統計データを使った労務構成の標準的なパターン（[図表3-6]の組織管理構造の標準パターンや[図表3-10]の人員配置の標準パターン等）を使って「基本形」のシミュレーションを役職や部門別に展開していくと、従業員の区分や組織の数がどんなに多く、複雑であっても、最適な構造や人員配置を導き出すことができます。

また、このシミュレーションでは、「売上高が2％ずつ上昇する」、あるいは「人件費以外のコストを、変動コストと固定コストに分けることができる」という設定のもとに行っていますが、実はこれらの設定も、シミュレーションの中では最もシンプルなものです。より実践的なシミュレーションにしたいのであれば、売上高成長やコスト変動の予測を、ここで説明した以上に綿密に行うことが必要になります。

例えば、ある会社は、正社員を職務（担当している研究開発テーマとそれの商品化の時期、および商品化の規模など）によって区分けし、現在の正社員の構成によって将来の売上高が決まるというモデルを作成したうえで、シミュレーションを行いました。

また、売上高、変動コスト、固定コストが状況によって様々に変化する（例えば、売上高は一定額を超えると伸びが落ちる、固定コストは売上額が一定額を超えるごとに階段状に増えていく等）モデ

ルを設定してシミュレーションを行っている会社もあります（この手法は、「第5章-6-(4)」で説明します）。

　基本形のシミュレーションの考え方・進め方さえ分かれば、自分の工夫次第で、より高度なシミュレーションを行うことが可能です。是非、皆さんも挑戦してみてください。

(5) エクセルの「シナリオ」の活用

　エクセルを使ったシミュレーションの長所は、制約条件を変えた場合の再計算が簡単にできることです。この長所を活かせば、条件を変えた数パターンの分析結果を比較したうえで、最も良いものを選択することができます。

　条件を変えて数パターンのシミュレーションを行うときには、「シナリオ」という機能を使うと便利です。ここでは、「正社員比率」を変えたシミュレーションを行ってみましょう。

　「シナリオ機能を使わなくても、最初のシートの正社員数だけ変えてみればいいだろう」と思われる人がいらっしゃるかもしれません。確かに、制約条件が1つしかない、極めてシンプルなシミュレーションであれば、そのような方法でも対応できるのですが、この例のように、複数の条件が関係しているもの（1つの制約条件を変えることによって全体の数字が影響を受けてしまうもの）については、シナリオ機能を使わなければ対応が困難です。

　シミュレーションは架空の世界ですから、構築された仮説のもとに、様々な制約条件を設定することができます。そして、シナリオ機能を使えば、制約条件を変えたシミュレーションをいくつも実施して、その中から最も効果的と考えられるものをベースにした人事管理を行うことできます。

パソコン操作 13 【シナリオを使ったシミュレーションの比較】

[1] ソルバーで「シナリオの保存」を選択

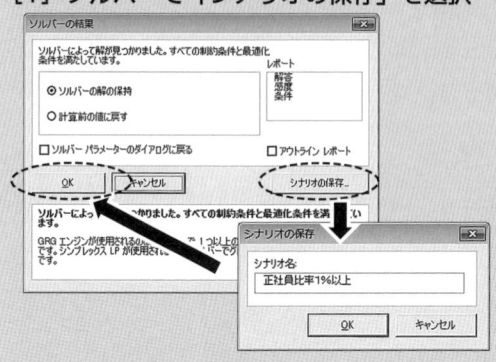

ソルバーによるシミュレーションを行い、「ソルバーの結果」が表示されたら、[シナリオの保存]を選択します。表示されたボックスでシナリオ名を入力し、[OK]ボタンをクリックします。
(ここでは「正社員比率1%以上」というシナリオ名をつけました。)

[2] 制約条件を変更する

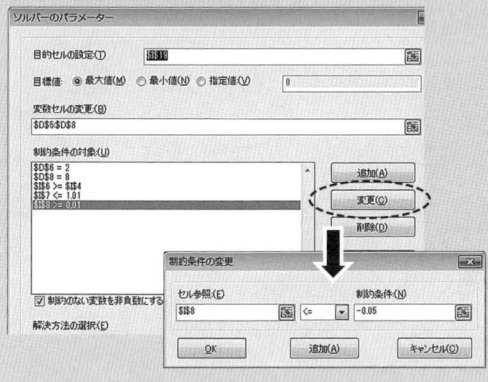

元のシートでは「正社員比率1%以上」となるシミュレーションが行われています。ここで、再び[データ]タブ→[分析]→[ソルバー]を選択して、「ソルバーのパラメーター」を開きます。「制約条件の対象」の「正社員比率1以上」の式を選択し[変更]ボタンを押します。表示されたボックスから、新たな制約条件を入力します。(ここでは「正社員比率を5%以下低下させる」という条件を入れました。)

第3章 労務構成の分析

3．人材ポートフォリオを使った最適配置

[3] [What-If 分析]→[シナリオの登録と管理] を選択

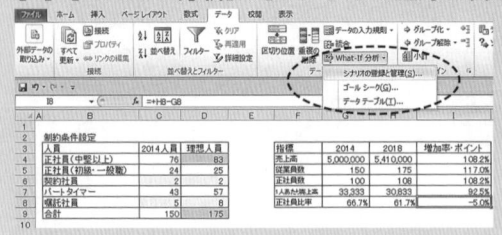

新たな制約条件を設定したら、[解決] ボタンをクリックして、シミュレーションを実施します。[1] と同様の操作でシナリオを保存したうえで、ソルバーを終了させます。

シートは、「正社員比率－5％以下」となるシミュレーションが行われた状態になっています。

ここで、[データ] タブ→[データツール]→[What-If 分析]→[シナリオの登録と管理] を選択します。

[4] 表示したいシナリオを選択する

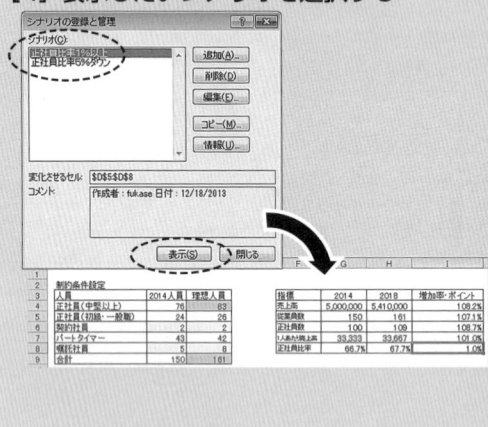

ソルバーで登録したシナリオ名のリストが表示されますから、自分が見たいシナリオを選択し、[表示] ボタンをクリックします。

元のシートには、選択したシナリオが表示されています。

この機能を使えば、1つのシートで、制約条件を変えた複数のパターンのシミュレーションを比較することができます。

　[図表3-21] は、シナリオ機能を使って正社員比率の制約条件を変えた最適人員構成のシミュレーションを4パターン行い、それぞれの結果を図示したものです。

[図表 3-21] 制約条件を変えたシミュレーション結果の比較

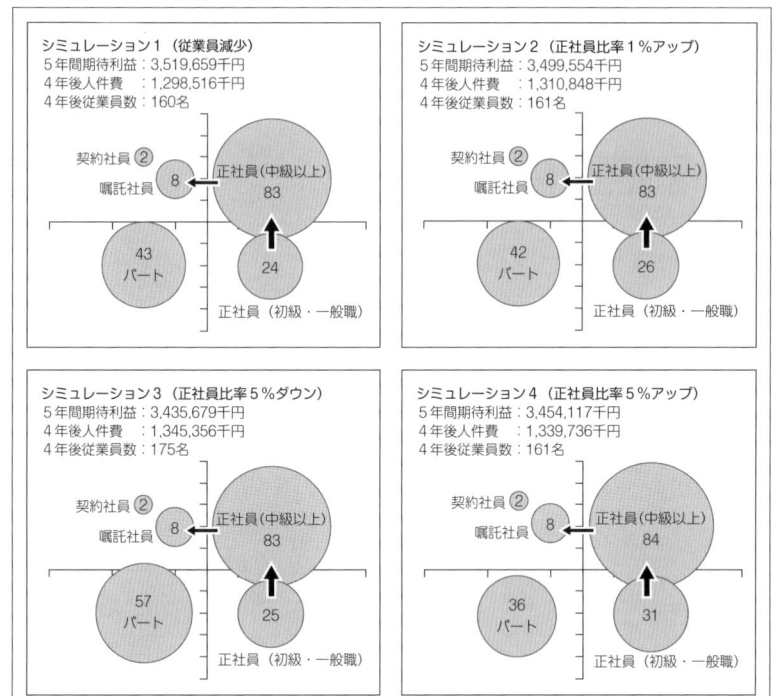

シミュレーション1（従業員減少）
5年間期待利益：3,519,659千円
4年後人件費：1,298,516千円
4年後従業員数：160名

- 契約社員 ②
- 嘱託社員 8
- 正社員（中級以上）83
- パート 43
- 正社員（初級・一般職）24

シミュレーション2（正社員比率1％アップ）
5年間期待利益：3,499,554千円
4年後人件費：1,310,848千円
4年後従業員数：161名

- 契約社員 ②
- 嘱託社員 8
- 正社員（中級以上）83
- パート 42
- 正社員（初級・一般職）26

シミュレーション3（正社員比率5％ダウン）
5年間期待利益：3,435,679千円
4年後人件費：1,345,356千円
4年後従業員数：175名

- 契約社員 ②
- 嘱託社員 8
- 正社員（中級以上）83
- パート 57
- 正社員（初級・一般職）25

シミュレーション4（正社員比率5％アップ）
5年間期待利益：3,454,117千円
4年後人件費：1,339,736千円
4年後従業員数：161名

- 契約社員 ②
- 嘱託社員 8
- 正社員（中級以上）84
- パート 36
- 正社員（初級・一般職）31

　この例では、正社員（初級・一般職）の代わりにパートタイマーを増やすパターン（シミュレーション3）が、結局は、パートタイマーを多めに雇用しなければならず、人件費負担がかえって増える（したがって、5年間の期待利益は減少する）可能性があることが分かりました。しかしながら、パートタイマーの数を減らして、正社員比率を5％以上にするパターン（シミュレーション4）だと、やはり人件費が増えてしまうという結果が出てきました。

　シミュレーション結果を見る限り、正社員比率を現在よりも1％前後アップさせる人員構成（シミュレーション2）をベースに人事管理を行っていくことが良いようです。

　なお、**[図表3-21]** では、人材ポートフォリオの図を、エクセルのグ

ラフ作成機能の「バブル」を使って作成しています。このような機能も使って、効率的に人材ポートフォリオを作成し、人事管理に活用していくとよいでしょう。

パソコン操作 14 【「バブル」を使ったポートフォリオの作成】

[1] 図の元になるデータ領域の作成

ポートフォリオの元になるデータ領域を作成します。データ領域の表は、バブル（円）の種類（就業形態の区分）ごとに列を変え、上の行から順に、横軸の位置、縦軸の位置、円の大きさを示すように入力します。
なお、行のデータを入力する場合、右上に表示する円は（＋、＋）、
右下に表示する円は（＋、－）
左上に表示する円は（－、＋）
左下に表示する円は（－、－）
の数字にします。

[2] バブル（円）の大きさを調整する

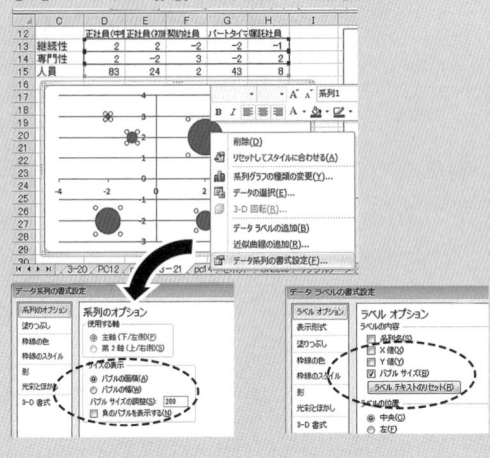

バブル図が表示されました。

円の大きさを調整するときには、任意のバブル（円）を右クリックして、表示されたボックスから［データ系列の書式決定］→［系列のオプション］を選択し、「バブルサイズの調整」に適当な数字を入力します。

従業員数を表示したいときには、「データラベル」を使います。なお、ラベルが従業員数以外のデータになってしまう場合は、「その他のデータラベルオプション」を開いて修正します。

3．人材ポートフォリオを使った最適配置

4 相関と回帰分析

　人材ポートフォリオを作成るための収益シミュレーションでは、売上高と人件費以外のコストの関係性について「回帰分析」を行い、コストを「変動コスト」と「固定コスト」の2つに区分けしました。
　ここで使った「回帰分析」とは、「売上高とコスト」、「年齢と給与」のように、組になったデータの関係性を分析する手法です。回帰分析によってデータの関係性が分かれば、一つのデータがある数値になった場合、他方のデータの値を予測することができます。
　ここでは、「回帰分析」のように、データの関係性を分析する手法について解説します。

(1) 共分散

　データの関係性を示す指標として、「共分散」があげられます。
　例えば、「売上高の増加に伴ってコストも増加する」というように、2つの組になったデータ（売上高とコスト）がいくつかあるとき、一方のデータ（売上高）の変化に伴って、もう一つのデータ（コスト）も変化する傾向があれば、二つのデータは「共変関係にある」または「共変動する」と言い、この二つのデータの共変関係の強さを示す指標が「共分散（covariance）」となります。
　$(x_1, y_1)、(x_2, y_2)、(x_3, y_3)\cdots(x_n, y_n)$というデータの組み合わせがあり、$x_1、x_2、x_3\cdots x_n$の平均値を「$\bar{x}$」、$y_1、y_2、y_3\cdots y_n$の平均値を「$\bar{y}$」としたとき、共分散（$S_{xy}$）は、次の式で算出されます。

$$S_{xy} = \frac{(x_1-\bar{x})(y_1-\bar{y}) + (x_2-\bar{x})(y_2-\bar{y}) + \cdots + (x_n-\bar{x})(y_n-\bar{y})}{n}$$

[図表3-22] 共分散の考え方

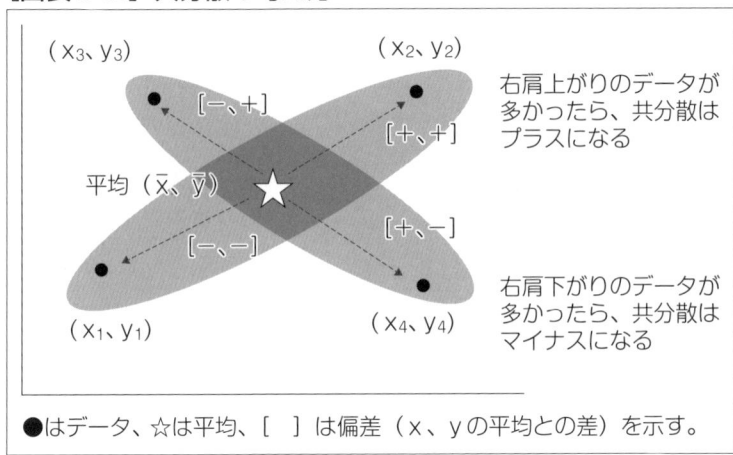

（x₃、y₃）の位置に［−、＋］、（x₂、y₂）の位置に［＋、＋］、平均（x̄、ȳ）、（x₁、y₁）の位置に［−、−］、（x₄、y₄）の位置に［＋、−］。右肩上がりのデータが多かったら、共分散はプラスになる。右肩下がりのデータが多かったら、共分散はマイナスになる。

●はデータ、☆は平均、［　］は偏差（x、yの平均との差）を示す。

　すなわち、共分散は、２つのデータの偏差（平均からの乖離）の積の平均値ということになります。

　[図表3-22] は、(x₁、y₁) から (x₄、y₄) の４つのデータとx、yの平均値（x̄、ȳ）の関係を表した図です。

　(x₁、y₁) の偏差を見ると、xの偏差（x₁−x̄）はマイナス、yの偏差（y₁−ȳ）もマイナスとなっています。x₁とy₁の偏差の積は「マイナス×マイナス」となるので、答えはプラスになります。同様に(x₂、y₂) の偏差の積は「プラス×プラス」でプラスに、(x₃、y₃) と (x₄、y₄) は、ともにマイナスとプラスを掛けあわせることになるので、答えがマイナスになります。

　仮に、データが (x₁、y₁)、(x₂、y₂) のようなものばかりだったら、すなわち右肩上がりに（xが増えるとyも増えるように）データが並んでいたら、偏差の積はすべてプラスになりますから、その平均値である共分散もプラスになります。一方、(x₃、y₃)、(x₄、y₄) のようなものばかりで、右肩下がりに（xが増えるとyが減るように）データが並んでいたら、偏差の積はすべてマイナスになり、共分散もマイナスになります。

4．相関と回帰分析

したがって、xとyの共分散がプラスであれば「xの増加に伴いyも増加する傾向」が、マイナスであれば「xの増加に伴いyが減少する傾向」が、それぞれあることが分かります。

それでは、xとyの共分散がゼロになるのは、どのような状態でしょうか。それには、2つのパターンが考えられます。

1）xとyが均等に広がっているため、偏差の積のプラスとマイナスが相殺されているパターン
2）xまたはyが一定の値で、すべてのx（またはy）の偏差がゼロになるパターン

両パターンとも、一方のデータとまったく関係なく他方のデータが決まっている状態です。すなわち、**共分散がゼロになるということは、xとyが無関係（それぞれ「独立」している）ということを示します。**

エクセルでは、［データ］タブ→［分析］→［データ分析］を選択すれば、「分析ツール」の中に共分散の自動計算機能が装備されています。[図表3-23]は、5名の身長と体重のデータを入力し、エクセルの

[図表3-23] 身長・体重の共分散行列

	身長(cm)	体重(kg)
鈴木さん	160	58
佐藤さん	162	60
田中さん	170	62
山田さん	175	70
中村さん	180	75

エクセルによる計算結果

	身長(cm)	体重(kg)
身長(cm)	57.44	
体重(kg)	47	41.6

　　↑　　　　↑　　　　　←　体重の分散
身長の分散　　身長、体重の共分散

分析ツールで共分散を計算した結果です。「身長・身長」と「体重・体重」のセルには、それぞれの分散が示され、「身長・体重」のセルに共分散が示されます。このような表を「**共分散行列**」と言います。

共分散がゼロに近ければ、2つのデータに関係性がないことは分かりますが、逆に、どの程度高ければ関係性が強いと言えるのかが分かりません（共分散の数値の範囲には限りがなく、∞まで高くなる可能性があります）。この点から、共分散は、データの関係性をつかみやすい指標とは言えず、ビジネス分野ではあまり使われません。

(2) 相関係数

データの関係性を示す指標としては、共分散よりも相関係数のほうがよく使われます。

「相関」とは、二つのデータの間に関係性があること、データが互いに影響しあうことを言い、その強さは「相関係数（correlation coefficient）」で示されます。相関係数は、2つのデータの共分散をそれぞれのデータの標準偏差の積で割ったもので、次の式で算出されます。

$$相関係数：r = \frac{\sum_{i=1}^{n}(x_i - \bar{x})(y_i - \bar{y})}{\sqrt{\sum_{i=1}^{n}(x_i - \bar{x})^2}\sqrt{\sum_{i=1}^{n}(y_i - \bar{y})^2}}$$

※ 定義に従えば、分子（共分散）、分母（標準偏差）共に「n（データ数）」で割ることになりますが、実際の計算上は、それを省略します。

※ これは、「ピアソンの積率相関係数」と呼ばれるもので、相関係数と言えば、一般的には、これを指します。相関係数には、この他にも「スピアマンの順位相関係数」、「ケンドールの順位相関係数」などがあります。

相関係数は、−1から1までの値をとり、値がプラスのときには一方のデータが増えれば他方も増える傾向（正の相関）が、マイナスのときは一方のデータが増えれば他方が減る傾向（負の相関）が

[図表3-24] データの分布と相関係数

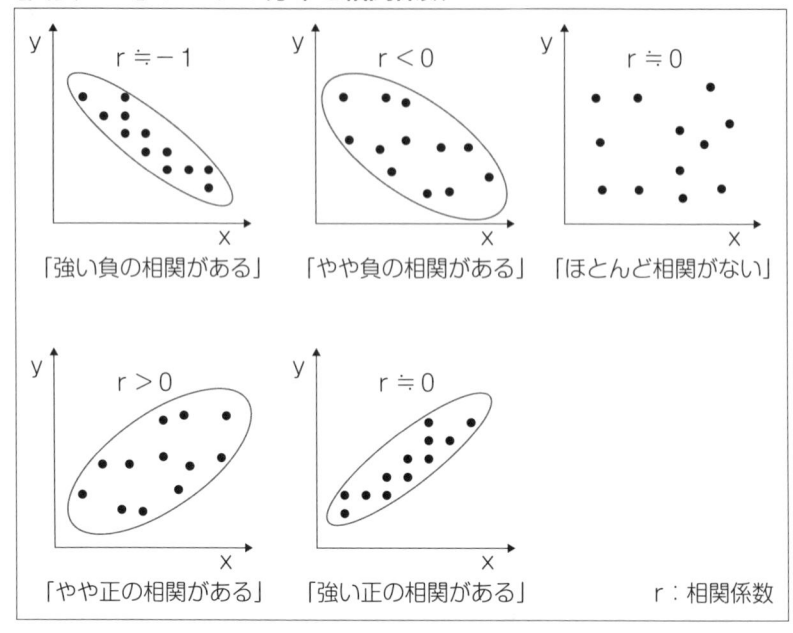

r ≒ -1 「強い負の相関がある」	r < 0 「やや負の相関がある」	r ≒ 0 「ほとんど相関がない」
r > 0 「やや正の相関がある」	r ≒ 0 「強い正の相関がある」	r：相関係数

あることを示します。また、相関係数が1（または-1）に近づくほど2つのデータの関係性が強いことを、相関係数がゼロのときには2つのデータの間に関係性がないことを示します。

相関係数を使ってデータの関係性をとらえるときの目安は、次のとおりです。

　1.0、または -1.0…2つのデータの間に一定の関係性がある
　0.7～1.0または-0.7～-1.0…強い相関がある
　0.5～0.7または-0.5～-0.7…相関がある
　0.3～0.4または-0.3～-0.4…弱い相関がある
　0.2～0.3または-0.2～-0.3…あまり相関がない
　0.0～±0.2…ほとんど相関がない（0.0の場合は関係がない）

　相関係数をエクセルで算出するときには、次の3通りの方法があ

ります。

① 関数式を使う

関数式「=correl（一方のデータ領域、他方のデータ領域）」、または「=pearson（一方のデータ領域、他方のデータ領域）」を入力すれば、相関係数が表示されます。

②「データ分析」の「相関」を使う

［データ］タブ→［データ分析］→［相関］を選択すれば、[図表3-25]のような表（これを「**相関行列**」と言います）が表示されます。アンケート調査などで多くのデータ項目があるときに、この方法を使えば、各項目間の相関を一目でとらえられて便利です。

例にあげた[図表3-25]の場合、相関行列を見れば、次のことがすぐに分かるでしょう。

- 身長と体重は正の相関がかなり強い
- 身長、体重と体力テストとの間には正の相関が認められる
- 体力テストと学力テストとの間には負の相関が認められる
- 学力テストと身長、体重との間には、あまり相関はない

[図表3-25]［データ分析］を使った相関行列の表示

	身長(cm)	体重(kg)	体力テスト(点)	学力テスト(点)
鈴木さん	160	58	70	60
佐藤さん	162	60	60	100
田中さん	170	62	90	70
山田さん	175	70	100	60
中村さん	180	75	80	70

エクセルによる計算結果

	身長(cm)	体重(kg)	体力テスト(点)	学力テスト(点)
身長(cm)	1			
体重(kg)	0.961488241	1		
体力テスト	0.671754034	0.526234812	1	
学力テスト	−0.33037998	−0.27428358	−0.67357531	1

- 身長と体重の相関係数
- 体力テストと学力テストの相関係数
- 同じ項目同士の相関係数は「1」となる

4．相関と回帰分析

③ 散布図を作成し「R−2乗値」を表示する

　エクセルのグラフ機能で散布図（第2章-3-(2)参照）を作成した後、任意のデータを右クリック→［近似曲線の追加］を選択し、表示されたボックスの「線形近似」と「グラフにR−2乗値を表示する」にチェックを入れます。［閉じる］ボタンをクリックし、表示された**「R−2乗値」（決定係数、または説明係数、寄与率）**の平方根が相関係数になります（ただし、傾向線が右肩下がりになっていたら、これに「−1」を乗じたものになります）。

　この方法は、①と比べると作業が複雑になりますが、相関係数の算出の前に、データの分布を散布図で確認できるというメリットがあります。データ同士の関係性をとらえるときには、**［図表3-24］**で示したように、データの分布を視覚的にとらえることは、とても重要な意味を持ちますから、相関係数を算出するときは、なるべくこの方法（③）を使うようにするとよいでしょう（なお、「線形近似」や「R−2乗値」については、この後の「回帰分析」で詳しく説明します）。

　(1)で説明した「共分散」と異なり、相関係数は、2つのデータの関係性の強さ（「1」や「−1」に近いほど関係性が強いこと）を示すことができるため、データ分析で頻繁に用いられます。基本的な手法なので、数字の見方からエクセルを使った算出方法まで、しっかりと理解しておきましょう。

[図表3-26] 散布図を使ったR-2乗値の算出

	身長(cm)	体重(kg)
鈴木さん	160	58
佐藤さん	162	60
田中さん	170	62
山田さん	175	70
中村さん	180	75

エクセルのグラフ機能で散布図を作成。散布図を使って「線形近似」の回帰分析を行い、「R-2乗値」を表示する。

$R^2 = 0.9245$

線形近似のR-2乗値の平方根が相関係数となる。(ただし、傾向線が右肩下がりになっていたら、これに「-1」を乗じる)

(3) 回帰分析

　共分散や相関係数は、2つのデータの関係性を数値化する指標ですが、「**回帰分析（regression analysis）**」は、その関係性を具体的に説明する手法です。最もよく使われる手法が、2つのデータ（x, y）の関係性を一次方程式　$y = ax + b$（a, b：定数）を使って表すもので、これを「線形回帰」(linear regression) と言います（なお、エクセルの「近似曲線の追加」の中では「線形近似」という言葉が使われています）。

　xとyの関係を表す方程式（$y = ax + b$）は、「**最小二乗法**」で求めますが、これは、次の考え方によるものです。

1）$(x_1、y_1)(x_2、y_2)、\cdots(x_n、y_n)$ があったとき、xとyの関係性を表す仮の算式を $y = ax + b$ とします。

[図表3-27] 最小二乗法の考え方

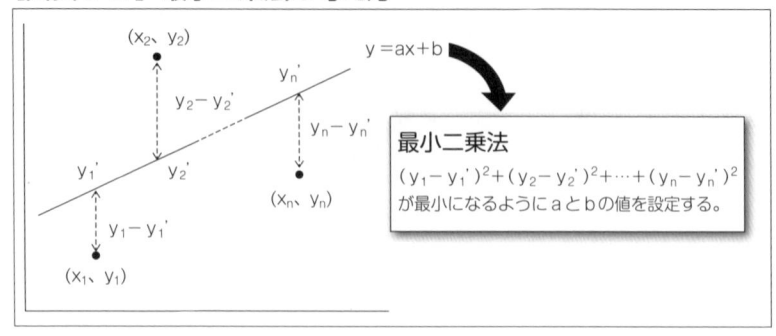

```
               (x₂、y₂)
                  •           y=ax+b
                  ↑      yₙ'
                  │       ↑            ┌─────────────────────────┐
               y₂−y₂'     │            │ 最小二乗法              │
                  │    yₙ−yₙ'          │ (y₁−y₁')²+(y₂−y₂')²+…+(yₙ−yₙ')² │
            y₁'   ↓ y₂'  ↓             │ が最小になるようにaとbの値を設定する。│
             ↑            (xₙ、yₙ)      └─────────────────────────┘
           y₁−y₁'
             ↓
           •
         (x₁、y₁)
```

2）x_1 を仮の算式に代入して、ax_1+b（$=y_1'$）を求めます。同様に ax_2+b（$=y_2'$）、…ax_n+b（$=y_n'$）を求めます。

3）実際のデータ（y_1、y_2、…y_n）と仮の算式で求めた解（y_1'、y_2'、…y_n'）の差の二乗の合計値が最も小さくなるような、aとbの値を求めます（実際のデータと仮の算式の解の差を「二乗」するのは、プラス・マイナスの値が相殺されないようにするためです）。これが、xとyの関係性を最も上手く説明する方程式になります。

最小二乗法によれば、xとyの関係を表す方程式（$y=ax+b$）のaとbは次の式で求められることが知られています。

$$a = \frac{n\sum_{i=1}^{n}x_iy_i - \sum_{i=1}^{n}x_i \cdot \sum_{i=1}^{n}y_i}{n\sum_{i=1}^{n}x_i^2 - (\sum_{i=1}^{n}x_i)^2}$$

$$b = \bar{y} - a\bar{x}$$

実際には、このような複雑な計算をしなくても、エクセルを使えば、xとyの関係を表す方程式（$y=ax+b$）を簡単に求めることができます。

① 関数式を使う

　方程式の傾き（a）は、関数式「＝slope（既知のy、既知のx）」で、y切片（b）は、「＝intercept（既知のy、既知のx）」で求められます。

② 「データ分析」の「回帰分析」を使う

　［データ］タブ→［データ分析］→［回帰分析］を選択し、yとxのデータが入力されている領域を指定すれば、回帰分析の結果が表示されます。傾き（a）は「X値1」の係数を、y切片（b）は「切片」の係数を見ます。

③ 散布図を作成して、「線形近似」の式を表示する

　相関係数を表示する方法と同様に、エクセルのグラフ機能で散布図を作成した後、任意のデータを右クリック→［近似曲線の追加］を選択し、表示されたボックスの「線形近似」と「グ

パソコン操作 15 【散布図を使った回帰分析】

[1] データを入力し、散布図を作成する

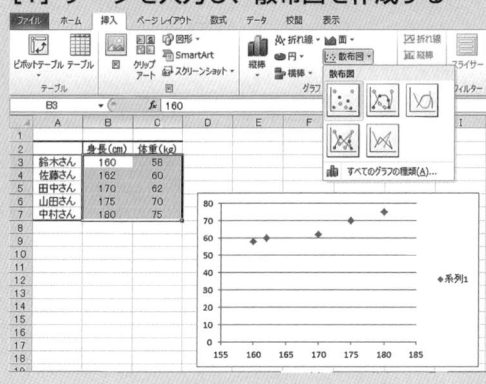

回帰分析の対象となるxとyのデータを入力します。
データの入力が完了したら、［挿入］タブ→［グラフ］→［散布図］で散布図を作成します。

4．相関と回帰分析

[2]「線形近似」、「数式を表示」を選択する

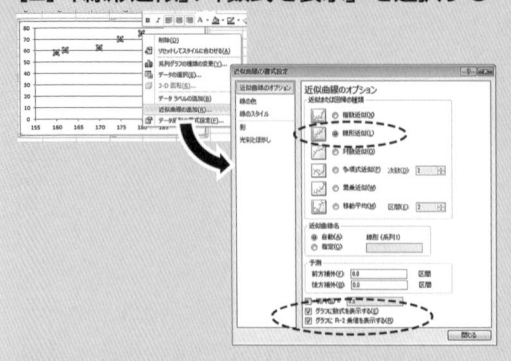

散布図上の任意のデータを右クリックし、表示されたボックスから[近似曲線の追加]を選択します。
[近似曲線のオプション]のボックスで、「線形近似」を選択し、ボックス下方の「グラフに数式を表示する」と「グラフに R-2 乗値を表示する」にチェックを入れて、[閉じる]ボタンをクリックします。

[3] 回帰直線と方程式が表示される

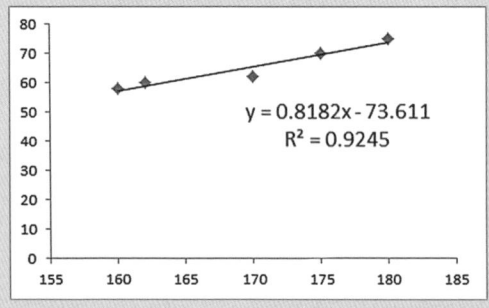

散布図上に x と y の関係を示す近似曲線(この場合は、回帰直線)と方程式が表示されます。
また、「R-2 乗値」も同時に表示され、線形回帰の場合、R-2 乗値の平方根が相関係数の絶対値となります(x と y の関係性の強さが分かります)。

グラフ上の数式:
$y = 0.8182x - 73.611$
$R^2 = 0.9245$

なお、「データ分析」の「回帰分析」を使った場合には、次のような分析結果が表示されます。方程式($y=ax+b$)の a と b 以外にも様々な数値が表示されていますが、線形回帰では、これらの数値はほとんど使いませんから、無視しても結構です。

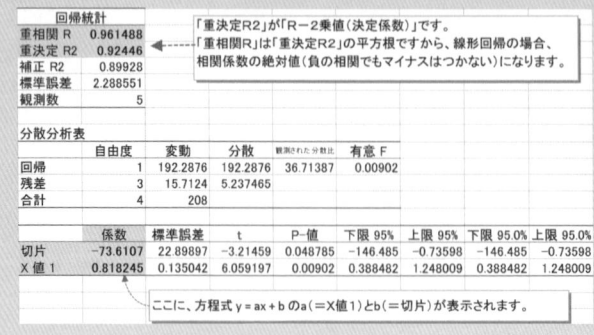

回帰統計

重相関 R	0.961488
重決定 R2	0.92446
補正 R2	0.89928
標準誤差	2.288551
観測数	5

「重決定R2」が「R−2乗値(決定係数)」です。
「重相関R」は「重決定R2」の平方根ですから、線形回帰の場合、相関係数の絶対値(負の相関でもマイナスはつかない)になります。

分散分析表

	自由度	変動	分散	観測された分散比	有意 F
回帰	1	192.2876	192.2876	36.71387	0.00902
残差	3	15.7124	5.237465		
合計	4	208			

	係数	標準誤差	t	P-値	下限 95%	上限 95%	下限 95.0%	上限 95.0%
切片	-73.6107	22.89897	-3.21459	0.048785	-146.485	-0.73598	-146.485	-0.73598
X 値 1	0.818245	0.135042	6.059197	0.00902	0.388482	1.248009	0.388482	1.248009

ここに、方程式 $y = ax + b$ の a (=X値1) と b (=切片) が表示されます。

ラフに数式を表示する」にチェックを入れます。[閉じる]ボタンをクリックすれば、xとyの関係性を示す直線と方程式が表示されます。

ここで「R−2乗値」について説明します。

R−2乗値とは、「決定係数（coefficient of determination、または、説明係数、寄与率）」と呼ばれる指標で、回帰分析における方程式の当てはまりの良さを示します。最小二乗法の場合、回帰直線がxとyの関係をどの程度説明しているかを示す指標ととらえてもよいでしょう。

R−2乗値は、次の算式で求められます。

$$R^2 = 1 - \frac{\sum_{i=1}^{n}(y_i - f_i)^2}{\sum_{i=1}^{n}(y_i - \bar{y})^2}$$

※ただし、f_iは、方程式で算出したyの値

エクセルでは、[近似曲線のオプション]のボックスの下方の「グラフにR−2乗値を表示する」をチェックすれば自動的に計算されます。

R−2乗値は、0から1までの値をとり、1に近いほど方程式の当てはまりがよい（1であれば、すべての（x, y）が方程式の上に乗る）ことを示します。また、前述したとおり、相関係数はR−2乗値の平方根となります。したがって、R−2乗値が「0.5」以上（相関係数で0.7を上回る状態）であれば、方程式の当てはまりはよいと考えればよいでしょう。

回帰分析を行うときには、R−2乗値を必ずチェックして、それがあまりに低い場合（0.1以下など）は、回帰分析で求めた方程式を使うべきではありません。

(4) 相関係数、回帰分析の使い方

相関係数や回帰分析は、次の場面で使われます。

① データの傾向を調べる、他のデータと比較する

例えば、「給与が年功的である」といっても、どれくらい年功的な傾向が見られるのか分かりません。ここで、「年齢と給与の相関係数が0.95である」と言えば、年功的な傾向が相当に強いことが分かります。また、2つの会社について年齢・給与の相関係数を比較して、どちらのほうが年功的か比較することもできます。

② xがある値になったときのyの値を予測する

大卒の従業員について、勤続年数をx、給与をyとして回帰分析を行った結果、次の方程式が導き出されたとします。

y＝7,000x＋200,0000　（x：勤続年数、y：給与）

この式は、xが「0」のときはyが「200,000」で、xが「1」増えるごとにyが「7,000」ずつ増えていくこと、すなわち、初任給が20万円で、1年ごとに7000円ずつ昇給していく傾向をもつ給与体系であることが分かります。

したがって、大卒10年目の給与は、xに「10」を代入して「27万円」（＝7,000×10＋200,000）になるものと予測されます。

このように、回帰分析を使えば、一方のデータ（x）がある値になったときの他方のデータ（y）の値を予測することができます。

「第3章-3-(3)」の人材ポートフォリオの作成において、将来の事業収益のシミュレーションを行いましたが、そこでは、売上高が

[図表3-28] 売上高とコストの回帰分析

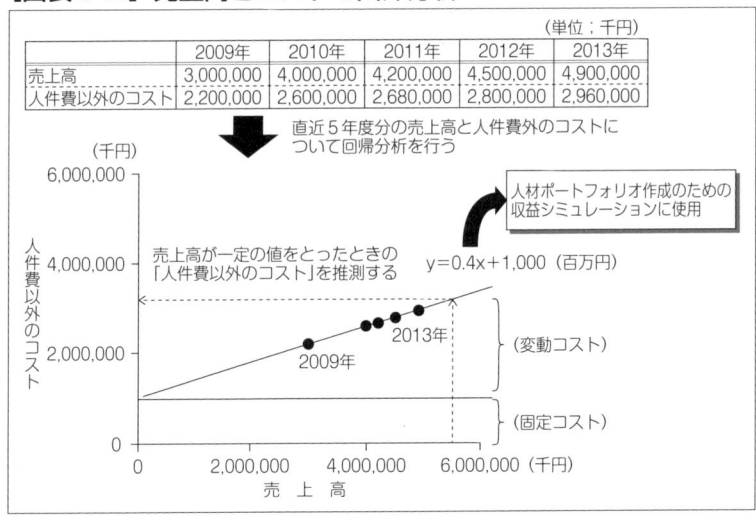

(単位:千円)

	2009年	2010年	2011年	2012年	2013年
売上高	3,000,000	4,000,000	4,200,000	4,500,000	4,900,000
人件費以外のコスト	2,200,000	2,600,000	2,680,000	2,800,000	2,960,000

直近5年度分の売上高と人件費外のコストについて回帰分析を行う

人材ポートフォリオ作成のための収益シミュレーションに使用

売上高が一定の値をとったときの「人件費以外のコスト」を推測する

$y=0.4x+1,000$(百万円)

(変動コスト)
(固定コスト)

増えたときのコストを試算するうえで、回帰分析を使いました。この場合、直近5年度の分の損益計算書から、売上高と人件費以外のコスト(=売上高-(人件費+営業利益))を算出し、売上高をx、人件費以外のコストをyとして回帰分析を行っています。そこで算出された方程式「$y=0.4x+1,000$(百万円)」のxに、今後予測売上高見込み額を代入することによって、コストの見込額を算出したのです。

このような回帰分析を使った推測は、「ある要素(顧客数など)が変動した場合の売上高の予測」や「生産量の変動に伴う必要労働者数の予測」など、人事管理の分野だけではなく、マーケティングや生産計画など、ビジネスの様々な場面で使われています。この機会に、是非、マスターしておくとよいでしょう。

なお、「xがある値になったときのyの値」だけを知りたいならば、次の関数式で算出することができます。

=trend(既知のy、既知のx、新しいx)

または

4．相関と回帰分析

＝forecast（新しいx、既知のy、既知のx）

回帰分析に慣れてきたら、これらの関数式も使ってみてください。

(5) 相関係数、回帰分析を使うときの注意点

　相関係数や回帰分析は、応用範囲が広く大変役に立つ統計的手法ですが、これらを使うときには、次の点に注意することが必要です。

① 「相関が強い＝因果関係がある」とは限らない

　相関係数が1に近ければ、2つのデータの関係性が強いということになりますが、それは、必ずしも「2つのデータの間に因果関係がある」ことを示すわけではありません。

　例えば、過去の退職者数と営業利益のデータを調べたところ、両者の間に強い相関が認められたとします。これを「退職者数と営業利益との間には因果関係がある＝退職者数を少なくすれば、利益は増加する」と短絡的にとらえてはいけません。

　確かに「退職者が減り、仕事に慣れた従業員が能力を発揮したために利益が増えた」という面があったかもしれません。しかし、「やりがいがある仕事が増えたために、退職者が減って利益も増えた」のかもしれませんし、「利益改善の見込みがたち賞与が増えると期待したために、従業員が退職を控えた」のかもしれません。つまり、退職者数と利益との間に相関があることは認められても、「どちらが原因で、どちらが結果かは分からない」それどころか「原因と結果という結びつきがあるのかどうかも分からない」ということです。

　一般的に、2つの事象の間に因果関係があると認められるのは、次の要件を満たす場合です。

> - ●2つの事象の間に明確な関係が見出せる。
> - ●一方の事象が他方の事象よりも、時間的に、または過程のうえで、先行して発生する。
> - ●2つの事象に共通して関連する要因を取り除いても、両者の間に関係が見出せる。

　3つめの要件は、例えば、「賞与の増加」という要因を取り除いたときに（利益に関わらず、一定の賞与を支払うことにしたときに）、退職者数減少と利益増加との相関がなくなってしまうのであれば、そもそも両者の間に因果関係は存在しないということです。そうなると、そもそも「退職者数減少と利益増加との相関そのものが意味を持たない」ということにもなります。これが「**疑似相関**」あるいは「**見かけ上の相関**」と言われるものです。

　相関や回帰分析の使いはじめのうちは、「強い相関を因果関係があるものと勘違いする」あるいは「直接的に関係がないことでも相関があると思い込んでしまう（疑似相関）」という誤りをすることがあります。2つのデータの間に「1」に近い相関係数が認められたとしても、それが本当に意味のあることなのか、自分の頭で冷静に考えてみることが必要です。

② 　散布図を作って、データの分布を確認すること

　エクセルの関数式を使えば、相関係数や回帰分析に基づく予測値は、（散布図を作らなくでも）簡単に算出できます。しかし、相関係数の算出や回帰分析は、基本的には、散布図を作成し、データの分布を確認して行うようにしましょう。

　なぜならば、相関係数や回帰分析は、次のような場合、2つのデータの関係性を適切に示すことができないからです。

●データが折れ曲がって分布している場合

　例えば、「20～29歳は年齢×1万円、30歳以上は一律30万円の給与とする」場合、すべてのデータは30歳のところで折れ曲がった線の上に乗り、年齢によって給与が完全に決まることになります。ところが、相関係数は、折れ曲がったデータ分布でも直線を基準に関係をとらえるために、年齢と給与の相関が弱いという結果が出てしまいます。また、回帰分析を行うと「30歳以上でも給与が上昇し続ける」方程式が出てしまいます。

　この場合は、データ分布が折れ曲がる点ところで分けて分析を行う、あるいは、線形回帰以外の回帰分析（多項式近似）を行う等の工夫をしたほうが、適切な分析結果が出てきます。

●データが複数の層に分かれている場合

　例えば、一般社員と管理職が異なる給与体系を採用しているのに、両者のデータをまとめて分析してしまうことが、これに該当します。給与体系が異なる２つのデータを一緒にしたことにより、年齢と給与の相関が弱めに出てきてしまったり、回帰分析では実際にはデータが存在しないところに直線が描かれてしまったりします。このような場合、適切な分析を行うためには、一般社員と管理職のデータを分けることが必要となります。

●極端に高い（低い）異常値が含まれている場合

　分析対象となるデータの中に極端に高い、または低い異常値（これを「外れ値」といいます）が含まれていると、その影響を受けて、相関係数が低くなったり、回帰直線が正常値のデータ群から離れてしまったりします。このような場合は、外れ値を除かないと、不適切な分析結果が出てきてしまいます。

　ただし、他のデータから離れているものすべてを「外れ値」

[図表3-29] 相関係数や回帰分析が関係性を適切に示せない場合

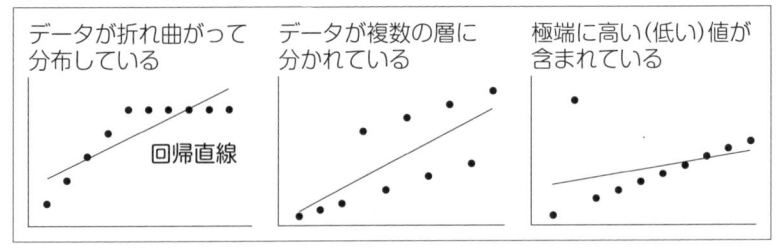

| データが折れ曲がって分布している | データが複数の層に分かれている | 極端に高い(低い)値が含まれている |

回帰直線

とすると平均値付近のデータしか残らなくなってしまい、これにも問題があります。ビジネスにおけるデータ分析では、「他のデータから離れている理由が明確なもの」だけを外れ値として、分析対象から外すようにするとよいでしょう。

いずれの場合も、最初に散布図を作成してデータの分布を自分の目で確認すれば、そのまま相関係数の算出や回帰分析を行うと不適切な結果が出てくることが分かります。ですから、面倒臭いと思っても、相関係数の算出や回帰分析の前に、必ず散布図を使ってデータの分布の確認を行ったほうがよいのです。

なお、回帰分析には、2つのデータの関係性を一次方程式（$y=ax+b$）以外の式でとらえる「多項式近似」や「重回帰分析」等の手法もあります。これらについては、第5章-3-(6)、(7)で説明しますが、まずは、ここで説明した「線形回帰」を数多くこなして、それを使いこなせるようになってください。それだけでも、データ分析の幅は大きく広がるはずです。

5 事例紹介

　この章では、労務構成に関する統計データの使い方、および相関、回帰分析の進め方等について説明しました。この章のまとめとして、これらのデータや統計的手法を実際に人事管理に活用している事例を紹介します。

(1) 事例企業紹介

　日用雑貨を販売する小売業 T 社。
　10年前に創業して、現在、3店舗を経営しています。
- 売上高（年間）：16.5億円
- 従業員数（非正規従業員を含む）：76名
　うち、本社人員は17名、店舗人員は59名。
　また、正社員は40名。うち管理職（課長、店長以上）は9名
- 正社員1人当たりの人件費：5,750千円
　非正規従業員1人当たりの人件費：1,972千円

(2) 背　　景

　T 社は、今後、店舗数を増やして、事業を拡大していく計画を持っています。しかし、これまでも店舗の新設を最優先の経営課題としていたため、社内のマネジメントに未整備な面があり、経営層は、現状のマネジメント体制のままで事業を拡大することには問題があると考えています。
　現時点で営業を行っている3店舗の店長は、マネジメントの経験が浅く、「店を通常どおり営業すること」だけで精一杯で、採算管理

や労務管理にまで頭が回らないというのが実情です。例えば、店舗の人員配置は、原則として各店長に任せていますが、店長は、繁忙期の業務に支障が生じることを恐れて、従業員を多めに抱え込む傾向があります。その結果、店の効率性は悪く、A店とB店は、すでに採算が赤字になっています。

T社の経営者は「このような状況で、多店舗展開を進めたところで、赤字店舗を作るだけ」という問題意識を持つようになりました。そして、今後の多店舗展開を見越して独立させた本社部門が、各店舗の運営を効果的にサポートして効率化を図ることが、今後の事業展開のポイントになると考えています。

(3) 人員配置計画の策定

T社は、自社の現状把握を行いました。これまで本社と店舗が場所的に分かれていないときには、データ分析を行わなくても、現場で起こっていることが概ね分かりました。しかし、店舗が複数になり、また場所的に離れてしまうと、経営陣でも現場の様子が把握できなくなってきていました。

その最初のステップとして、各店舗の就業形態別従業員数など、労務構成に関するデータをリアルタイムで集計することにしました。そして、店舗の人員配置については、本社の指導のもとで、各店長が決定する仕組みに改めました。

本社は、各店舗の商圏顧客数や目標売上、および全社の労務構成（正社員比率や直間比率等）を算出したうえで、最適人員配置案を検討し、経営陣および各店舗に提示します。そして、各店長と相談のうえ、それを実施していくことにしました。

この人員配置を踏まえて、企画部門が各店舗の採算計画を策定し、各店長は、人員配置の適正化を通じて、店舗の業績向上を図ることにしました。T社が作成する人員配置計画は、**[図表3-30]** のとおり

です。

<「T社の人員配置計画」の解説>

①　商圏顧客

　総務省統計局「国勢調査」の市区町村別統計表、および国立社会保障・人口問題研究所の「日本の地域別将来推計人口」のデータ等に基づき、周辺地域の人口に係数を乗じて算出しました。
- ●総務省統計局のURL
  http://www.stat.go.jp/data/index.htm
- ●国立社会保障・人口問題研究所のURL
  http://www.ipss.go.jp/

②　目標売上、人件費枠

　「目標売上」と「人件費枠」は、財務省「法人企業統計調査」の業種別、規模別資産・負債・資本及び損益表のデータから、同業種・同規模の売上高、人件費枠を推測したうえで設定しました。
- ●財務省「法人企業統計調査」のURL
  http://www.mof.go.jp/pri/reference/ssc/

③　就業形態別、役職別の「人件費単価」

　前年度の自社実績から算出しました。

④　正社員比率、管理職比率、直間比率の算出と施策の検討

　経済産業省「企業活動基本調査」や厚生労働省「賃金構造基本統計調査」等のデータと照らし合わせて、適正性を判断しています。

[図表 3-30] T 社の人員配置計画

【現状の人員配置】 (単位：千円)

	区分	人件費単価	本社 人員	本社 必要人件費	店舗A 人員	店舗A 必要人件費	店舗B 人員	店舗B 必要人件費	店舗C 人員	店舗C 必要人件費	店舗小計 人員	店舗小計 必要人件費	全社合計 人員	全社合計 必要人件費
	商圏顧客（千人）				100		70		50					
	目標売上	顧客×5000			750,000		525,000		375,000					
	人件費枠	売上×15%			75,000		52,500		37,500					
正社員	部長	12,000	2	24,000	1	12,000	0	0	0	0	1	12,000	3	36,000
	課長・店長	8,000	3	24,000	1	8,000	1	8,000	1	8,000	3	24,000	6	48,000
	主任	6,000	5	30,000	3	18,000	2	12,000	1	6,000	6	36,000	11	66,000
	一般	4,000	6	24,000	6	24,000	5	20,000	3	12,000	14	56,000	20	80,000
	小計		16	102,000	11	62,000	8	40,000	5	26,000	24	128,000	40	230,000
非正規	嘱託	3,000	1	3,000	2	6,000	2	6,000	1	3,000	5	15,000	6	18,000
	パート	2,000			10	20,000	10	20,000	3	6,000	23	46,000	23	46,000
	アルバイト	1,000			2	2,000	3	3,000	2	2,000	7	7,000	7	7,000
	小計		1	3,000	14	28,000	15	29,000	6	11,000	35	68,000	36	71,000
従	業員合計		17	105,000	25	90,000	23	69,000	11	37,000	59	196,000	76	301,000
指標	1人当たり売上高				30,000		22,826		34,091					
	人件費（実績/枠）				120.0%		131.4%		98.7%					
	正社員比率		94.1%		44.0%		34.8%		45.5%		40.7%		52.6%	
	管理職比率		31.3%		18.2%		12.5%		20.0%		16.7%		22.5%	
	直間比率（本社/店舗）												28.8%	

↓

【適正人員配置（今後の目標・本社案）】

	区分	人件費単価	本社 人員	本社 必要人件費	店舗A 人員	店舗A 必要人件費	店舗B 人員	店舗B 必要人件費	店舗C 人員	店舗C 必要人件費	店舗小計 人員	店舗小計 必要人件費	全社合計 人員	全社合計 必要人件費
	商圏顧客（千人）				100		70		50					
	目標売上	顧客×5000			500,000		350,000		250,000					
	人件費枠	売上×15%			75,000		52,500		37,500					
正社員	部長	12,000	2	24,000	1	12,000	0	0	0	0	1	12,000	3	36,000
	課長・店長	8,000	2	16,000	1	8,000	1	8,000	1	8,000	3	24,000	5	40,000
	主任	6,000	3	18,000	2	12,000	1	6,000	1	6,000	4	24,000	7	42,000
	一般	4,000	6	24,000	4	16,000	4	16,000	3	12,000	11	44,000	17	68,000
	小計		13	82,000	8	48,000	6	30,000	5	26,000	19	104,000	32	186,000
非正規	嘱託	3,000	1	3,000	2	6,000	2	6,000	1	3,000	5	15,000	6	18,000
	パート	2,000			9	18,000	7	14,000	3	6,000	19	38,000	19	38,000
	アルバイト	1,000			3	3,000	2	2,000	2	2,000	7	7,000	7	7,000
	小計		1	3,000	14	27,000	11	22,000	6	11,000	31	60,000	32	63,000
従	業員合計		14	85,000	22	75,000	17	52,000	11	37,000	50	164,000	64	249,000
指標	1人当たり売上高				22,727		20,588		22,727					
	人件費（実績/枠）				100.0%		99.0%		98.7%					
	正社員比率		92.9%		36.4%		35.3%		45.5%		38.0%		50.0%	
	管理職比率		30.8%		25.0%		16.7%		20.0%		21.1%		25.0%	
	直間比率（本社/店舗）												28.0%	

第3章 労務構成の分析

5．事例紹介

[図表3-31] T社の採用計画

【採用計画】　　　　　　　　　　　　　　　　　　　　　　（単位：人）

		企画	経営管理	商品	店舗管理	販売	業務	合計
管理職	現状人員	2	2	1	4			9
	必要人員	1	2	1	4			8
	調整	-1	0	0	0	0	0	-1
主任・一般	現状人員	2	5	4		18	2	31
	必要人員	2	4	3		11	4	24
	調整	0	-1	-1	0	-7	2	-7
非正規	現状人員			1		20	15	36
	必要人員	1				18	13	32
	調整	1	0	-1	0	-2	-2	-4

具体的な調整方法

区分	調整人員	内容	主導	予定日
管理職・企画	-1	定年退職→再雇用（企画・非正規へ）	本社	6月30日
主任・経営管理	-1	自然退職、補充せず		―
一般・商品	-1	自然退職2名、1名を補充		10月1日
一般・販売	-7	自然退職5名、業務に異動2名		4月1日
一般・業務	2	販売より2名異動		
非正規・企画	1	定年再雇用により1名増	本社	7月1日
非正規・商品	-1	契約満了・補充せず		―
非正規・販売	-2	契約満了4名、2名採用	該当店	10月1日
非正規・業務	-2	契約満了・補充せず		―

　なお、T社の直間比率は、同業水準と比較して高くなっていますが、今後の多店舗展開が進む中で直間比率は自ずと下がっていくものとして、現段階では削減策を講じないこととしました。

(4) 人員配置計画の実践（採用計画への展開）

　人員配置計画を実践するため、まず、各店舗の「必要人件費（＝人件費単価×従業員数）」が「人件費枠内」におさまるように人員調整を行うことにしました。

　そこで、職種および就業形態ごとに従業員数の過不足数を算出し、その過不足を調整する施策をまとめた「採用計画」を作成しました。（なお、Ｔ社の場合、退職勧奨や整理解雇などのリストラ策を実施しなくても、中途採用の抑制や人事異動によって、人員配置の適正化が図れる見込みが立っています。）

　この採用計画に基づき、正社員の採用および異動は本社主導で、各店舗の非正規従業員の採用・雇止めは店長主導で実施することにしました。

(5) 成果・効果

　「人員配置計画・採用計画」の策定と実践によって、次にあげる成果・効果が表れました。

① 各店舗の採算の改善

　２つの店舗では従業員数および人件費が減少したため、採算が大幅に改善しました（黒字化を達成しました）。

② 従業員のデータ処理能力の向上

　正社員比率等のデータに基づいて人員配置を行う仕組みが社内に浸透する中で、従業員（特に店長や売り場主任）がデータや数字を効果的に用いて職務を遂行する習慣が身についてきました。この取り組みを行う前と比較して、従業員のデータ処理能力が飛躍的に向上しました。

③ 本社と店舗の役割分担の明確化（業務の効率化）

「人員配置計画は商圏顧客や人件費枠に基づき本社が作成する」、「非正規従業員は、採用計画に基づき、各店舗（店長）が採用を判断する」など、本社と店舗で行うべきこと（役割分担）が明確になりました。本社と店舗それぞれが、自らの役割の遂行に専念できる体制が整ったため、業務の効率化が進み、これも採算の改善に大きく寄与しました。

ここで、特に注目していただきたい成果・効果が、「②従業員のデータ処理能力の向上」です。T社のような事例を紹介すると、経営者や人事関係者の中には「うちの会社は、従業員のデータ処理能力が低いから、このような取り組みは無理だ」と言い出す人が必ずいらっしゃるのですが、その考え方は誤りです。むしろ、このような取り組みを通じて、従業員のデータ処理能力を高めていくべきで、ここで紹介したレベルのことなら、考え方や進め方を説明すれば、どの会社・従業員でも実施可能と考えて差し支えありません。

実際に、T社の店長は、この取り組みがスタートした数年後には、自主的に人口統計のデータをもとに商圏顧客を算出し、的確な目標売上を設定、さらに、その目標を達成するための具体的な営業戦術まで考えるようになりました。そして、本社スタッフが、目標売上や戦術の根拠を尋ねると、データや数字を用いた明確な回答をするようになりました。

「各店舗の黒字化の成果は大きいが、長い目で見れば、従業員一人ひとりが、的確な目標売上を設定し、データに基づく適切な判断を下せるようになったことのほうが、効果は大きいかもしれない。」T社の経営者は、このように語っています。

「案ずるより産むが易し」ということわざもあります。T社の事

例を参考にして、それぞれの会社が、統計データや統計的手法を用いた労務構成の分析、および人員配置計画や人材ポートフォリオの策定を行っていただきたいと思います。

第4章

人事制度運用におけるデータの分析
~「業績向上」と「公正な処遇」を実現する人事制度の運用~

プロローグ

<課長> : ところで、君は「統計的手法を使って、公正な評価を行うことができる」と言っていたね。本当に、そんなことができるのかね？

<K子> : 厳密に言えば、**「評価者の恣意性が入った評価をはじき出すことができる」**ということです。どのような統計的手法を使ったとしても、「不公正な評価」を「公正な評価」に修正することはできません。そもそも、公正な評価が行われている状態とはどのようなものか、も分からないわけですから。

: いや。公正な評価の状態は分かるよ。標準評価の従業員が一番多くて、評価が良い人と悪い人がほぼ同数で…。

: えっ！ それならば、当社は、新卒を採用するときになるべく標準的な人を優先して、優秀な人を採用することになったら、それと同数のダメな人も意識的に採用するのですか？

: まさか。なるべく優秀な人を採用しようとしているよ。もちろん、優秀な人ばかり採用できるわけじゃないけど、少なくとも、ダメな人を意識的に採用することはない。

: それと、会社としては、従業員の研修をなるべくしないようにしているとか、研修をしたら、それと同じくらい従業員の能力を落とすための妨害をしているとか…。

: そんなことをしているわけないだろう！

：そうですよね。それならば、**標準評価が一番多い状態、良い評価と悪い評価が同数になる状態になっているほうが、むしろ不自然**じゃないですか。つまり、課長がおっしゃっていた評価の分布は、事実を捻じ曲げないと出現しないということです。それでは、公正な評価とは言えませんよね。

：公正な評価の状態が分からないと言うならば、君が言っていた「評価者の恣意性が入った評価をはじき出す」とは、一体どういうことをやるのかな？

：簡単に言えば、各評価者がつけた評価点の分布を見て、「実際にはありえない」つまり「偶然には起こりえない」評価分布をはじき出すということです。偶然には起こりえないのであれば、おそらく評価者が意識的に評価を甘くつけた、あるいは、中心に偏るようにつけたということになるわけです。

：そんなことまで、統計的手法で分かるのかい？

：統計的に「ありえない」と言っているだけで、実際には、どういう評価分布が正しいのかまでは分かりません。そこは、評価者と調整ですよね。ただ、**「評価が甘い、辛い」**という主観的なとらえ方を排除して、データに基づく**客観的な評価調整をするわけですから、現場の管理職も納得して協力してくれる**はずです。

：現場の管理職が評価に納得してくれれば、部下へのフィードバックもしっかりと行われるようになるだろうな。評価結果のデータを渡すから、さっそく分析してみてくれないか？

1 制度運用におけるデータ分析の必要性

(1) 人事制度のポイントは「基準」ではなく「運用」

　これまでに日本企業は、何回か人事制度の見直しを行ってきました。このような見直しの中には、うまく機能せず効果を上げられなかった取り組みが数多くあります。

　人事制度の見直しが失敗に終わってしまうケースのほとんどは、経営者や人事部門が人事制度の「基準」を変えたことに満足して、それだけで制度がうまく運用できるものと思い込んでしまったことに、その原因があります。

　このような失敗の代表的な事例が、2000年頃から多くの日本企業が行った「能力基準の等級制度（職能資格）から職務・役割基準の等級制度への移行」です。

　それまで能力基準の等級制度には、「能力のように目に見えない、曖昧なものを基準としていては、的確な等級格付けができない」、「能力の低下を証明することは難しいため、降格ができない」等の欠点があるものとされていました。そこで、等級の基準をとらえやすくて明確化できる（と思われた）「従事する職務内容」や「果たすべき役割」に変えることによって、的確な格付けや降格ができるようにしようと、多くの人事関係者が挑戦したのです。

　ところが、能力から職務・役割に基準を変えたところで、実際には、格付けや降格の変化は起こらず、「何がどう変わったのか分からない」ままに、このような取り組みのほとんどが失敗に終わってしまいました。

　その一方で、等級制度の見直しを成功させた事例もあります。成功事例に共通していることは、「基準」ではなく「運用」の見直しに

重点を置いていたことです。各従業員の能力、適性、職務・役割等をできる限りデータでとらえて格付けに反映させる、あるいは、降格するときにはデータによって明確な根拠を示すなど、成功事例では運用面にこだわった等級制度の見直しが行われています。

　等級制度に限らず、人事制度をうまく機能させるポイントは、「基準」ではなくて「運用」にあります。つまり、「どのような仕組みか」ではなくて、「どのように制度を回すか」ということが重要なのです。

　ITツールが急速に進歩して、人材にかかわる様々な情報・データの蓄積や分析が可能になる中で、いち早く、そのメリットを活かして、制度の運用を見直した会社が成功を収めています。今日のように、職務が分業化、複雑化し、その職務を遂行するための能力も専門化、高度化し、さらに環境変化が激しく、職務や必要とされる能力が目まぐるしく変わる時代になると、等級制度であれ、評価制度であれ、「明確な、かつ普遍的な基準」を定めることは、不可能に近いと言ってもよいでしょう。そうであれば、人事制度の基準には曖昧さ、柔軟性を残しておいたままにして、各従業員の能力発揮や職務を情報・データを使って客観的かつ定量的にとらえる仕組みを整えること、そして、その仕組みに基づいて人事制度を運用していくことこそが必要なのです。

(2) 現行の制度運用の「おかしなところ」

　「人事制度を機能させるためには"運用"が重要」と述べましたが、現在の人事制度の運用の中でも、様々な「おかしなところ」が見られます。

　評価制度において、評価結果が正規分布（＝第2章-2-(4)参照）に近づくように人数調整を行う運用を目にしますが、これなどは、その代表例です。

　「評価結果を正規分布にする運用」のもとでは、次にあげることが

行われます。
- ●「良い評価をつける部下と同じ数だけ悪い評価をつける部下も作るように、評価者に強要する。
- ●A～Eの5段階評価を行う場合、「A＝5％、B＝20％、C＝50％、D＝20％。E＝5％」のように評価結果ごとの人員枠を設ける。
- ●評価結果の分布が標準評価に集中すること（中心化傾向）や良い評価に偏ること（寛大化傾向）には問題があると決めつける。

　上記のような制度運用は、「評価が的確に行われれば、評価結果は正規分布に近づくはずだ（＝正規分布に近付かない評価には問題がある）」という前提に立っています。確かに、従業員数が数万人規模で、各自の能力や成果にバラつきが見られる会社では、このような前提が成り立つこともあります。しかし、従業員数が少ない会社では、このような前提が成り立たないケースも多く、そこで強引に評価を正規分布に近付くように調整すると、かえって様々な問題を引き起こすことになります。

　職務の専門性が高く、報酬水準が高い会社には、優秀な人材が集まります。そのような会社では、少数の従業員が高い評価を受けて、残りの大多数の従業員は、（世間的には平均を上回る能力や成果であるものの、その会社では）標準的な評価になるのが自然な姿です。逆に、職務の専門性が低く、報酬水準が低い会社では、標準的な評価が多数を占めますが、極端に悪い評価も一定数存在するような評価分布になるはずです（[図表4-1] 参照）。

　このように、そもそも従業員の能力発揮や成果の分布が正規分布に近付くとは限らないのです。それにもかかわらず、評価結果を正規分布になるように強引に調整してしまうと、実際の能力・成果よりも高く評価した従業員には報酬を払い過ぎてしまい、逆に、低く評価した従業員のモチベーションを低下させてしまい、いずれにせよ、人事管理上の様々な問題が生じます。

[図表 4-1] 会社の専門性・報酬水準と想定される評価分布

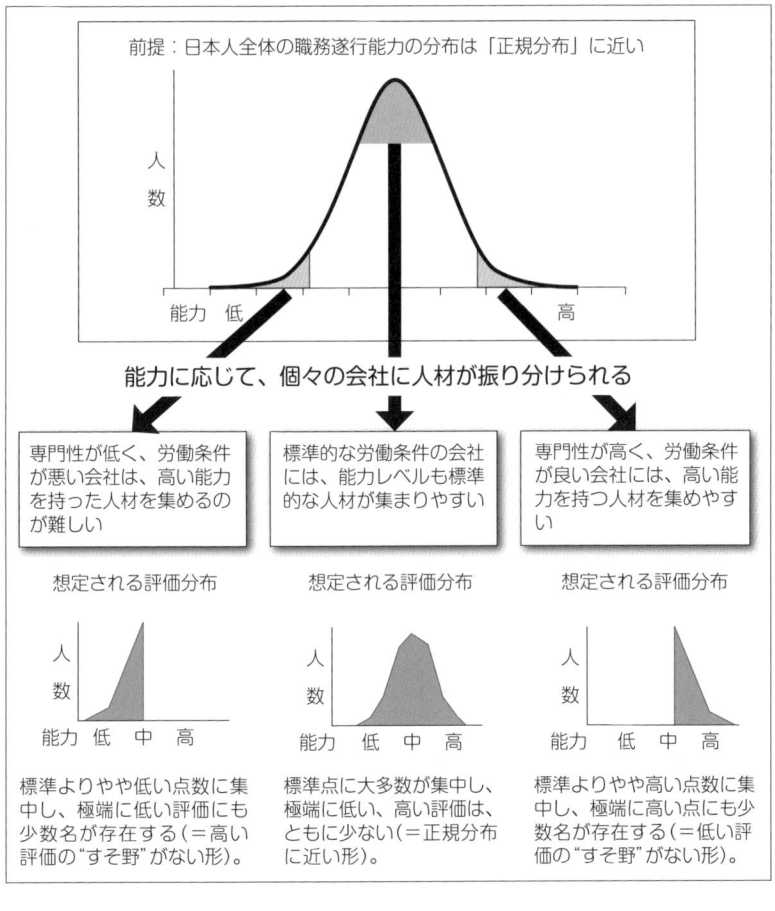

前提：日本人全体の職務遂行能力の分布は「正規分布」に近い

能力に応じて、個々の会社に人材が振り分けられる

専門性が低く、労働条件が悪い会社は、高い能力を持った人材を集めるのが難しい	標準的な労働条件の会社には、能力レベルも標準的な人材が集まりやすい	専門性が高く、労働条件が良い会社には、高い能力を持つ人材を集めやすい
想定される評価分布	想定される評価分布	想定される評価分布
標準よりやや低い点数に集中し、極端に低い評価にも少数名が存在する（＝高い評価の"すそ野"がない形）。	標準点に大多数が集中し、極端に低い、高い評価は、ともに少ない（＝正規分布に近い形）。	標準よりやや高い点数に集中し、極端に高い点にも少数名が存在する（＝低い評価の"すそ野"がない形）。

　様々な職務があり、報酬水準にもバラつきがあり、従業員数を多く抱えている会社であれば、従業員数の能力や成果にもバラつきが表れて、評価結果も正規分布に近づくことが想定されます。このような会社であれば、評価結果が正規分布に近付くことを前提として調整を行うことにも意味があります。しかし、このような会社においても、どのような場合でも正規分布に近付くように調整すればよいかと言うと、そういうわけでもありません。例えば、極端に従業

員数が少ない部門では、そもそも評価分布を調整する余地がないので、正規分布に近付けようとすること自体に無理があります。

　評価の分布を、それぞれの会社・部門の従業員の能力・成果の分布（現実の姿）に近づけるようにしないと、人事管理上の様々な問題を引き起こします。パソコンの機能向上により、統計的手法を使った評価の調整も行えるようになりました。これからは、従来の評価制度の運用を抜本的に見直して、データ分析と的確な現状把握による効果的な人事管理ができるようにしていくことが必要です。

　他にも、現行の人事制度運用の「おかしなところ」はたくさんありますが、それらをいちいちあげだすとキリがないので割愛し、ここから先は、データと統計的手法を活用して、人事制度を効果的に運用する方法について説明します。

　職能資格制度でも職務等級制度でも、あるいは、目標管理に基づく評価でもコンピテンシー評価でも、制度運用において押さえるべきポイントは同じです。したがって、これから説明する制度運用の方法は、基本的に、どのような人事制度でも使うことができます。

　貴社の人事制度がどのような仕組みであっても、これから説明する人事制度の運用方法は使えます。まず、それを試してみて、その中で不都合な点が見えてきたら、運用しやすくなるように、人事制度の「基準」等の中身の見直しをしてください。

2　等級制度の効果的な運用方法

(1) 等級制度の運用のポイント

　等級制度（または、資格制度、職階制度等）とは、「能力レベルや職務内容等によって定めた等級に従業員を格付ける（＝位置付ける）ことによって、従業員の職務内容や報酬を決定する仕組み」を言います。その主な種類として、次のものがあります。

　① 　職能資格制度

　　　格付けの基準を、職能（職務遂行能力）の高さに置く仕組みです。

　　　能力レベルの高さを示す「資格（等級）」と、組織上の役割を示す「職位（部長、課長などの役職）」とを区別して決定します。したがって、就任する役職（ポスト）がなくても等級だけ上位に異動する（昇格する）こと、逆に、役職を解任しても等級は下位に落とさない（降格させない）ことが可能になります。

　　　各従業員の能力レベルをとらえることが難しいため、結局は、一定年数が経てば職能を備えたものとみなす年功序列的な運用に陥りがちです。また、能力が下がったことを証明することが困難なため、降格はほとんど行われません。

　　　日本では、1970年代前半からこの制度が広がりはじめて、現在でも多くの会社が採用しています。

　② 　職務等級制度

　　　格付けの基準を、職務（従事している職務内容）に置く仕組みです。この仕組みを導入するときには、社内で行われている

職務を抽出する「職務分析」、および、それら一つひとつを難易度や責任の重さによってレベル分けする「職務評価」が必要になります。

職務によって等級が決まるため、原則として、職位（役職）に空席が生じないと管理職に昇格することができず、また、役職の解任と同時に下位等級への降格が発生します。

日本では、1990年代後半から、職能資格制度を運用する中で増加した上位等級者（管理職クラス）の数を絞り込むために、職務等級制度に移行する会社が出現しはじめました。しかし、「職務評価が難しい」、「降格を伴うため、役職解任（交代）を行いにくい」等の短所があるため、日本においてはあまり浸透していません。

③　役割等級制度

職務等級と同様に「職務」を格付け基準に置きながら、実際の運用においては、職能資格制度と同様に等級と役職とを区分けして柔軟に対応させる等、職務等級と職能資格制度の両方の長所を取り入れた仕組みです。日本企業では2000年代に入ってから、職能資格制度または職務等級制度から役割等級制度に移行する会社が出現しはじめ、2013年時点でその導入企業数割合は約30％となっています。

さて、どのような等級制度であっても、効果的に運用するためのポイントは共通しています。それは、「**情報・データに基づいて、従業員一人ひとりの等級格付けを合理的に決定すること**」、そして「**等級・役職別等の従業員数等を常に把握しておくこと**」の２点です。

１点目のポイントについて説明します。

これまで、等級格付けを公正かつ厳格に行うためには、等級基準を具体的・客観的かつ綿密なものにすることが必要と考えられてい

ました。しかし、どのような工夫を凝らしても、最終的には様々な能力・職務の内容の最大公約数的な内容を文章等で表現することになりますので、等級基準の明確化には自ずと限界が出てきてしまいます。このため、等級基準を明確化したところで、等級制度の効果的な運用には結びつきませんでした。

等級制度を効果的に運用するポイントは、「従業員一人ひとりの能力や職務に関する情報やデータをできる限り収集し、それに基づいて格付けを行う」ことにあります。「日常業務の中で、どのような能力発揮が見られたか」、「どのような職務を担当して、どのような成果を上げたか」このような情報、データを現場から日々吸い上げ、それを蓄積、整理して、等級格付けを決定するときに活用します。

大変なことを実施するように思えるかもしれませんが、実は、日常的に行っていることを少しだけ工夫すれば、能力や職務に関する情報・データは収集できます。

例えば、日々の会議室の使用予定表の情報を見るだけでも、各従業員の1カ月間の会議の参加時間が分かりますし、会議のタイトルや議事録を見れば、それが業績向上に貢献したものかどうかもおおむね分かります。このように会議に関する情報を整理するだけでも、従業員の能力や職務に関する情報、データを収集できます。

業務目標として掲げた事項の取り組み、自席のパソコンの利用時間やレポートの作成枚数、顧客との延べ面談時間、顧客満足度調査の点数…等、能力や職務に関する情報、データを抽出できる題材は、日常業務の中にたくさんあります。まずは、情報、データをできるだけ多く収集し、それを等級格付けなどに活用してみることが必要です。実際に試してみることによって、どのような題材を集めればよいのか、能力や職務に関する情報、データを抽出するためには収集した題材をどのように整理すればよいのか等のコツが分かってきます。

2点目のポイントは、等級・役職別の従業員数等を常に把握しておくことです。当然のことと思われるかもしれませんが、案外できていません。確かに、人事関係者であれば、自社の等級・役職別の従業員数（「5等級には50人在級している」等）ぐらいは把握しているでしょう。しかし、これだけでは、等級制度を効果的に運用できません。「どこの職場の誰が在級しているのか」、「どのような職務を行っているのか」、「在級年数および直近の評価はどうなっているのか」、「来年は誰が昇格しそうか」等、具体的な人物や今後の等級格付けの見込が明らかになるような情報、データまで把握しておくことが必要です。

　従業員数が少なければ（100名未満であれば）、経営者や人事関係者は、従業員全員の名前や人柄、担当職務等を自然と覚えてしまうもので、特別な施策を講じなくても、各従業員の人事情報、データを把握することが可能です。しかし、従業員数が多くなると、組織の末端にまで目が行き届かない、情報量が多すぎて記憶できない等の理由により、パソコン等の助けを借りなければ、人事データ等の管理ができなくなります。

　数年前まで、このような人事情報やデータの管理は、人事情報データベース等の特別なシステムを構築して行うものでした。しかし、今や、エクセルのデータ管理機能が向上していますから、自分のパソコンでも、数年前の人事情報システムに匹敵するぐらいの情報処理が可能になっています。

　次項では、エクセルを使って人事情報、データを管理し、等級制度を効果的に運用する方法を説明します。

(2)「人材マップ」の作成とチェックポイント

　「人材マップ」とは、簡単に言えば、年齢、経験年数、等級、役職に応じた従業員数の一覧表です（［図表4-2］参照）。これを見れば、

[図表4-2] 人材マップとチェックポイント

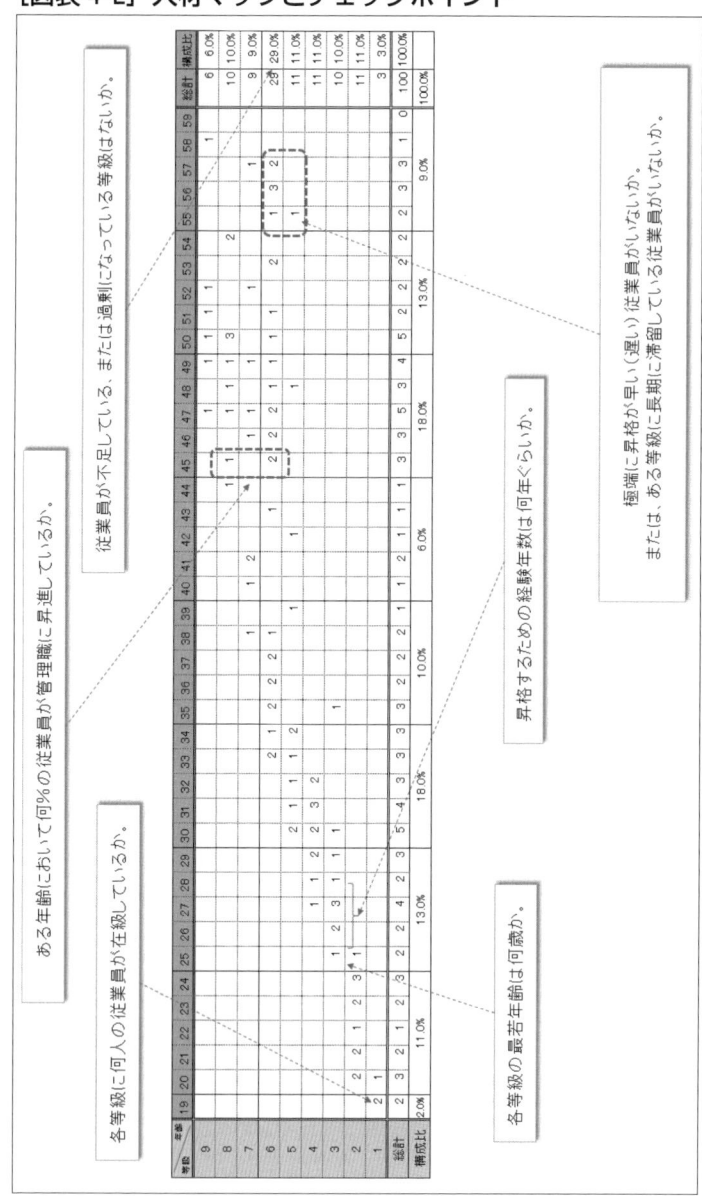

チェックポイント（吹き出し）：
- ある年齢において何％の従業員が管理職に昇進しているか。
- 従業員が不足している、または過剰になっている等級はないか。
- 各等級に何人の従業員が在級しているか。
- 昇格するための経験年数は何年ぐらいか。
- 各等級の最若年齢は何歳か。
- 極端に昇格が早い（遅い）従業員がいないか。または、ある等級に長期に滞留している従業員がいないか。

等級	19	20	21	22	23	24	25	26	27	28	29	30	31	32	33	34	35	36	37	38	39	40	41	42	43	44	45	46	47	48	49	50	51	52	53	54	55	56	57	58	59	総計	構成比
9																														1	1		1	2			1					6	6.0%
8																				1							1		1	1	1		1			2	1	3				10	10.0%
7																		1				1				1		1	1		1	1					1	2			9	9.0%
6						1	1		1	2	2	1	1	2	1	2	1	1	1	1		1	1		1	1	2	2	1	3		3		2	2		1				29	29.0%
5					1	3	1			1		2	1	1	1		1		1											1											11	11.0%
4		2	1	2	2		2		1		2		2	1																											11	11.0%
3		2	2		1	2	1		1			1																													10	10.0%
2	2	2	2	1	2	1		1																																	11	11.0%
1	2	1																																							3	3.0%
総計	4	7	5	3	6	7	5	1	3	3	4	4	4	4	2	2	2	2	2	2	0	2	1	0	1	2	3	3	3	5	3	4	2	4	2	2	5	2	3	0	0	100	100.0%
構成比	2.0%		11.0%				13.0%				18.0%				10.0%				6.0%				18.0%				13.0%				9.0%												100.0%

2．等級制度の効果的な運用方法

次のことがすぐに分かります。

- ●各等級に何人の従業員が在級しているか（従業員が不足している、または過剰になっている等級の有無）。
- ●各等級の最若年齢は何歳か（上位等級に昇格するための経験年数の目安）。
- ●ある年齢において何％の従業員が管理職に昇進しているか（各年齢の等級別人員分布）。
- ●極端に昇格が早い（遅い）従業員がいないか。または、ある等級に長期に滞留している従業員がいないか。

　これらのことを確認しながら、各従業員の等級格付けを決定していけば、会社全体としてバランスがとれた人員構成にすることができます。また、各従業員に等級格付け（昇降格）の理由を説明するときには、格付けの根拠となった能力発揮や成果について言及することとあわせて、人材マップを見せることによって、全従業員の中での各人の位置付けを示すと、説得力が増します。

　なお、[図表4-2]では、「年齢・等級別」の人材マップを作成していますが、横軸は、年齢の代わりに経験年数、部門、職種等とすることもできます。また、役職別の人員構成を見たいときには、縦軸を等級から役職に置き換えます。横軸、縦軸を置き換えた数種類の人材マップを作成して、また、必要に応じて数年後の従業員数を推測した人材マップも作成して、現在の人員分布、および今後の従業員構成の見込をチェックしながら、全体のバランスを考慮した格付けを行っていくことによって、どのような等級制度であっても、効果的に運用できるようになります。

　人材マップは、エクセルに従業員の年齢や等級等のデータを入力しておけば、「ピボットテーブル」を使って、簡単に作成できます。

パソコン操作16 【ピボットテーブルを使った人材マップの作成】

[1] データを入力し、ピボットテーブルを選択

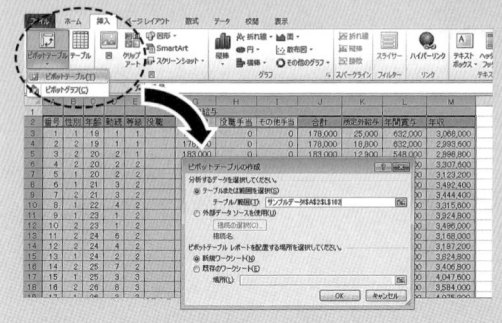

エクセルのシートに従業員のデータを入力します。データ領域全体（項目名を入力した行も含む）を範囲指定した状態で、[挿入] タブ→[ピボットテーブル] を選択します。
表示されたボックスの内容で修正点がなかったら、そのまま [OK] ボタンをクリックします。
なお、項目名を入力した行に空白のセルがあると、ピボットテーブルは表示されないので、注意してください。

[2] リストの項目をドラッグ＆ドロップする

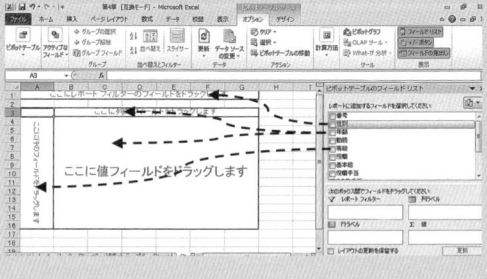

新しいシートに、ピボットテーブルが表示されます。右側の「フィールドリスト」から、人材マップの表の構成になるように、項目を選択し、ドラッグ＆ドロップします。
ここでは、表の上のレポートフィルターに「性別」、横軸の列ラベルに「年齢」、縦軸の行ラベルに「等級」を選択しました。
さらに、データ数を表示させる空欄に「年齢」をドラッグ＆ドロップしました。

第4章 人事制度運用におけるデータの分析

2．等級制度の効果的な運用方法

[3]「値」を「データの個数」に変換する

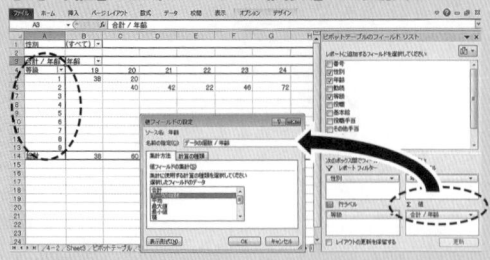

ピボットテーブルが表示されましたが、表の「値」が、(年齢の)合計になっています。
フィールドリスト下部の「値」のボックスに表示されている「合計/年齢」をクリックして表示されたメニューの中から[値フィールドの設定]を選択し、「集計方法」を「データの個数」に変更します。

[4] 男性従業員の表などに変形する

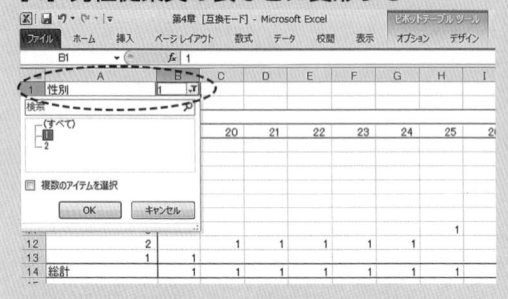

表示されたピボットテーブルの等級(行ラベル)の並び順を変えたいときには、項目名が表示されているセルの右側の「▽↑」ボタンを押して、「降順」にします。ピボットテーブルの上方の「レポートフィルター」を「(すべて)」から「1」に変えると男性従業員のみを集計対象とした表になります(サンプルデータでは、性別欄に、男性は「1」を、女性は「2」を入力しています)。

※ なお、従業員が存在しない「年齢」も空白の列として表示する場合は、項目名が表示されているセルをダブルクリックして、表示された「フィールの設定」ボックスから[レイアウトと印刷]を開き、「データのないアイテムを表示する」にチェックを入れて、[OK]ボタンをクリックします。

[図表 4-2] の人材マップでは、表の右端に「各等級の構成比」が、最下行に「年齢階級ごと(5歳刻み)の構成比」が表示されていますが、これはピボットテーブルのデータを別シートに値コピーして、後から追加したものです。ピボットテーブルのデータを別シートに

コピーして必要に応じて表を加工すると、使いやすい人材マップとなります。

　ここでは、年齢別・等級別の人材マップを作成しましたが、ピボットテーブルでは、横軸の「年齢」を「勤続年数」や「部門」に、あるいは縦軸の「等級」を「役職」等に簡単に置き換えることができます。
　例えば、年齢別・等級別人材マップの横軸を「年齢」から「勤続年数」に置き換える場合は、**[図表4-3]** のとおりに操作します。

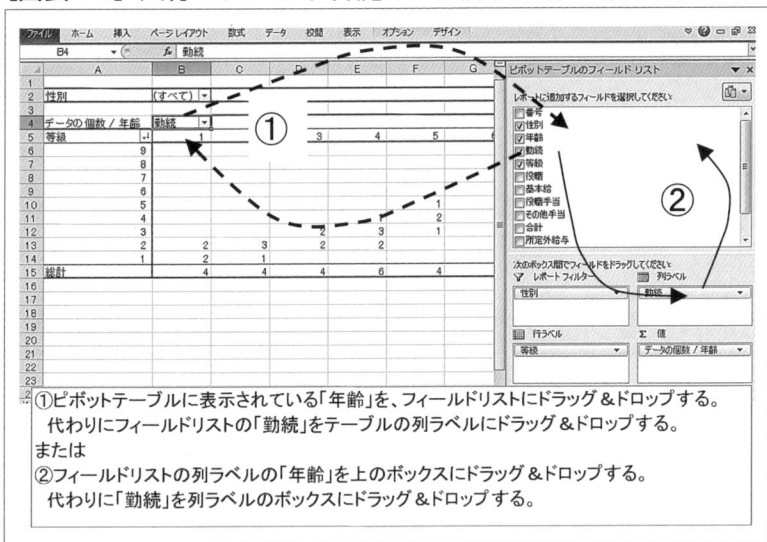

[図表4-3] 人材マップの「年齢」を「勤続年数」に置き換える

①ピボットテーブルに表示されている「年齢」を、フィールドリストにドラッグ＆ドロップする。
　代わりにフィールドリストの「勤続」をテーブルの列ラベルにドラッグ＆ドロップする。
または
②フィールドリストの列ラベルの「年齢」を上のボックスにドラッグ＆ドロップする。
　代わりに「勤続」を列ラベルのボックスにドラッグ＆ドロップする。

　このように、ピボットテーブルを使えば、縦軸・横軸の表示を組み替えた人材マップを簡単に作成することができます。等級制度を効果的に運用するためには、次にあげる人材マップを作成して、全体の人員配置のバランスを見ながら、各自の等級格付けを決定するとよいでしょう。

① **横軸（列ラベル）：年齢、縦軸（行ラベル）：等級**
　→ 同一年齢での比較において昇降格を検討します。
② **横軸：勤続年数、縦軸：等級**
　→ 勤続年数（経験）の違いを等級格付けに反映させます。
③ **横軸：部門、縦軸：等級（または役職）**
　→ 部署ごとに、不足している等級（または役職）をチェックして、それを踏まえて等級格付けを検討します。
④ **横軸：職種、縦軸：等級**
　→ 職種ごとに、不足している（過剰となっている）等級をチェックして、それを踏まえて等級格付けを検討します。
⑤ **横軸：役職、縦軸：等級**
　→ 役職と等級の対応関係をチェックします。なお、役職と等級との間で著しい不一致が見られる場合は、格付けよりも等級制度自体の見直しが必要となります。

（3）ドリルダウン機能を使った昇格対象者の絞り込み

　人材マップは、基本的には全体の等級格付けのバランスを見て、望ましい等級別人員配置や昇降格者の人数を検討するためのツールですが、同時に「誰を昇格（降格）させるべきか」という個別人事の検討にも使うことができます。

　ピボットテーブルには、値が表示されているセルをダブルクリックすると、その値の算出対象となった元データのリストが示される機能（ドリルダウン）が装備されています。

　例えば、[図表4-4]の人材マップを見ると、「27歳・3等級」に3人の従業員がいます。全体のバランスを考えると、来年度は、この3名から2名を4等級に昇格させるべきと考えられます。ここで、

[図表 4-4] ピボットテーブルを使った対象者リストの表示

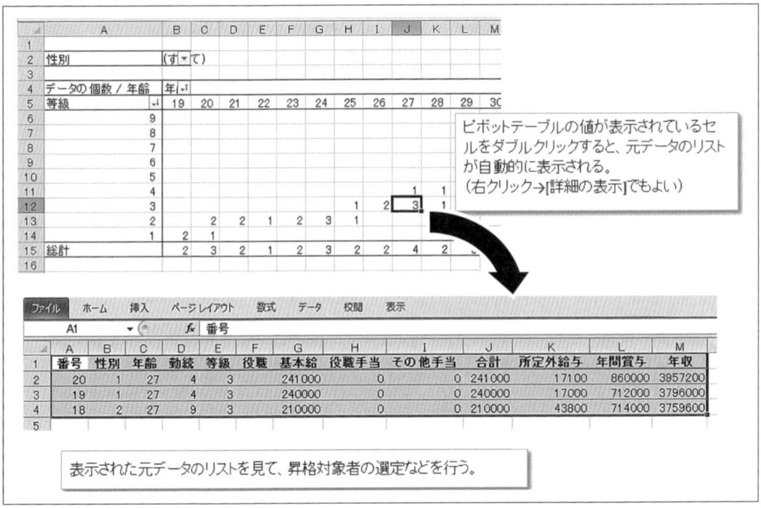

「27歳・3等級」のセルをダブルクリックする（あるいは、セルを右クリックして、表示されたメニューから「詳細の表示」を選択する）と、新しいシートが開かれて、そこに3人の元データのリストが表示されます。このリストを見れば、昇格対象者の絞り込みを具体的に行うことができます。なお、表示されたリストは、普通のエクセルシートと同じようにデータ処理を施すことができますから、人事評価点が高い順に従業員を並び替えたうえで、昇格対象者を選ぶことなどもできます。

(4) 昇格率の算出、および人員分布の将来予測

　ピボットテーブル上、「数値」で表示されているデータの個数を、「比率」に置き換えることもできます。この機能を使えば、各年齢の等級別人員比率を算出することができます。
　なお、比率表示に置き換えると、ピボットテーブル上のデータがないセルに「0.00％」が表示され、表が見えにくくなることがあり

[図表 4-5] ピボットテーブルを「比率」表示にする

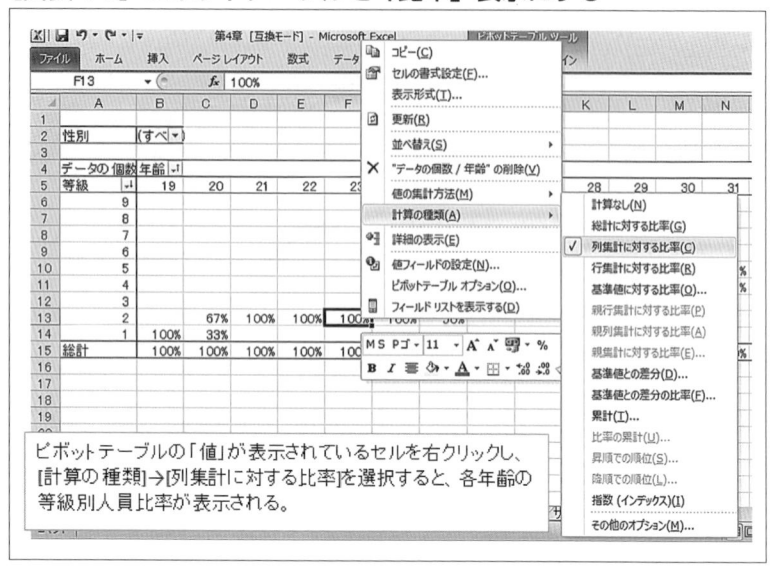

[図表 4-6] データのないセルを空白表示にする

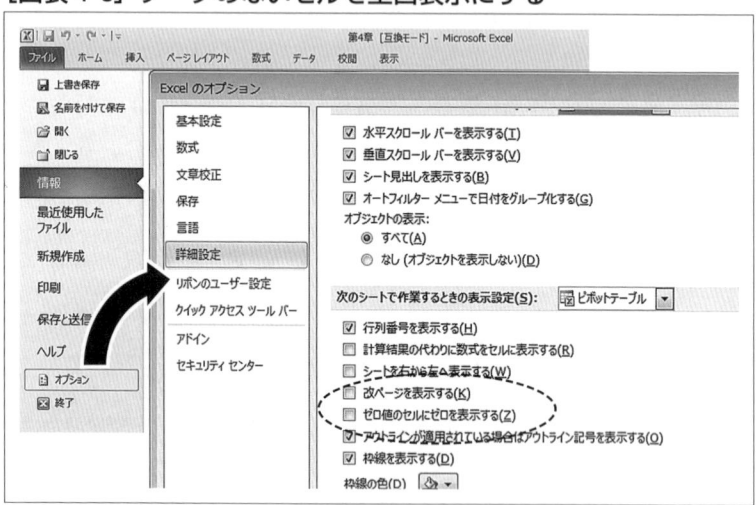

ます。この場合は、[ファイル] タブから [オプション]→[詳細設定] を選択し、表示設定の「ゼロ値のセルにゼロを表示する」のチェックを外せば、セルが空白となり見やすくなります。

比率表示された人材マップを見るときには、特に「各等級に昇格する最も若い年齢」および「その年齢等級別人員比率」をチェックすることがポイントです。新卒定期採用を行っている大企業では、（いくら年功序列を排除するといっても、）従業員の等級格付けに年次管理的な要素が入ってきます（例えば、入社年度が同じ「同期生」ごとに昇格者を選定するような管理が行われます）。この場合、「ある年齢（各等級に昇格できる最も若い年齢）において、同期入社の何％が昇格しているのか」という点を把握することが重要です。

サンプルデータの場合、4等級の昇格者が出現する年齢は「27歳（大卒新卒5年目）」で、その年齢では4人中1人（25％）しか昇格していません。その一つ上の年齢（28歳）では2人中1人（50％）、その2年後（30歳）では5人中4人（80％）が4等級以上に昇格しています。昇格できる最若年齢では昇格率を低く抑えて、同期入社の中で最も優秀な者だけを昇格させる「抜擢」を行い、徐々に昇格率を高めて同期入社者を上位等級に引き上げていくことにより、各年齢における従業員の競争意識を醸成し、同時に、前後の年齢層との間で処遇（等級格付け）のバランスを維持することができます。

ピボットテーブルを使って等級別人員比率を算出すれば、このような昇格管理を簡単に行うことができます。

年齢ごとの昇格率を算出することができれば、年齢別・等級別人員分布の将来予測を行うことができます。ここでは、現状の人材マップと年齢別・等級別人員比率（昇格率）から、次の手順で5年後の人材マップ（見込み）を作成しました。

① ピボットテーブルを使って、現状の年齢別・等級別人員分

布、および同人員比率を算出します。
② 新卒入社と定年退職を除き、従業員の入退社が発生しないものとして、5年後の年齢別人員分布を予測します（「n齢」の従業員数の合計値が5年後の「n＋5歳」の従業員数の合計値になるものとしています。）なお、新卒入社を毎年一定数行うこととし、また、60歳到達者は定年退職するものとして、人材マップから外します。
③ 現在の年齢別・等級別人員比率が5年後も継続する（昇格率が変わらない）ものとして、「n＋5歳」の従業員合計に等級ごとの構成比率を乗じて、等級別の従業員数を算出します。
④ この段階では「5年後の等級が現在よりも下がる者」や「等級が極端に上がる者」が出てくる状態になっていますから、個別にそれを調整します。

　このようにして人材マップの将来像を描き、長期的な視点も踏まえて各従業員の等級格付けを行うと、等級制度をより効果的に運用することができます。

［図表 4-7］ 昇格率に基づいた５年後の人材マップの作成

【現在の年齢別・等級別人員分布】

等級＼年齢	19	20	21	22	23	24	25	26	27	28	29	30	31	32	33	34	35	36	37	38	39	40	41	42	43	44	45	46	47	48	49	50	51	52	53	54	55	56	57	58	59	総計	構成比
9																													1		1	1	1	1						1		6	6.0%
8																										1	1		1	1	1	3				2						10	10.0%
7																				1		1	2					1	1		1			1					1			9	9.0%
6															2	1	2	2	2	1					1		2	2	2	1	1	1	1		2		1	3	2			29	29.0%
5												2	1	1	1	2					1			1						1							1					11	11.0%
4									1	1	2	2	3	2																												11	11.0%
3							1	2	3	1	1	1					1																									10	10.0%
2		2	2	1	2	3	1																																			11	11.0%
1	2	1																																								3	3.0%
総計	2	3	2	1	2	3	2	2	4	2	3	5	4	3	3	3	3	2	2	2	1	1	2	1	1	1	3	3	5	3	4	5	2	2	2	2	2	3	3	1		100	100.0%
構成比	2.0%	11.0%					13.0%					18.0%					10.0%					6.0%					18.0%					13.0%					9.0%					100.0%	

現在、23歳の者2名は、5年後には28歳になる。入退社が発生しないものとして、5年後の各年齢の見込人数に、現在の等級別比率を乗じる。

【現在の年齢別・等級別人員比率】

年齢	19	20	21	22	23	24	25	26	27	28	29	30	31	32	33	34	35	36	37	38	39	40	41	42	43	44	45	46	47	48	49	50	51	52	53	54	55	56	57	58	59
9																													0.20		0.25	0.20	0.50	0.50						1.00	
8																										1.00	0.33		0.20	0.33	0.25	0.60				1.00					
7																				0.50		1.00	1.00					0.33	0.20		0.25			0.50					0.33		
6															0.67	0.33	0.67	1.00	1.00	0.50					1.00		0.67	0.67	0.40	0.33	0.25	0.20	0.50		1.00		0.50	1.00	0.67		
5												0.40	0.25	0.33	0.33	0.67					1.00			1.00						0.33							0.50				
4									0.25	0.50	0.67	0.40	0.75	0.67																											
3							0.50	1.00	0.75	0.50	0.33	0.20					0.33																								
2		0.67	1.00	1.00	1.00	1.00	0.50																																		
1	1.00	0.33																																							

「各従業員は現在よりも等級は下がらない」などの条件を設定して、見込人員の調整を行う。

【5年後の年齢別・等級別人員分布】

等級＼年齢	19	20	21	22	23	24	25	26	27	28	29	30	31	32	33	34	35	36	37	38	39	40	41	42	43	44	45	46	47	48	49	50	51	52	53	54	55	56	57	58	59	総計	構成比
9																																1	1	1		1	2	1	1			8	8.0%
8																										1	1				1	1		1	1	1	2				2	11	11.0%
7																				1	2	3	2	1	2			1						2		1			1			16	16.0%
6															1	1	4	4	3	2	1			1				1	1	1		1	2	1	2	1	1	1		2		31	31.0%
5												1	1	2	1	2	1																									8	8.0%
4										1	2	1	1	2																												7	7.0%
3							2	2	1	1	1																															7	7.0%
2		1	1	3	3	2	1																																			11	11.0%
1	1																																									1	1.0%
総計	1	1	1	3	3	2	3	2	1	2	3	2	2	4	2	3	5	4	3	3	3	3	2	2	2	1	1	2	1	1	1	3	3	5	3	4	5	2	2	2	2	100	100.0%
構成比	1.0%	10.0%					11.0%					13.0%					18.0%					10.0%					6.0%					18.0%					13.0%					100.0%	

3 評価制度の効果的な運用方法

(1) 評価制度の運用のポイント

　能力評価、コンピテンシー評価、目標管理による成果評価…。日本企業において実施されている評価制度には、様々な種類、方法がありますが、どのような仕組みであっても、そのポイントは共通しています。
　それは「いかにして公正な評価を実現するか」ということです。

　このポイントを実現するために、人事関係者は、様々な取り組みをしてきました。しかし、残念ながら、このような取り組みのほとんどが徒労に終わっています。まず、これまでの取り組みを振り返ってみましょう。
　多くの人事関係者が、公正な評価を行うために、評価の項目を多くしたり、基準を細かくしたりする、評価制度の見直しを行ってきました。ところが、評価制度が複雑で、精緻なものになるほど、従業員の実際の姿と評価結果との間のズレが広がり、むしろ評価の公正性は損なわれました。従業員の実態と評価結果のズレが大きくなったことは、評価者が仕組みどおりに評価を行うことばかりに気を取られてしまい、部下の実際の仕事ぶりを見ることが疎かになったところから生じました。このような取り組みの失敗を通じて、多くの人事関係者は、評価項目や基準を細かく定めずに、評価者がしっかりと部下の仕事を見て、その能力や成果を点数付けさせたほうが、実態にあった公正な評価に近付くということに気が付きました。
　また、評価を正規分布にするような調整も行ってきました。この運用の問題については「第４章-１-(2)」で説明したとおりです。も

もともと従業員の能力や成果の分布が正規分布になっていないのに、評価結果を正規分布になるように調整することは、事実を捻じ曲げて、評価の公正性を損なう作業を行っていることになります。

　評価者研修を行って、評価者間で評価基準のとらえ方や点数の付け方をそろえようとしましたが、これも効果を上げませんでした。そもそも人間が評価を行っている以上、各評価者間の評価点のバラつきは当然に生じるものなのです。その意味では、評価者研修を繰り返し行ったところで、評価の公正性を高めることはできません。

　それでは、公正な評価を実現するためには、どうすればよいのでしょうか。

　公正な評価を実現するためのポイントは、等級制度の場合と同様に、「基準」の明確化・精緻化ではなく、「運用」の仕方にあります。すなわち、「細かい評価基準を作って、評価者全員の評価レベルを合わせる」のではなく、「ある程度、評価者間の誤差ができることを容認したうえで、その誤差を合理的に調整する」ことを目指すほうがよいのです。

　ただし、ここで言う評価の調整とは、これまで行われてきたような正規分布に強引にあわせるものではありません。従業員の能力・成果の分布に近くなるように評価の分布を合わせる（厳密に言えば、恣意的な判断が加わったものと考えられる評価を見直す）措置を講じます。

　このような評価の調整も、パソコンの機能向上によって、統計的手法が身近になったことにより、簡単にできるようになりました。ここでは、その方法について説明します。

(2) データの標準化による評価点の調整

　一般的に、会社における評価は、上長が部下の能力発揮や成果を

点数付けすることによって行われます。ここで、評価にバラつきが生じるのは、評価者となる上長が複数存在するためです。ある上長は、甘めに評価するクセがあるために部下の評価点が全体的に高めになる（評価の平均点が高くなる）、別の上長は、処遇に格差をつけることを嫌って部下の評価点にメリハリをつけない（評価の散らばりを小さくする）…このような評価者間の平均のズレや散らばりの違いを修正することができれば、評価のバラつきが調整されて、公正な評価に近付くはずです。

評価基準の精緻化や評価者研修は、評価者の評価のつけ方を徹底し、評価の平均のズレや散らばりの違いをなくすために行われます。しかし、このような取り組みを行ったところで、複数の人間の物事のとらえ方を一本化することは不可能であるため、結局は、評価のバラつきは解消されず、公正な評価は実現しません。

そうであれば、評価者がつけた評価点について、それぞれの平均値のズレや散らばりの違いがなくなるように調整したほうがよいということになります。ここでは、まず「**標準化**」という手法を用いて行う評価調整について説明します、標準化では、各データの数値を次の算式を使って再計算します。

標準化された数値＝（データの数値－平均値）÷標準偏差

例えば、それぞれ10人の従業員が所属する営業１部、営業２部があったとします。（**[図表4-8]** 参照）

営業１部の評価点の平均値は75.2点で標準偏差は2.56、一方、営業２部の平均値は82.0点で標準偏差は6.78です。両部門の評価点の分布の違いは、**[図表4-8]** の度数分布図を見れば明らかです。ここで両部門の従業員に能力や成果の差がないとすれば、平均や標準偏差の差は、評価者の違い（営業１部の評価者の方が、部下を厳しめに見ており、また、部下の間の能力や成果の差は小さいと考えていること）から生じていることになります。

[図表 4-8] データの標準化による評価点の調整

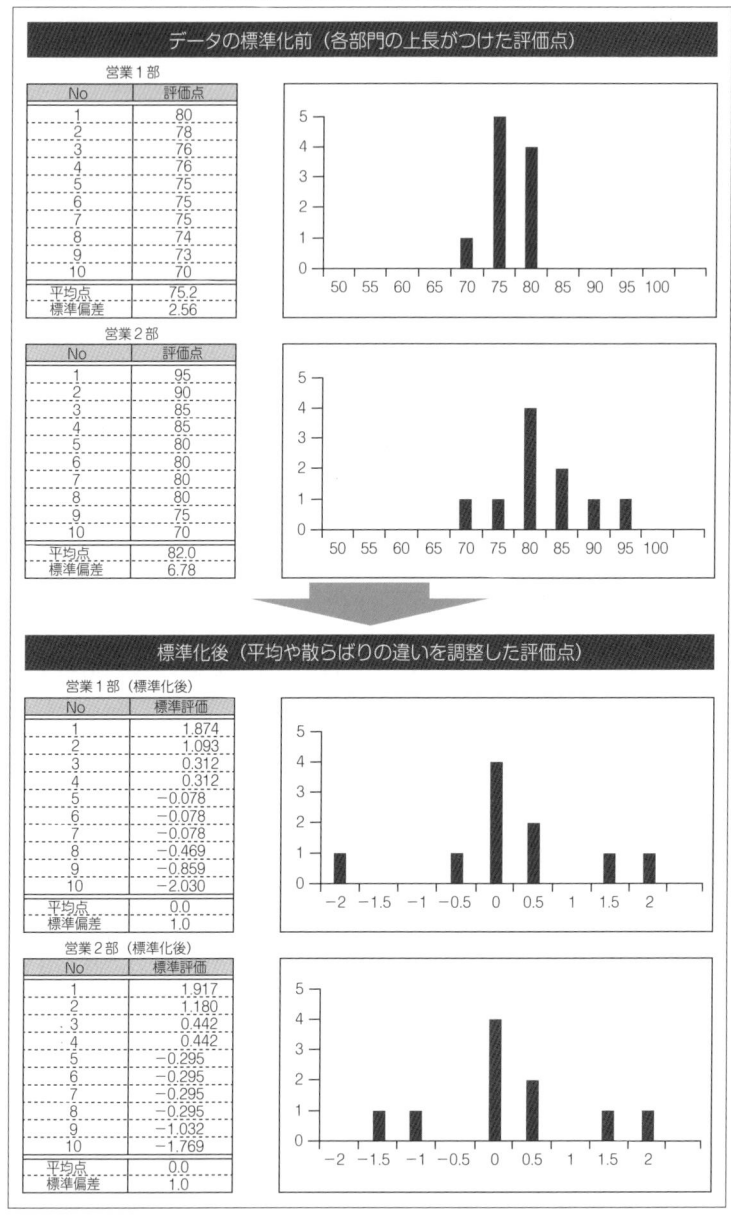

データの標準化前（各部門の上長がつけた評価点）

営業1部

No	評価点
1	80
2	78
3	76
4	76
5	75
6	75
7	75
8	74
9	73
10	70
平均点	75.2
標準偏差	2.56

営業2部

No	評価点
1	95
2	90
3	85
4	85
5	80
6	80
7	80
8	80
9	75
10	70
平均点	82.0
標準偏差	6.78

標準化後（平均や散らばりの違いを調整した評価点）

営業1部（標準化後）

No	標準評価
1	1.874
2	1.093
3	0.312
4	0.312
5	−0.078
6	−0.078
7	−0.078
8	−0.469
9	−0.859
10	−2.030
平均点	0.0
標準偏差	1.0

営業2部（標準化後）

No	標準評価
1	1.917
2	1.180
3	0.442
4	0.442
5	−0.295
6	−0.295
7	−0.295
8	−0.295
9	−1.032
10	−1.769
平均点	0.0
標準偏差	1.0

3．評価制度の効果的な運用方法

評価者の違いからくる評価分布の差を調整するために、両部門の従業員の評価点を標準化された点数に置き換えます。標準化された点数は、次のように算出しています。

●営業1部の従業員の標準化された評価点
　　（各自の評価点－営業1部の平均点）÷営業1部の標準偏差
●営業2部の従業員の標準化された評価点
　　（各自の評価点－営業2部の平均点）÷営業2部の標準偏差

　標準化された評価点は、各部門の平均値を「0.0」として、プラスマイナスの点数で示されます。そして、営業1部、2部ともに、標準化された評価点の平均値は「0.0」、標準偏差は「1.0」になり、両部門の評価点の平均値や散らばりが同じになります。

　両部門の標準化された評価点の度数分布図をみると形状がそっくりで、これならば、営業1部、2部の間で評価のバラつきは存在しないと言えるでしょう。

　営業1部、2部の上長がつけた評価点の段階では、評価のバラつきが見られましたが、データを標準化することによって、それは解消されました。これならば、評価者の違いが点数に反映することはなく、公正な評価が行われていると言えそうです。

　ただし、この手法は、各従業員の評価点を機械的に修正してしまうものなので注意も必要です。

　例えば、事例の場合、上長が評価点をつけた段階では、営業1部のNo.1は80点、一方、営業2部のNo.2は90点になっています。ところが、標準化された調整後の点数を見ると、前者は「1.874」、後者は「1.180」となって、点数の上下は逆転します。「営業1部の上長のほうが厳しい評価をする」ということであれば、このような逆転もおかしなことではありませんが、もし、最初にそれぞれの上長がつけた評価点が妥当だったとすれば、営業2部のNo.2の評価点は、他の部員の評価も良かったために、標準化したときは機械的に

点数を引き下げられてしまうことになります。

　標準化された評価点を使う場合には、それだけですべてを判断せずに、必要に応じて調整前の元データを個別に比較してみて、数字の妥当性を判断することも必要です。

　また、標準化は、元データの平均値や散らばりを補正して表示するものであって、データそのものを適正化するわけではありません。例えば、元データの段階で全員が同じ評価点であれば、標準化しても全員が「0点」と表示されるだけで、評価の散らばりを出すことはできません。また、同じデータ群の中で順位が逆転することもありません。すなわち、元データの段階で不適切な状態であれば、標準化しても、不適切なところは修正されないまま残ってしまいます。

　このように考えると、公正な評価を実現するには、上司がつけた元々の評価点をできる限り適切な状態にすること（具体的に言えば、不適切と考えられる評価を抽出して修正すること）が必要となります。次に、統計的手法を使って、それを行う方法を説明します。

（3）統計的手法による評価の「甘辛調整」の進め方

　従業員数が多く、社内の部門が多くなれば、それに伴って評価者の数も多くなります。評価者の中には、部下をかわいく思うあまりに評価点を高めにつける（評価が甘い）人、あるいは、逆に評価点を低めにつける（評価が厳しい）人がいるかもしれません。

　そこで人事関係者は、評価基準の明確化・精緻化や評価者研修を行い、評価者による甘辛が生じないようにしようと試みるのですが、前述したとおり、このような取り組みには限界があります。だからと言って、評価点を正規分布に近い形に調整したり、あるいはデータの標準化などの点数修正を行ったりすると、かえって現実とは異なる評価になって、問題を引き起こすことがあります。

公正な評価にするための最善策は、評価者間の甘辛の違いが影響した評価を抽出して、上長に評価のやり直しを指示することです。この評価者間の甘辛の差が影響した評価を抽出するときに、統計的手法を使います。

　そもそも、**評価の甘辛とは、「評価点に何らかの恣意的な調整が行われたこと」**を指します。恣意的な調整が行われると、評価分布が「普通ではあり得ない状態」（具体的に言えば、評価点の平均が異常に高い状態、あるいは、評価点の散らばりが異常に小さい状態）になります。逆に言えば、評価の平均点の差があっても、あるいは評価者間で評価の散らばりに違いがあっても、それが普通に発生し得る程度のものであったら、評価者の恣意的な調整は行われていない（誤差として容認できる）「公正な評価」と考えてもよいということです。

　ここでは、管理部、技術部、営業部の3部門各評価者による評価分布を見ながら、統計的手法を使った評価調整の方法を説明します（なお、ここでは、高度な統計的手法を使っているため、考え方や算式等の説明を省略して、エクセル操作とチェックポイントを述べるにとどまっています。根拠となる考え方や算式等について詳しく知りたい方は、統計学の解説書を参照してください）。

　さて、管理部、技術部、営業部の3部門から、それぞれ従業員の評価（100点満点）が**[図表4-9]**のとおり提出されたとします。概要をつかみやすくするために、各部門および全社（3部門の合計）の平均値、分散および標準偏差を算出しました。

[図表4-9] 各部門から提出された評価点

管理部	
No	評価点
1	80
2	80
3	75
4	70
5	70
6	70
7	70
8	70
9	65
10	65

技術部	
No	評価点
1	100
2	95
3	90
4	85
5	80
6	75
7	75
8	70
9	70
10	60
11	60
12	55

営業部	
No	評価点
1	100
2	95
3	95
4	90
5	90
6	90
7	90
8	85
9	85
10	80
11	80
12	80
13	75
14	75
15	70

＜各部門および全社の評価点の平均と散らばり＞

	人数	平均点	分散	標準偏差
管理部	10	71.5	25.3	5.0
技術部	12	76.3	188.0	13.7
営業部	15	85.3	68.2	8.3
全社	37	78.6	129.3	11.4

　なお、評価分布が一目でつかめるように、**[図表4-10]** のとおり度数分布図も作成しました。

[図表4-10] 各部門および全社の評価分布（度数分布図）

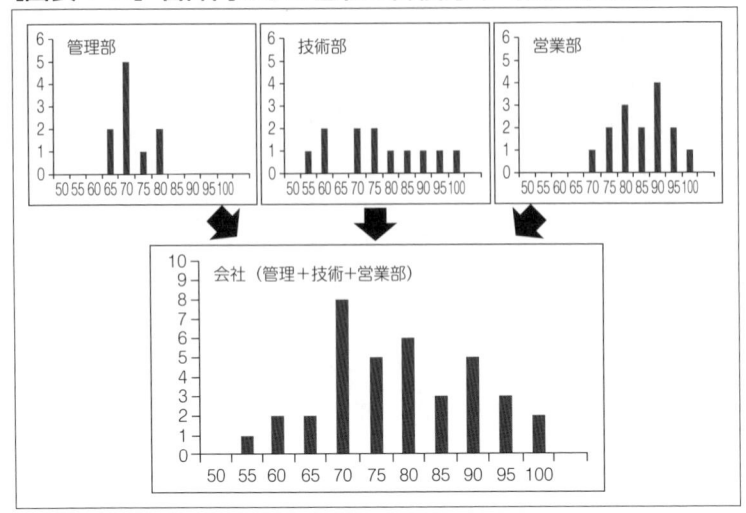

各部門の平均点や標準偏差および度数分布図から、次のことが分かります。

- 評価の平均点は、管理部が最も低く、営業部が最も高い（＝管理部の評価が厳しすぎる、あるいは、営業部の評価が甘すぎる）。
- 評価の散らばり（標準偏差）は、管理部が最も小さく、技術部が最も大きい（＝管理部の評価にはメリハリがない、あるいは、技術部の評価のメリハリが大きすぎる）。

このような評価分布になると、一般的に次のような評価の「甘辛調整」が行われます。

- 100点満点の評価で平均点「85.3」は高すぎる（評価の寛大化が見られる）。したがって、営業部に対して10点ぐらい平均を下げるように点数の見直しを指示する。

> ●管理部は、定量的な評価ができないため、評価が標準点付近に偏りがちである（点数の中心化が見られる）。したがって、管理部に対して評価にメリハリをつけるように点数の見直しを指示する。
> ●技術部は、最高100点、最低55点と評価のメリハリが大きすぎる（点数の極端化が見られる）。したがって、技術部に対して、「甘すぎず、厳しすぎず」になるよう点数の見直しを指示する。

　ところが、「平均点85.3点が高すぎる」、「管理部門のメリハリが小さく、技術部門のメリハリ大きい」等のことは、データを見た者の感想であって、それが本当に異常なこと（＝あり得ないこと）と言えるだけの根拠はないのです。したがって、営業部の評価者から「営業部に優秀な人材が偶然に揃ったから、評価点が他部門より高くなっただけ」と言われてしまうと、人事部は甘辛調整ができなくなってしまい、不公正な評価が残ってしまいます。

　そこで、発想を次のように変えてみます。

　まず、会社を様々な能力や成果のレベルを持つ従業員の集合体ととらえて、各部門はその集合体から一部の従業員を「サンプル」として抽出した「グループ」と考えます。このとき、職務適性を重視して配属を行えば、能力や成果のレベルについて無作為抽出が行われた状態で、各部門に従業員が散らばっているはずです（ただし、高い専門性が求められる職務を行う部門には能力や成果が高い人材を集中的に投入しますから、このような前提は成り立ちません）。

　そうであれば、各部門の評価分布から類推される従業員全体の能力・成果のレベル（＝評価点の平均）は、ほぼ等しくなるはずです。もし、各部門の評価分布から類推される従業員全体の評価点の平均値が、実際の平均値と大きく異なっているのであれば（＝偶然には起こり得ない有意差があれば）、それは、その部門の評価分布に不自然なところがある（＝その部門の評価者の恣意的な判断が紛れ込ん

でいる）ものと考えられます。

　このように、各部門の従業員を全社の人員から無作為抽出されたサンプルととらえて、評価の適正性を検証するのです。

　この場合、評価の適正性の検証は、次の分析によって行います。

① 　分散分析による評価分布の検証
② 　部門（グループ）間の分散の検定（F検定）
③ 　部門（グループ）間の平均の検定（t検定）

　「分散分析」や「検定」に関する知識やノウハウを習得することは大変ですが、今や、エクセルを使えば、これらの分析結果を簡単に

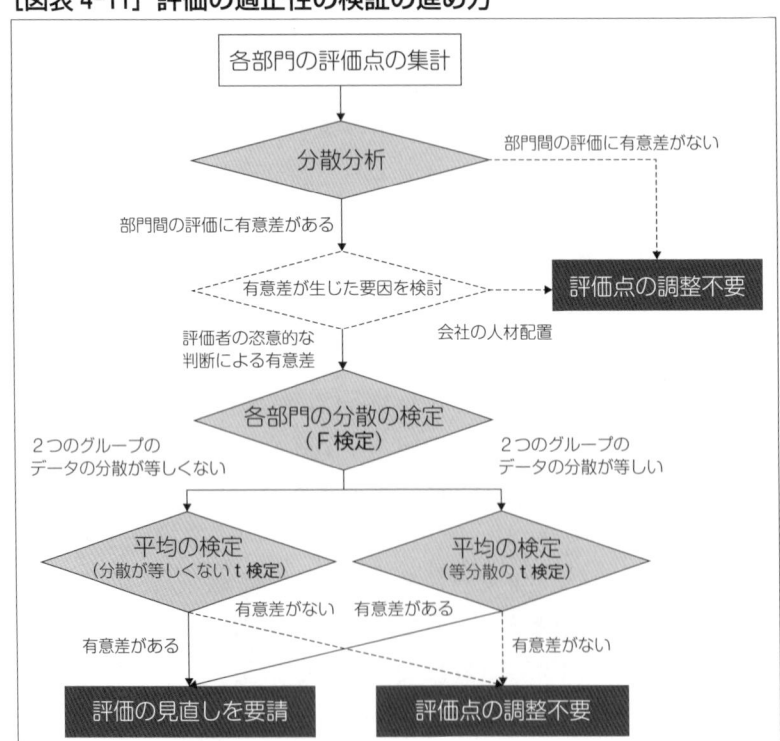

[図表4-11] 評価の適正性の検証の進め方

```
          各部門の評価点の集計
                 ↓
            ┌─分散分析─┐─── 部門間の評価に有意差がない
            │          │
  部門間の評価に有意差がある          ↓
            ↓                  評価点の調整不要
   ┌── 有意差が生じた要因を検討 ──┐
   │                              │
評価者の恣意的な                会社の人材配置
判断による有意差
   ↓
  各部門の分散の検定
      （F検定）
   ┌──────┴──────┐
2つのグループの        2つのグループの
データの分散が等しくない  データの分散が等しい
   ↓                      ↓
 平均の検定              平均の検定
（分散が等しくないt検定） （等分散のt検定）
  有意差がない  有意差がある
  有意差がある              有意差がない
   ↓                      ↓
評価の見直しを要請      評価点の調整不要
```

算出することができます。あとは、エクセルが導き出した分析結果を読み取ることさえできれば、「評価の甘辛調整が必要かどうか」、「どのような調整を行えばよいのか」ということぐらいは十分に分かります。

それでは、具体的なエクセルの操作方法とチェックポイントを説明します。

(4) 分散分析による全体の評価分布の検証

まず、各部門、および全体の評価点がどのように分布しているのか、そして各部門の評価に恣意的な判断が紛れ込んでいないか（この評価分布が偶然に起こり得るものなのか）ということを「分散分析」を使ってチェックします。

分散分析とは、3つ以上のサンプル（＝「部門」）のデータから、そのサンプルを抽出した元のデータの集まり（＝「従業員全体」。母集団）の平均値に違いがあるかどうかを調べる手法です。

分散分析においては、まず「各サンプルのデータから類推される母集団の平均が等しい」という仮説を立てます。その仮説が成り立つかどうかを統計的に検証し、もし成り立たないのであれば、最初の仮説が間違っていたものとして、「母集団の平均には有意差がある」と結論付けます。

最初の仮説は、正しくない（それを棄却する）こともあるという前提のもとに構築されている（むしろ、正しくないことを期待する場合のほうが多い）ものですから、統計学ではこれを「**帰無仮説**」と呼びます。

この例の場合、母集団である従業員全体は同一のものですから、その平均に差がつくはずがありません。したがって、帰無仮説が棄却される（＝母集団の平均に有意差がある）ことになったら、その

パソコン操作 17 【評価点の分散分析】

[1] データを入力し、「分散分析」を選択する

各部門の評価点のデータをシートの1カ所にまとめます（部門の数は3つ以上でも可。また、各部門の従業員数は異なっていても可）。[データ] タブ→[データ分析] をクリックし、表示されたボックス(分析ツール)から「分散分析：一元配置」を選択します。

[2] 入力範囲、出力先等を指定する

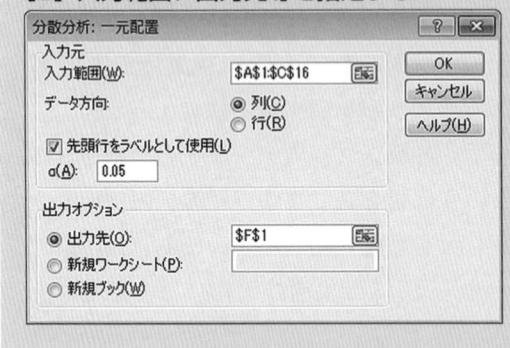

分散分析のボックスが表示されます。「入力範囲」には、各部門の評価点が入力されている領域を指定します。その際、一番上の項目行(部門名が入力されている行)も含めて指定し、ボックス中段の「先頭行をラベルとして使用」にチェックを入れてください。
その下の「α」には「0.05」が自動表示されますが、原則として、そのままで構いません。
分析結果を表示する領域を「出力先」で指定し、[OK] ボタンをクリックします。

グループのデータの分布におかしな点がある（＝評価者の恣意的な判断が紛れ込んでいる）」と考えます。

分散分析は、エクセルでは [パソコン操作17] のとおり進めて、結果は [図表4-12] ように表示されます

[図表4-12] 評価点の分散分析の結果

分散分析：一元配置

概要

グループ	標本数	合計	平均	分散
管理部	10	715	71.5	28.05555556
技術部	12	915	76.25	205.1136364
営業部	15	1280	85.33333	73.0952381

分散分析表

変動要因	変動	自由度	分散	観測された分散比	P-値	F 境界値
グループ間	1250.349	2	625.1745	6.017959566	0.005788	3.275898
グループ内	3532.083	34	103.8848			
合計	4782.432	36				

「概要」では、各部門の標本数（＝従業員数）、評価点の合計、平均、分散（「第2章-5-(1)」参照）が表示されます。これを見れば、各グループの評価分布が大まかにつかめます。

なお、ここで表示されている分散は、評価点と平均点の差（偏差）の二乗を合計したものを「標本数－1」で割った数値（普遍分散・標本分散）です。

「概要」の下には「分散分析表」が表示されています。「各グループから類推される母集団の平均が等しい」という帰無仮説を棄却するかどうかは、この表を見て判断します。

分散分析では、全データ（＝全従業員の評価点）の散らばりは、「グループ間（＝部門間）の散らばり」と「グループ内（＝部門内）の散らばり」から構成されていると考えます。

- ●変　動：各データと平均の差の二乗の合計値（＝平方和）です。「グループ間」の変動は、全データの平均を使って算出した平方和、「グループ内」の変動は、各グループの平均を使ってグループごとに算出した平方和の合計値です。

- ●自由度：「標本数－1」で算出される数値で、統計学では頻繁に使われます。この例の場合、グループ間では「グループ数－1」が、グループ内では「（各グループの標本数－1）の合計」が表示されています。

- ●分　散：変動を自由度で割った数値で、データの散らばりの状態を示します。

- ●観測された分散比：グループ間の分散をグループ内の分散で割った数値です。「F値」とも呼ばれます。これと「F境界値」とを比べて、帰無仮説を棄却するかどうか判断します。

- ●P－値：「確率値（probability value）」とも呼ばれるもので、分析結果にみられる差が偶然に生じ得る確率を示します。一般的にP－値が5％未満（$p<0.05$）であれば、「偶然では起こりえない（＝統計的に有意である）」と判断して、帰無仮説を棄却します。

- ●F境界値：「統計的に有意である」と判断する基準値で、分散比（F値）がこれを上回ると、有意性ありと判断され、帰無仮説を棄却します。なお、F境界値は、有意水準（［パソコン操作17］－②の「α」の値。一般的には5％）と自由度により算出されます。

　この例では、P－値が「0.005788（≒0.58％）」と基準となる5％を下回り、かつ、観測された分散比は「6.017959566」でF境界値

「3.275898」を上回っています。したがって、「各グループの母集団の平均は等しい」という帰無仮説は棄却されます。

ところが、もともと各部門の従業員は、「全社」という一つの母集団から抽出されたサンプルですから、本来であれば、平均値に差がつくはずはありません。それにもかかわらず「各グループの母集団の平均に有意差がある（＝偶然では起こり得ない差がついている）」という分析結果が出たとすると、考えられる要因は次の2つです。

一つは、ある部門の評価者が恣意的な判断で、部下の評価を引き上げた（引き下げた）ということです。そこで、その部門（グループ）のデータから類推される母集団（従業員全体）の平均が、他のグループと異なってしまったということです。これは、公正な評価の妨げになるものですから、調整することが必要です。

もう一つの要因は、会社が意図的に能力・成果が高い（あるいは低い）人材を特定の職種やグループに集中させたため、結果として、母集団の平均に有意差が出たということです。このような配置を行っていれば、人事部は分散分析をする以前に、どのような結果が出るか分かるはずです。この場合は原則として、評価の調整は必要ありません。

分散分析によって、「評価者の恣意的な判断が紛れ込んだ可能性が高い」という結論に達したら、不公正な評価を行った部門に対して、評価点の見直しを要請します。

ただし、分散分析は「母集団の平均に有意差がある」ということは分かっても、「どのグループの母集団の平均に有意差があるのか」ということまでは特定できません（ただし、分散分析の「概要」で各部門の評価の平均点や分散を見れば、評価点を調整するべき部門の、おおよその見当はつくはずです。この例で言えば、「営業部の評価点を全体的に引き下げるべき」と誰もが考えるでしょう）。

そこで、分散分析を行って公正ではない評価が行われていること

が分かったら、次に、評価を調整するべき部門の絞り込みを行うことが必要になります。それが、これから説明する「分散の検定（F検定）」と「平均の検定（t検定）」です。

本来、F検定やt検定は、分散分析を行ったグループを2つずつ組み合わせて行っていきます。この例で言えば、「管理－技術」「管理－営業」「技術－営業」という3パターンの組み合わせについて、それぞれF検定とt検定を行うことになります。この程度の回数ならよいのですが、例えば、10部門の検定を行う場合では、45パターンの組み合わせが出てきてしまい、どの部門をどのように調整すればよいのか、まったく分からなくなってしまいます。

したがって、評価の調整に使うのであれば、各部門の評価点を集計した「従業員全体」を1つのグループとして、それを基準において各グループの評価点との間でF検定やt検定を行うとよいでしょう（この方法は、「母集団を1つのグループとみなしていること」や「そのグループのデータ自体に不公正とされる評価点が紛れ込んでいること」等を考えると、決して良いやり方ではありませんが、評価の調整に使うのであれば、このような簡略化した方法でも大きな問題は生じません）。

(5) 各部門の評価の分散の検定（F検定）

「検定」とは、ある仮説を正しいといってよいかどうかを、データを使って統計学的に判断することを言います。検定には、様々な方法がありますが、評価の公平性を検証するときには、F検定とt検定を使います。

ここでは、各部門の従業員のデータを一まとめにした「従業員全体」とそれぞれの「部門」という2つのグループで検定を行います。「従業員全体」のデータから類推される全社の評価の平均と、「部門」のデータから類推されるそれとを比較して、両者に有意差があるか

どうかをチェックするのです。

　最初に「従業員全体の母集団と各部門の母集団とでは、評価の分散は等しい」という仮説を検定する「F検定」（分散の検定）を行います。次に「従業員全体の母集団と各部門の母集団とでは、評価の平均は等しい」という仮説を検定するt検定（平均の検定）を行います。t検定は、2つのグループの母集団の分散が等しいと想定されるかどうかによって、計算式が異なります。したがって、最初にF検定を行い、そこで仮説が成り立てば「等分散を仮定したt検定」を、仮説が棄却されれば「分散が等しくないと仮定したt検定」を実施します。

[図表4-13] 評価点の分散の検定（F検定）の結果

F-検定：2標本を使った分散の検定		
	全社	管理部
平均	78.6	71.5
分散	132.84535	28.05556
観測数	37	10
自由度	36	9
観測された分散比	4.73508	
P (F<=f) 片側	0.00897	
F 境界値 片側	2.83861	

	全社	技術部
平均	78.6	76.3
分散	132.84535	205.11364
観測数	37	12
自由度	36	11
観測された分散比	0.64767	
P (F<=f) 片側	0.15870	
F 境界値 片側	0.48388	

	全社	営業部
平均	78.6	85.3
分散	132.84535	73.09524
観測数	37	15
自由度	36	14
観測された分散比	1.81743	
P (F<=f) 片側	0.11531	
F 境界値 片側	2.28047	

　F検定のエクセル操作は、**[パソコン操作17]** とほとんど同じです。

　F検定は、2つのグループのデータ（＝標本）の分散を検討するものですが、ここでは、一方のデータを「従業員全体の評価点（3部門37人分の評価点）」、他方を「部門ごとの評価点」とします。そ

こで、まず、管理、技術、営業の3部門の全従業員の評価をまとめたデータ領域をエクセルシート上に作っておきます。

　［データ］タブ→［分析］→［データ分析］をクリックし、表示された「分析ツール」の中から［F検定：2標本を使った分散の検定］を選択します。次に表示されたボックスの「変数1の入力範囲」には全従業員の評価が入力されているデータ領域を、「変数2の入力範囲」には分析対象となる部門の評価が入力されているデータ領域をそれぞれ指定し、さらに分析結果の出力先を指定します。

　以上の操作を、管理、技術、営業の各部門について行うと、［図表4-13］のように分析結果が表示されます。

　分析結果の見方は、分散分析とほぼ同じです。F検定では「2つのグループの母集団の分散は等しい」という帰無仮説が構築されており、「観測された分散比＞F境界値　片側」であれば、また、「P（F＜＝f）片側」が「0.025」（片側と表示されている場合、5％の半分の2.5％を使います）未満であれば、帰無仮説を棄却して、「分散は等しくない」と判定します。

　各部門の分析結果を見ると、管理部は帰無仮説が棄却され、逆に営業部は帰無仮説が成立します。ところが、技術部は「観測された分散比」は帰無仮説の棄却を、「P－値」は帰無仮説の成立を示しています。この場合は、どのように判断すればよいのでしょうか。

　「観測された分散比」とは、2つのグループの分散の比率を示しており、数値が大きいほうを分子にすることを原則としています。技術部の場合、全社の分散よりも技術部の分散のほうが大きな数値となっていますから、変数1と変数2を入れ替えて検定を行うことが必要です。変数の入れ替えを行うと、「P－値（＝0.1586）」は変わらないまま、「観測された分散比（＝1.5440）」と「F境界値　片側（＝2.0666）」が修正され、「P値＞0.025」かつ「観測された分散比＜F境界値　片側」となって、帰無仮説が成立します。

以上の結果から、管理部は、全社の評価の分散と異なっているため、「分散が等しくないと仮定したｔ検定」を、一方、技術部と営業部は、分散が等しいととらえられるため、「等分散を仮定したｔ検定」をそれぞれ行います。

(6) 各部門の評価の平均の検定（ｔ検定）

　ｔ検定では、「分析対象となる２つのグループの母集団の平均は等しい」という帰無仮説を立て、それを棄却するかどうかを判断します。エクセル操作は、Ｆ検定とほぼ同じで、[データ] タブ→[分析]→[データ分析] をクリックし、表示された「分析ツール」の中から [t-検定：分散が等しくないと仮定した２標本による検定]、または [t-検定：等分散を仮定した２標本による検定] を選択します。「変数１の入力範囲」には従業員全体の評価が入力されているデータ領域を、「変数２の入力範囲」には分析対象となる部門の評価が入力されているデータ領域をそれぞれ指定します。なお、Ｆ検定とは異なり、どちらを変数１にするかということにこだわる必要はありません。

　管理、技術、営業の各部門のｔ検定の結果は、**[図表4-14]** のとおりです。

　分析結果には「プールされた分散」、「仮説平均との差異」という項目がありますが、あまり使わない数値なので説明を割愛します。

　「ｔ」とは「標本平均の差を標本平均の差の標準誤差で割った数値」です。この「ｔ」と「Ｐ（Ｔ＜＝ｔ）両側」を見て、帰無仮説を棄却するかどうかを判断します。

　分析結果の判断の仕方は「Ｆ分析」とほぼ同じです。
- 「ｔの絶対値＞ｔ境界値　両側」であれば帰無仮説を棄却
- 「Ｐ（Ｔ＜＝ｔ）両側」が５％（＝0.05）未満であれば帰無仮説を棄却

上記の場合は、帰無仮説が棄却され、「分析対象となった2つのグループのデータの平均には有意差がある」ということになります。

[図表 4-14] 評価点の平均の検定（t 検定）の結果

t-検定：分散が等しくないと仮定した2標本による検定

	全社	管理部
平均	78.64865	71.5
分散	132.8453	28.05556
観測数	37	10
仮説平均との差異	0	
自由度	33	
t	2.826642	
P（T<=t）片側	0.003965	
t 境界値 片側	1.69236	
P（T<=t）両側	0.007929	
t 境界値 両側	2.034515	

t-検定：等分散を仮定した2標本による検定

	全社	技術部
平均	78.64865	76.25
分散	132.8453	205.1136
観測数	37	12
プールされた分散	149.7592	
仮説平均との差異	0	
自由度	47	
t	0.590015	
P（T<=t）片側	0.279003	
t 境界値 片側	1.677927	
P（T<=t）両側	0.558006	
t 境界値 両側	2.011741	

	全社	営業部
平均	78.64865	85.33333
分散	132.8453	73.09524
観測数	37	15
プールされた分散	116.1153	
仮説平均との差異	0	
自由度	50	
t	−2.02666	
P（T<=t）片側	0.024024	
t 境界値 片側	1.675905	
P（T<=t）両側	0.048047	
t 境界値 両側	2.008559	

　この例では、管理部門と営業部門の帰無仮説が棄却され、「従業員全体と両部門の母集団の評価の平均には有意差がある」という結論が出ました。管理部門や営業部門の人材配置に特別な配慮（優秀な人材を集中的に配置する等）をしていないのであれば、それぞれの母集団の評価の平均の差は出てこないはずであり、このような結果が出てきたとすれば、それは、その部門の評価におかしな点がある（＝評価者の恣意的な判断が紛れている）と考えられます。

具体的に言えば、管理部門は評価者が意識的に評価を厳しくし、逆に、営業部は甘くしたと考えられますから、人事部は管理部の評価者には評価点を引き上げるように、逆に営業部には評価点を引き下げるように見直しを要請するべきでしょう。

　また、管理部門については、他の部門と比べて評価の分散が極端に小さいことも気になります。職務の性格上、従業員の能力・成果の差が表れにくいということであれば修正の必要はありませんが、そのような事情がないのであれば、評価のメリハリをつけるように指示するべきです。

　なお、人事部から評価の見直しを指示しても、各部門としては、どのように調整すればよいのか悩んでしまうでしょう。また、各部門が評価点の調整をすれば、F検定やt検定の基準とした従業員全体の評価のデータも変わってしまうので、評価の検証作業をあらためてやり直さなければなりません。これらのことを考えると、人事部で、各部門の評価点の分散や平均が等しくなる（有意差がなくなる）ような評価分布のパターンを作成したうえで、それをもとに各部門と相談しながら評価の見直しを進めていくことが望ましい調整方法と言えます。

　[図表4-15] は、この例について、人事部にて各部門の評価の見直しのパターンを作成したものです。分散分析とt検定の結果を見ると、部門間の評価の分散（メリハリ）や平均がほぼ等しくなるように調整されています。このようなパターンを作成したうえで、各部門の評価者と従業員一人ひとりについて評価点の修正を行うかどうかを検討すればよいのです。

　なお、分散分析や検定は、基本的に「標本調査」において使われる手法です。人事部が行うデータ分析は、全従業員を対象にした「全集調査」が圧倒的に多いため、分散分析や検定などを使う機会は、実はほとんどありません。この例で言えば、**[図表4-9]** のとおり、全体および各部門の評価点の平均や標準偏差を算出して、それをもと

[図表 4-15] 評価点の調整、および調整後の適正性の検証

管理部					技術部(調整なし)			営業部			
No	調整前	調整後	増減		No	評価点		No	調整前	調整後	増減
1	80	90	10		1	100		1	100	100	0
2	80	85	5		2	95		2	95	95	0
3	75	80	5		3	90		3	95	90	−5
4	70	75	5		4	85		4	90	85	−5
5	70	75	5		5	80		5	90	85	−5
6	70	70	0		6	75		6	90	80	−10
7	70	70	0		7	75		7	90	80	−10
8	70	70	0		8	70		8	85	80	−5
9	65	65	0		9	70		9	85	75	−10
10	65	60	−5		10	60		10	80	75	−5
平均点	71.5	74	2.5		11	60		11	80	70	−10
標準偏差	5.02	8.60			12	55		12	80	70	−10
					平均点	76.3		13	75	65	−10
					標準偏差	13.71		14	75	60	−15
								15	70	60	−10
								平均点	85.3	78.0	−7.3
								標準偏差	8.26	11.52	

分散分析：一元配置
概　要

グループ	標本数	合計	平均	分散
管理部	10	740	74	82.22222
技術部	12	915	76.25	205.1136
営業部	15	1170	78	142.1429

分散分析表

変動要因	変動	自由度	分散	観測された分散比	P-値	F 境界値
グループ間	96.18243	2	48.09122	0.327922	0.722672	3.275898
グループ内	4986.25	34	146.6544			
合計	5082.432	36				

t-検定：等分散を仮定した2標本による検定

	全社	管理部
平均	76.35135	74
分散	141.1787	82.22222
観測数	37	10
自由度	45	
t	0.579994	
P(T<=t) 両側	0.564812	
t 境界値 両側	2.014103	

	全社	技術部
平均	76.35135	76.25
分散	141.1787	205.1136
観測数	37	12
自由度	47	
t	0.024415	
P(T<=t) 両側	0.980625	
t 境界値 両側	2.011741	

	全社	営業部
平均	76.35135	78
分散	141.1787	142.1429
観測数	37	15
自由度	50	
t	−0.45287	
P(T<=t) 両側	0.652601	
t 境界値 両側	2.008559	

に甘辛調整をすることが基本です。

従業員数が多いために一部の従業員を無作為抽出して評価の分析を行わざるを得ない場合、あるいは、各部門の評価の平均点等による調整では各評価者の理解・協力が得られない場合等、特別な事情があるときに、ここで紹介した分散分析や検定を使ってみるとよいでしょう。おそらく、最も多い「特別な事情」は、各部門の評価者が「当部に優秀な人材が揃っただけ」、「偶然に部下全員が頑張った」等と、自分がつけた評価を正当化して評価調整に応じないことだと考えられます。このようなときには、その部門と全体の評価の平均のズレが「たまたま」や「偶然」で発生するレベルのものではないことを証明するうえで、分散分析や検定を使うことが効果的です。

なお、人事分野以外のデータ分析においては、圧倒的に「標本調査」が多く、そこでは分散分析や検定などの統計的手法が日常的に使われています。例えば、マーケティングにおける顧客動向の分析や生産管理における製品の抜き取り調査等は、基本的には「標本調査」が行われ、そこでは分散分析や検定が頻繁に使われます。

例えば、次のような命題を考えてみましょう。

ある商品について、A、B、C、Dの4つの販促策を行った結果、増加した売上高を5つのテスト地域で測定したところ、次のようなデータを得ました。これらの販促策に効果の差は認められるでしょ

(百万円)

	販促A	販促B	販促C	販促D
P地域	4	5	4	3
Q地域	5	5	3	4
R地域	6	7	3	4
S地域	7	6	5	5
T地域	5	5	5	5

3. 評価制度の効果的な運用方法

うか。

　このデータについて分散分析を行うと、P−値が「0.03975」となり、5％を下回ります。したがって、帰無仮説は棄却され、「効果に差がある」という結論を導き出すことができます。

　今や、マーケティングやマネジメントを行うビジネスパーソンにとって、様々な統計的手法を使いこなすことは、職務を遂行するうえで欠かせないスキルとなっています。人事関係者も機会があれば、分散分析や検定などの統計的手法を積極的に活用して、それを使いこなせるようにマスターしておくことが望ましいと言えるでしょう。

4 目標管理制度の効果的な運用方法

(1) 目標管理制度の運用のポイント

　目標管理制度とは、各従業員が期初に設定した業務目標の達成度を期末に評価し、その結果を賞与等に反映させる仕組みです。日本企業においては2000年頃から導入が進み、現在は8割以上の大企業が導入していると言われています（労務行政研究所調べ）。

　今や広く浸透した目標管理制度ですが、近年、その弊害として、多くの企業が次のことをあげています。

① 挑戦意欲や組織の活力が低下する

　　多くの従業員が、達成度評価を高くするために、自分の目標を低めに設定しようとします。このような傾向が広まると、社内の挑戦意欲は低下します。また、上長が高めの目標になるように指示、誘導すると、部下は「無理なノルマを課せられた」ととらえて、モチベーションを低下させます。その結果、組織全体の活力が低下してしまいます。

② 個人主義に陥り、チームワークが失われる

　　従業員が、自分の目標達成を優先して、組織への貢献を考えないようになります。お互いに助け合おうとするチームワークが希薄になり、社内の雰囲気がギスギスしてきます。

このような弊害が生じる要因は、目標管理制度の運用面にあります。そもそも、日本において、目標管理制度は、賞与査定のツールとして運用されてきました。目標管理制度の達成度評価が悪くなれば、自分の賞与支給額が減ってしまうわけですから、従業員としては、達成度評価を同僚よりも高くしようと考えます。したがって、目標管理制度を導入すると、挑戦意欲の低下やチームワークの衰退等の弊害が出てきてしまうのです。

　人事関係者や上長は、「従業員の評価を本人以外に見せてはいけない」という意識がありますので、賞与査定の仕組みととらえられている目標管理制度も「非公開」の形で進められることが多くなっています。従業員にしてみれば、他者の設定した目標の内容や達成度を知らないわけですから、実は、自分の設定した目標のレベルの高低や達成度の良し悪しが分かっていません。そうなれば、（達成度を良くするために）設定する目標のレベルを低下させようとする意識が働きますし、自分の目標達成度が他の者よりも低く評価されているのではないかと疑心暗鬼になることも当然です。

　目標管理制度から生じる弊害を解消し、それを効果的に機能させるためには、まず、**「目標管理制度を賞与査定に使うことを（一時的でもよいので）止めてみること」**です。目標達成度と賞与支給額との結びつきがなくなれば、目標を低く設定しようとする意識は小さくなります。こうすることによって、各自が適切な目標を設定する状態を作り出すことができます。

　さらに、**目標管理制度を原則としてオープンな運用に変更して、自分以外の者の目標も達成度も自由に見れるようにすることも必要**です。他人の目標を見れば、それとの比較において、自分がどのような目標を設定するべきかが分かりますし、また、自分の仕事と関連がある目標を設定している同僚をサポートする意識も生まれます。さらに、他人の目標達成度まで見ることによって、自分が不公

正な評価を受けていないという実感も湧きやすくなります(例えば、全従業員の目標達成度が高い状況であれば、目標を達成しても「標準的な評価」にしかならないことに納得がいくようになります)。

つまり、賞与との連動をなくし、オープンな運用にすることによって、目標設定と達成度評価の適正性を高め、また、各従業員の取組みを誰もがチェックできる仕組みとすることが、目標管理制度を効果的に機能させるためのポイントになるのです。そして、目標管理制度が効果的に機能するようになったら、達成度評価の結果を賞与に反映させるかどうかを、あらためて検討すればよいでしょう。

目標管理制度において設定される目標や達成度評価には、「各従業員が何に取り組んでいるのか」、「その結果はどうだったのか」、「その取り組みを通じて、どのような能力を伸ばしたのか」等、膨大な量の情報・データが含まれています。それを、賞与査定にしか使わない、あるいは、賞与査定が関係するために情報・データ自体の信頼性が損なわれている現状は、経営の観点からすると、大変もったいないことをしていると言わざるを得ません。その意味からも、目標管理制度を運用する中で収集される様々な情報・データを社内に公開し、多くの従業員が活用できる体制にしていくことは、とても重要なことです。

すでにこうしたことに気が付いて、目標管理制度の見直しに取り組む会社が出現しており、実際に各自の目標や達成度をイントラネット上で公開する情報システムも販売されるようになっています。ここでは、このようなシステムを使わずに、エクセルで手軽にできる目標管理制度の効果的な運用方法について説明します。

(2) 検索機能を活用した目標シートのチェックと抽出

一般的に目標管理制度では、各従業員が期初に目標を記入した「目

標シート」を記入し、期末に上長がそのシートに達成度評価を記入して、人事部に提出します。つまり、目標や達成度等の情報、データは、目標シートを通して行われているわけで、このシートを全従業員が自由に閲覧できるようにすることが必要です。

ただし、全従業員の目標シートが自由に閲覧できたとしても、そこに記載されている情報・データが見やすい状態になっていなければ、それを実際に活用する従業員は、ほとんどいないでしょう。

それでは、どうすれば従業員が目標シートの情報・データを活用しやすい状態になるのでしょうか。

従業員が、他者の目標シートの情報・データを見たいと思う主なニーズとして、次のものがあげられます。

> ●特定の目標について、各従業員がどのような目標を設定しているのか見たい（例：営業部員の売上高目標の一覧を見たい。あるプロジェクトに関わっている人が誰かを知りたい）。
> ●特定の部門について、各従業員がどのような目標に取り組んでいるのか、達成度はどうなっているのかを知りたい（例：上長が部下全員の目標シートを見たい）。
> ●特定の職種、等級の目標の内容や達成度が見たい（例：自分と同等級の者の目標のレベルが知りたい）。

これらのことは、特別なシステムを構築しなくても、エクセルで簡単に行うことができます（なお、ここでは、各従業員が目標シートをエクセルシートに入力し、そのまま提出することを前提としています）。

注意することは、次の点です。

① 目標シートの書式は所定のものを使うこと（書式が揃っていないと見にくいから）

② 目標や達成度の記入方法は、一定のルールに従うこと（例えば、売上高については「売上高目標__100百万円」と記入する。新商品

にかかわることは必ず型番を記入する等。これは、キーワードを使って検索しやすくするため、検索表示を見やすくするための措置です）

　各従業員が提出した目標シートを1つの「ブック」にまとめたうえで、[パソコン操作18]の要領でエクセルを操作すれば、ある目標に設定した従業員をリストアップして、その従業員の目標シートを個別にチェックすることができます。
　全従業員の目標シートを入れたエクセルのファイルをイントラネット上で公開し、エクセルの検索機能の使い方を説明しておけば、各従業員は自分が見たい目標シートを自由に閲覧できるようになります（なお、目標シートを公開する場合、データを上書きしないように、ブックを保護しておく等の処理が必要です）。
　目標シートが公開されるようになれば、（周囲から見られているという意識が働いて、）従業員は能力レベルに応じた、また、周囲の期待に応えるような目標を設定するようになります。また、自分の仕事と直接的にかかわる目標を設定している者がいることを知り、チームワークの意識や組織に対する貢献意欲が高まります。

　さらに、人事部としては、目標シートに盛り込まれている情報、データが活用しやすい状態になれば、それらを統計的に分析することによって、適切なマネジメントができるようになります。
　次に、目標シートに記入された目標と結果に関するデータを分析して、望ましいマネジメントを分析することについて説明します。

パソコン操作18【検索機能を使った目標シートのチェック】

[1] 目標シートをエクセルに入力する

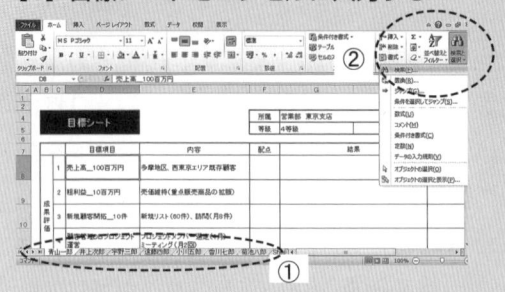

従業員に、所定の書式で目標シートを提出させます。目標シートは、1人1シートとし、シート名に自分の名前を入力させます（①）。
人事部門は、従業員のエクセルシートを1つの「ブック」にまとめます。
この状態で、[ホーム] タブ→ [検索と置換] → [検索] を選択します（②）。

[2] 検索する文字列を指定する

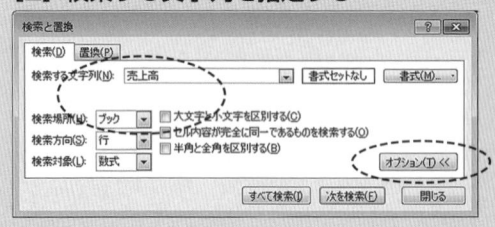

「検索と置換」の「検索」ボックスの右下の [オプション] をクリックして、「検索する文字列」に自分が調べたいキーワードを入力します。また、「検索場所」を「ブック」に変更します。
最後に [すべてを検索] ボタンをクリックします。

[3] データのリストが表示される

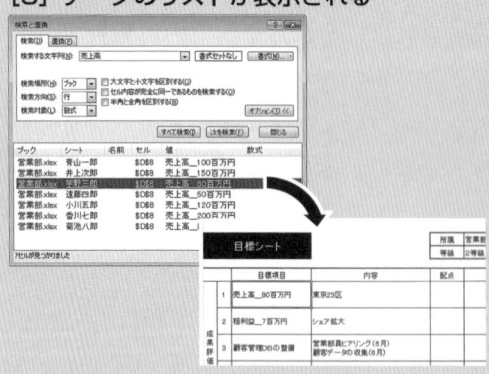

ボックスの下方に、指定した文字列を含む「シート名（この場合は、従業員名）」と「値（文字列が入力されたセルに記入されている項目）」が表示されます。
「シート名を個人名にする」、「売上高__Ｘ百万円と記入する」等のルールを設けておけば、見やすい表示となります。
なお、閲覧したい従業員名をクリックすると、その目標シートが表示されます。

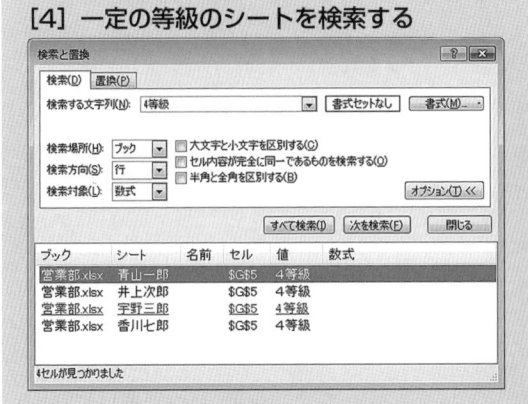

[4] 一定の等級のシートを検索する

「検索する文字列」を「4等級」に変更すると、4等級の従業員のリストが表示されます。その中から、自分が閲覧したいシート名をクリックすれば、その目標シートを見ることができます。

目標シートの入力ルールに工夫を施すことによって、様々な検索が可能になります。

(3) 目標シートのデータを使ったマネジメントの分析

目標シートには、各従業員が取り組んでいる業務目標やその達成度等、経営にとって重要な情報、データが大量に掲載されており、それを活用すれば、マネジメントの高度化が図れます。ここでは、その事例を紹介します。

[図表4-16] は、ある会社の東京、名古屋、大阪の3支店の営業部員の目標シートから、売上高目標と結果、達成率をピックアップしたものです。ここから、支店長の望ましいマネジメントの姿を分析します。

[図表 4-16] 目標シートからピックアップした売上高目標と結果

東京支店　　（単位：百万円）

No	目標額	結果	達成率
1	120	122	102.0%
2	110	110	100.0%
3	110	109	99.1%
4	105	98	93.3%
5	105	107	101.9%
6	100	98	98.0%
7	100	100	100.0%
8	100	98	98.0%
9	95	97	102.1%
10	90	92	102.2%
11	85	87	102.4%
12	80	82	102.5%
平均	100.0	100.0	100.0%
標準偏差	10.8	10.4	2.6

名古屋支店　　（単位：百万円）

No	目標額	結果	達成率
1	105	110	104.8%
2	105	105	100.0%
3	100	100	100.0%
4	100	95	95.0%
5	95	85	89.5%
6	95	80	84.2%
7	90	75	83.3%
8	90	70	77.8%
平均	97.5	90.0	92.3%
標準偏差	5.6	13.7	9.0

大阪支店　　（単位：百万円）

No	目標額	結果	達成率
1	140	118	84.3%
2	120	105	87.5%
3	120	102	85.0%
4	110	100	90.9%
5	100	98	98.0%
6	100	98	98.0%
7	90	90	100.0%
8	90	95	105.6%
9	70	82	117.1%
10	60	75	125.0%
平均	100.0	96.3	96.3%
標準偏差	22.8	11.4	12.9

※達成率の標準偏差は100倍して表示した。

　今年度は、東京、名古屋、大阪の3支店とも、前年度対比5％アップの売上高目標が設定されました。これに対し、東京支店長は、全部員の担当顧客の過去の売上高実績を調べたうえで5％アップを実現する計画を策定し、全部員が5％アップになるように担当替えを行いました。一方、名古屋支店長は、前年度、売上高が少なかった部員の目標を、逆に大阪支店長は、売上高が多かった部員の目標を、それぞれ多めにアップしました（両支店とも、担当替えを行いませんでした）。

　結果として、東京支店は売上高目標を達成しましたが、名古屋、大阪の両支店は目標未達となりました。

　各支店の目標の標準偏差を見ると、東京支店10.8に対して、名古屋支店は5.6と小さく、逆に大阪支店は22.8と大きくなっています。また、結果の標準偏差を見ると、東京10.4に対して、名古屋は13.7、大阪は11.4と、大きな差がない数値となっています。

　結果の標準偏差を見る限り、東京、名古屋、大阪の部員の能力の

散らばりの状態は似ているものと考えられます。その中で、東京は各部員の能力レベルに見合った目標を設定しましたが、名古屋は能力が低い部員の目標を高めに、逆に大阪は能力が高い部員の目標を高めに設定したということになります。最終的に、東京支店は全部員が目標達成を目指して最後まで努力したために支店目標をクリアし、一方、名古屋、大阪は能力レベルよりも高い目標を設定された部員が早々に目標達成をあきらめてしまったため、そこが足を引っ張ることになって、支店目標をクリアできなかったのでしょう。

売上高目標と達成率の散布図（[図表4-17]）を見ると、東京は目標達成率100％付近に全部員が集中しているのに対して、名古屋は目標が小さい部員ほど、逆に大阪は目標が大きい部員ほど、達成率が低くなっていることが分かります。

以上の分析結果から、この会社では、東京支店のように支店長が各顧客の想定売上高を把握したうえで、各部員の能力レベルに見合って、その顧客を割り当てていくマネジメントを徹底していくことになりました（それまで、名古屋支店長は「実績が低い部員は、まだ伸びる余地がある」と、大阪支店長は「実績が高い部員は、もっと頑張ってもらわなければいけない」ということで、特定の部員の目標を高く設定する傾向がありましたが、それをあらためてもらうようにしました）。

このように、目標シートに記載されている目標や結果のデータを分析することによって、業績を向上させるためのマネジメントのあり方を導き出すこともできます。

[図表4-17] 売上高目標と達成率の関係

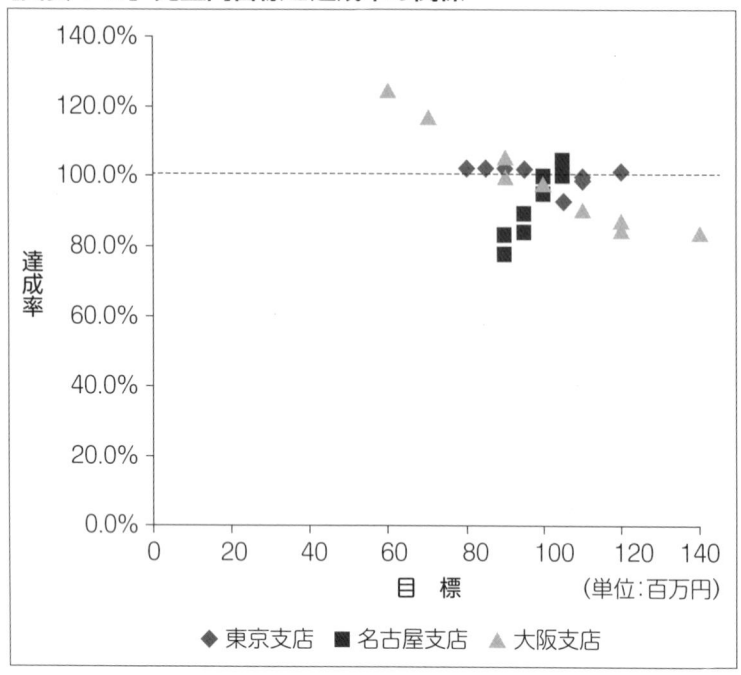

（縦軸：達成率　横軸：目標（単位：百万円））
◆ 東京支店　■ 名古屋支店　▲ 大阪支店

(4) 業績と目標・結果との関係性の分析

　目標管理制度を継続実施して、各従業員の目標や結果に関するデータが蓄積されれば、それと業績との関係性を分析することによって、業績向上のキーとなる目標を見つけることができます。

　ここでは、業績指標と目標項目との相関について分析します（相関については、「第2章-4-(2)」を参照）。

　目標項目は、次のいずれかのパターンでデータをとります。

● 平均目標達成率：その目標を設定した従業員の達成率の平均値
● 目標達成者数割合：その目標を設定した従業員のうち、達成した者の割合

●目標設定者数割合：全従業員（あるいは対象となる従業員）のうち、その目標を設定した従業員の割合。
●目標値・件数の合計：設定段階における、その目標の合計値。

　前者2つ（平均目標達成率と目標達成者数割合）は、目標の達成状況と業績との関係性を分析するための項目ですが、後者2つ（目標設定者数割合と目標値・件数の合計）は、目標に対する従業員の意識の高低が業績に及ぼす影響を分析するための項目です。

[図表4-18] 業績と目標・結果の推移と相関行列

（単位：億円）

	2009年	2010年	2011年	2012年	2013年
全社売上高	200	210	220	215	225
全社営業利益	15	13	16	15	18
人件費	80	82	84	80	84
売上目標達成者割合	80%	85%	90%	80%	95%
新規開拓目標達成者割合	70%	75%	60%	75%	80%
新商品開発目標件数	15	20	10	25	28
効率化目標設定者割合	95%	92%	90%	100%	90%

	売上高	営業利益	人件費	売上達成	新規達成	開発件数	効率化設定
全社売上高	1						
全社営業利益	0.672527	1					
人件費	0.779813	0.550482	1				
売上目標達成者割合	0.817389	0.696631	0.958706	1			
新規開拓目標達成者割合	0.119978	0.108893	−0.16485	0.075858	1		
新商品開発目標件数	0.366727	0.278985	−0.06849	0.168086	0.943819	1	
効率化目標設定者割合	−0.41896	−0.35229	−0.88884	−0.83623	0.203175	0.258103	1

　[図表4-18]は、ある会社の5年間の業績指標（売上高、営業利益、人件費）と目標管理制度における個人目標（売上高目標達成者割合、新規開拓目標達成者割合、新商品開発件数、効率化目標設定者割合）の推移をピックアップし、各項目の相関を算出したものです（相関行列の算出は、エクセルのデータ分析機能を使っています）。
　当然のことながら、全社売上高と売上目標達成者割合の間には強

い正の相関（＝0.817389）が見られます。しかし、売上高と効率化目標設定者割合との間は強くはありませんが、負の相関が見られます。従業員が効率化を意識すると売上高が落ちる、あるいは、売上高が伸びているときには、従業員の意識は効率化に向きにくいということでしょう。

　一方で、人件費と効率化目標設定者割合との間には、強い負の相関が見られます。これは「社内で人件費削減施策が実施されるときに、効率化目標を設定する従業員が増える」、あるいは「多くの従業員が業務効率化を意識すれば、残業が減って人件費が減少する」ということだと考えられますが、どちらが現実の姿なのか、これだけでは分かりません。

　意外なことに、全社売上高と新規開拓目標達成者割合や新商品開発目標件数との間には、相関があまり見られません。これは、開発に関する目標が売上高に結び付くまで、ある程度の時間がかかるからです。

　このような場合は、業績指標と目標とを数年ずらして相関をとるとよいでしょう。[図表4-19]は、業績と目標の対応を1年間ずらして、「今年度の売上高」と「前年度の新規顧客開拓目標達成者割合・新商品開発目標件数」との相関をとったものです。売上高とこれらの前年度目標との間には強い正の相関が見られ、前年度の新規開拓や新商品開発が今年度の売上高に大きな影響を及ぼしていることが分かります。

[図表4-19] 今年度の売上高と前年の開発目標との相関

	売上高	新規達成	開発件数
全社売上高	1		
新規開拓目標達成者割合	0.7298	1	
新商品開発目標件数	0.887954	0.943819	1

以上の分析から、目標設定において次の点に注意すればよいことが分かります。

① 売上高目標達成者割合と全社売上高との間には、強い相関が認められる。上長は各従業員の売上高目標を適切に設定して、個人売上高の目標達成を通じて、組織（部門および全社）の売上高の成長を目指さなければならない。

② 新規顧客開拓や新商品開発は、今年度の売上高目増加への貢献は小さいものの、次年度以降にその影響が出てくる。どんなに多忙な状況であっても、開発的な目標を設定することは必須である。

③ 人件費の膨張を防ぐために、各従業員に業務効率化に関する目標を設定させることも重要であるが、それが行き過ぎると、売上高増加の阻害要因にもなりかねないので注意が必要である。

なお、実際に分析を行う場合は、ここで紹介した指標や目標項目にこだわる必要はありません。それぞれの会社が重視する指標や目標項目を使った分析を行うことによって、その会社独自の業績向上のヒントが見つかるはずです。

このように、**目標シートに記載されている情報、データを分析すれば、望ましいマネジメントの姿や業績向上に結びつく個人の活動が分かります。**「賞与査定のツール」としてではなく、「業績向上に役立つ情報、データを収集するための仕組み」として機能させることが、目標管理制度を効果的に運用していくことにつながります。

5 研修効果測定、モチベーション向上施策の進め方

(1) 人材育成、モチベーション向上施策のポイント

　会社は、従業員の能力を伸ばすために様々な研修を行い、また、モチベーションを向上させるために様々な施策を実施します。

　これらの施策を実施する者は、「効果があがる研修やモチベーション施策は、組織風土や従業員の特徴によって異なる」ということを知っておくことが必要です。ある会社では大きな効果を上げた研修やモチベーション向上施策が、別の会社では全く受け入れられなかったり、従業員の能力開発ややる気アップにつながらなかったりする実例はたくさんあります。

　したがって、**人材育成やモチベーション向上を図るためには、「自社に適した研修や施策を継続的に実施すること」が重要なポイントになります**。そして、自社に適した研修やモチベーション向上施策を知るためには、それらを実施して効果を測定すること、すなわち、実際に研修や施策を体験した従業員から有効だったかどうかを聴くこと（アンケート調査等を実施すること）が必要です。

(2) 研修、施策に関するアンケートを実施するときの注意点

　このように言うと多くの人事関係者から、「研修やモチベーション施策の実施後にアンケートを行っているが、それで本当に効果が測定できているかどうかは大いに疑問がある（おそらく効果測定にはなっていない）」との意見が寄せられます。

　そのアンケートの回答を見せていただくと、「（研修に）満足して

いる」、「仕事に役立つと思う」、あるいは「（やる気向上につながるから）今後も続けてほしい」等の回答ばかりが並んでいます。ところが、人事関係者が客観的に見ると、研修終了後に従業員の能力が伸長したとも、モチベーションが向上したとも思えません。こうなると「従業員にアンケートを行っても、みんなが当たり障りのない回答をしてしまい、結局は何も分からない（効果測定にはなっていない）」ということになってしまいます。

　こうなってしまうのは、研修やモチベーション施策の効果測定の方法、すなわち従業員アンケートの進め方に問題があります。逆に言えば、アンケートを正しく行えば、研修やモチベーション施策の効果を的確に測定することが可能で、それにより自社に最適な研修、施策だけを継続して実施できるようになります。

　それでは、アンケートを正しく行うためには、どのようにすればよいのでしょうか。

　まず、このアンケートは、「研修やモチベーション向上策の内容がどうだったか」ではなく、「それらが実際に効果を上げたかどうか」を確認するために行うと公言し、目的意識をしっかりと持って行うことです。そのうえで、次の点に注意して実施します。

① **研修、施策の実施後、半年から1年程度の時間をあけてアンケートを実施する**

　　研修やモチベーション施策は、効果が表れてくるまでに一定の時間が必要です。したがって、研修や施策の実施直後にアンケートを行ったところで、効果を測定できるはずがないので、あまり意味はありません。アンケートは、研修、施策の実施後、半年から1年程度の時間をあけて、従業員が効果を実感できるようになったときに行うべきです。

「時間をあけてしまうと、従業員が研修、施策の内容を忘れてしまう」または「アンケートの回収率が悪くなる」ということを心配されるかもしれませんが、内容を忘れられたり、アンケート提出を面倒くさがられたりする研修、施策であれば、あまり効果がなかったものと考えて間違いはないでしょう。

一定の時間をあけて振り返ったときに、従業員の多くが「役に立っている」と実感できるものが、本当に効果的な研修、施策と言えます。アンケートは、そのような観点を持って実施されるべきです。

② **アンケートの質問項目を多くしすぎない**

一般的にアンケートの質問項目は多くなりがちです。例えば、研修に関するアンケートで、「どのような点が良かったか」、「どうすれば良くなると思うか」等、細かい質問が多くなると、従業員は面倒臭くなり、ほとんどの項目に「良い」「満足」と回答してしまいます。これでは、効果を的確に測定することができなくなってしまいます。

アンケートを通して収集したい情報は、「研修、施策の効果があったかどうか」ということだけです。したがって、アンケートの質問は、そのことを中心に5つ程度の項目に押さえておくべきです。

③ **能力伸長や意欲等との関係性において、効果をチェックする**

あるモチベーション向上施策について、従業員の80％が「効果があった」と回答したとしましょう。ここで、「過半数が好意的な回答をしているから、このモチベーション施策は効果がある」と結論付けてもよいでしょうか。

同じアンケートで、「最近、自分のモチベーションが向上したと思うか」という質問をします。ここで「モチベーションが向

上したと思う」と回答した従業員全員が「施策の効果があった」と答え、逆に「モチベーションが向上していない」と回答した従業員全員が「効果がなかった」と答えていれば、確かに施策の効果があったと言えそうです。しかし、「モチベーションが向上している」と回答した従業員、「向上していない」と回答した従業員ともに80％が「施策の効果があった」と答えていたとしたら、本当に、その施策が有効であったかどうかは大いに疑問です（この施策は、従業員の80％に「効果がある」と思わせるもので、モチベーション向上とは無関係だったと考えるほうが自然です）。

　研修の効果測定でも同じことが言えます。研修受講者の80％が「有効だった」と回答しても、それだけで研修の効果を認めてはいけません。実際に、能力伸長が認められる従業員の多くが「有効だった」と回答し、能力が伸びていない従業員の多くが「効果がない」と回答するような研修が、最も効果が高いものと考えられます。

　研修や施策の効果を測定するときには、単に従業員に「効果の有無」を尋ねるだけではなく、能力伸長や意欲との関係性を見ていくことも必要です。

　研修やモチベーション施策の効果を測定するためには、ただ、従業員のアンケートを行えばよいということではありません。アンケートを正しく実施し、その結果を的確に判断できなければ、意味がありません。特に前述した③の注意点は、アンケートの結果を判断するうえで重要です。統計的手法をしっかりと理解していないと、回答割合の大小ばかりに気を取られて、的確な判断ができなくなってしまいます。

　アンケートにおいて、カテゴリーごとに集計を分けたり、ある質問の回答ごとに別の質問の回答を集計したりすることを「クロス集

計」と言います。

　次に、従業員アンケートの回答をクロス集計し、その結果を統計的手法によって的確に判断する手法について、説明します。

(3) クロス集計とカイ二乗検定によるアンケート結果の分析

　研修実施から半年を経過して時点で、研修効果を測定するためのアンケートを、受講者100人に実施することにしました。アンケートの質問項目は、次の2つです。

> ① この半年間で能力が伸びたと実感しているか？
> ② 半年前に受講した研修は、自分の能力アップに効果があったか？

　両項目の関係性をとらえるために、①の回答ごとに②の回答を区分けすると、**[図表4-20]** のようになりました。このような集計方法を「クロス集計」と言います。

[図表4-20] アンケート結果（実測値・クロス集計）

実測値（回答数）　　　　　　　　　　　　（単位：人）

		①能力は		
		伸びた	伸びない	合計
②研修は	効果あり	50	10	60
	効果なし	20	20	40
	合計	70	30	100

　クロス集計を見ると、「能力が伸びた」と回答した者（70人）の70％以上が「研修の効果あり」と答えたのに対して、「能力が伸びなかった」と回答した者（30人）のうち「研修効果あり」と答えた者は33％

程度です。これだけ明確な差があれば、能力伸長と研修との間には関係性がありそうです。

そこで、両者の関係性について、統計的手法を使って分析してみましょう。

最初に、「能力伸長と研修との間には関係性がない」という仮説を立てます（この仮説は、最後に棄却されることが期待されるので、帰無仮説です）。もし、仮説どおりに能力伸長と研修との間に関係性がないとすれば、集計表左上の「能力が伸びた、かつ、研修効果があった」と回答する人の数は、理論的には次の算式で求められる数になるはずです。

能力が伸びた、かつ、研修効果があった人の理論的な数
＝全体の数×「能力が伸びた」人の割合×「効果あり」の人の割合
＝100人×（70人／100人）×（60人／100人）
＝42（人）

このようにして理論的に算出した値を**「期待値」**と言います。**[図表4-20]**の各項目の期待値は、**[図表4-21]**のとおりです。

[図表4-21] アンケート結果の期待値

期待値		①能力は		（単位：人）
		伸びた	伸びない	合計
②研修は	効果あり	42	18	60
	効果なし	28	12	40
	合計	70	30	100

参考までに、各項目の期待値の算式は、**[図表4-22]**のとおりです。アンケートの集計を行うときには、この数式が入力された表を作成

[図表4-22] エクセルを使った期待値の算出

実測値（分析対象となる元データ）

		質問1		
		はい	いいえ	合計
質問2	はい	a	b	①（＝a+b）
	いいえ	c	d	②（＝c+d）
	合計	③（＝a+c）	④（＝b+d）	⑤（＝a+b+c+d）

期待値の算式

		質問1		
		はい	いいえ	合計
質問2	はい	⑤×(①/⑤)×(③/⑤)	⑤×(①/⑤)×(④/⑤)	①
	いいえ	⑤×(②/⑤)×(③/⑤)	⑤×(②/⑤)×(④/⑤)	②
	合計	③	④	⑤

して、その表をコピーしていくと効率的に作業を進められます。

　能力伸長と研修との間に関連性がなければ、アンケートの回答者数（実測値）は、期待値に近い値になるはずです。しかし、実測値と期待値との間の乖離が大きければ（有意差があると認められるほど乖離が大きければ）、帰無仮説は棄却され、能力伸長と研修との間には関係性があると考えられます。

　さて、統計学では、実測値と期待値との乖離度をとらえるときには、「χ二乗値（カイにじょうち）」という指標を使います。この値は、次の算式で求めます。

カイ二乗値＝Σ(実測値－期待値)^2/期待値

　このカイ二乗値を、カイ二乗分布のグラフに当てはめてP－値（「4－(4) 分散分析の説明を参照）を割りだし、それが（一般的には）5％未満であれば、帰無仮説を棄却します。

　カイ二乗値やP－値の算出は普通に行うと大変ですが、エクセルでは、それを1つの関数を入力するだけで行うことができます。実

パソコン操作19 【エクセルを使ったカイ二乗検定】

[1] 実測値、および期待値を入力する

アンケートの集計結果等のデータ（実測値）をエクセルシートに入力します。その表の近くに期待値を入力した表を作成します。

期待値の表は、[図表4-22]を参考にして作成してください。

[2] 関数を使ってP-値を表示する

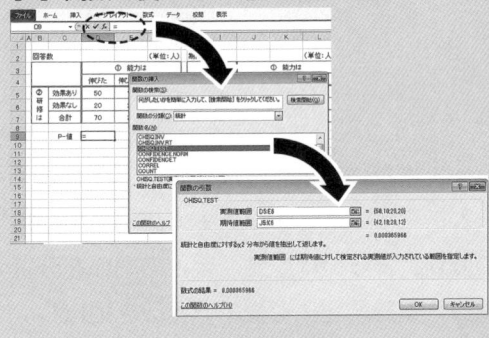

P-値を表示するセルを指定し、関数「=CHISQ.TEST」を入力します。（またはシート上部の「fx」ボタンをクリックして、「関数の分類：統計」から「=CHISQ.TEST」を選択します。

表示されたボックスに実測値、期待値のデータ領域を指定し、[OK]ボタンをクリックすれば、P-値が表示されます。

なお、エクセル2007以前のバージョンは、「=CHISQ.TEST」の代わりに「=CHITEST」と入力してください。

務上は、この関数を使うエクセル操作（【パソコン操作19】参照）さえ覚えておけば、十分でしょう。

5．研修効果測定、モチベーション向上施策の進め方

このような一連の作業を「χ二乗検定（カイにじょうけんてい）」または「独立性の検定」と言います。

この例では、カイ二乗検定によって算出されたＰ－値は「0.00037（＝0.037％）」でした。5％未満なので帰無仮説は棄却され、「能力伸長と研修との間には関係性がある」と考えられます。
「研修効果がない」と回答した人が40％もいることは気になりますが、実際に能力を伸ばした従業員の多くが「研修効果がある」と認めているわけですから、この研修は継続して実施したほうがよいでしょう。そして、「効果がない」と回答した40％の人に対して、研修で習得した知識・技術を活かせる仕事を与える工夫を施すことによって、この研修は、より効果を高めることができるものと考えられます。

このクロス集計とカイ二乗検定を使ったアンケート結果の分析は、研修やモチベーション向上施策の効果測定以外にも、従業員満足度調査の結果の分析等にも活用することができます。例えば、**従業員満足度と目標達成との関係、あるいは退職希望との関係を分析することによって、目標達成や退職希望に影響する要因を抽出し、適切な人事施策を立案することができるようになります。**
［図表4-23］は、従業員の「目標達成」と「職場への満足度」、「上司との人間関係」のアンケート回答をクロス集計したものです。
ここから、どのような結論を導き出せるでしょうか。
クロス集計の結果を見ると「職場への満足度が高く、目標達成した人の割合が50人で最も多いこと」、「目標達成した人の83％（60人中50人）が職場への満足度が高いこと」、「目標達成した人のうち上司との人間関係が良いと回答した人が半分（60人中30人）しかいないこと」等が分かります。そこから、「目標達成は、職場への満足度と強く関係しているが、上司との人間関係とは無関係」と考えて、

[図表 4-23] 職場満足度、上司との人間関係と目標達成

回答数（実測値）　　　　（単位：人）

		①職場への満足度		
		高い	低い	合計
②目標	達成	50	10	60
	未達	30	10	40
	合計	80	20	100

回答数（実測値）　　　　（単位：人）

		①上司との人間関係		
		良い	普通・不良	合計
②目標	達成	30	30	60
	未達	10	30	40
	合計	40	60	100

「目標達成者の割合を高めるためには、職場満足度を高めるべき」という結論を導き出すかもしれません。

しかし、残念ながら、この結論は誤りです。

[図表 4-24] では、それぞれのデータの期待値とP−値を算出しています。これを見ると、職場への満足度と目標達成とのP−値は「0.307（＝30.7％）」で5％を大きく上回り、両者の間の「関係性はない」と考えられます。一方、上司との人間関係と目標達成とのP−値は「0.012（＝1.2％）」で、両者の間には「関係性がある」と考えられます。

ここから、「目標達成者の割合を高めるためには、部下と上司との人間関係を良好にするべき」という結論が出てきます。こちらのほうが正しい結論と言えます。

[図表 4-24]「図表 4-23」の期待値とP-値

期待値

		①職場への満足度		
		高い	低い	合計
②目標	達成	48	12	60
	未達	32	8	40
	合計	80	20	100

χ二乗検定によるP-値　0.30743

期待値

		①上司との人間関係		
		良い	普通・不良	合計
②目標	達成	24	36	60
	未達	16	24	40
	合計	40	60	100

χ二乗検定によるP-値　0.01242

5．研修効果測定、モチベーション向上施策の進め方

あらためて、[図表4-23]を見てみると、目標未達でも職場への満足度が高い者が多いことが分かります。すなわち、この会社は、もともと職場への満足度が高く、それは従業員の目標達成にあまり影響を与えていないのです。

　一方、上司との人間関係が良い者のうち75％（40人中30人）が目標を達成しています。アンケート時点で、上司との人間関係が「普通・不良」と回答している者の割合が60％に達しており、この点については、改善の余地が大いにありそうです。しかも、上司との人間関係が普通・不良、かつ目標未達だった者の人間関係を良くすることができれば、75％の確率で目標達成に移すことが期待できるわけです。人事関係者としては、これほど効果が期待できる施策を見逃すことはできません。

　カイ二乗検定等の統計的手法をマスターすれば、従業員アンケートの結果を的確に分析することができるようになり、研修の効果測定やモチベーション向上施策の企画などに大いに役立つはずです。
　是非、皆さんも仕事の中で使ってみてください。

6　事例紹介

　この章では、等級制度、評価制度、目標管理制度等を、情報やデータの分析を行いながら、効果的に運用する方法について説明してきました。その中では、分散分析や検定などの統計的手法にも触れました。かつては統計学の専門家しか使わなかった、これらの高度な統計的手法も、エクセルで簡単に計算ができるようになった今日では、多くの人が様々なビジネスシーンで使うようになっています。

　この章の最後に、これらの統計的手法を積極的にマネジメントに活用している事例を紹介します。

(1) 事例企業紹介

　工作機械を開発、製造、販売するメーカーS社。
　国内2工場、海外2工場を展開。
- 売上高（年間）：750億円
- 従業員数　正社員：1,800名、非正規従業員：700名
- 正社員1人当たりの給与：650万円

(2) 背　景

　S社は、高い技術を持つ会社として、1990年代後半までは順調な成長を遂げていました。しかし、2000年頃から、業界内の競争が激しくなり、売上高が伸び悩み、利益も減少傾向にありました。

　業績低迷から抜け出すため、S社では、2005年に人事制度の見直しを行いました。そのポイントは、次のとおりです。
- 職能資格体系から職務・役割体系への移行

・組織の最適化、適材適所を実現するための厳格な等級決定
　　　・若手の積極的登用と年功人事の払拭
●公平な評価の実現
　　　・処遇決定のための「査定」と育成のための「評価」の分離
　　　・コミュニケーションと情報公開による透明性の高い査定
●目標管理制度の戦略的活用
　　　・業績と目標の関係性分析、分析結果の戦略策定への活用
　　　・明確な根拠に基づく目標設定と効果的なプロセス管理

　人事部門は、「規則・制度に基づき、業務を執行する管理部門」から「情報・データに基づき、経営戦略を遂行する企画部門」へとその位置付けを改め、このようなマネジメントを実践していくことになりました。

(3) データ分析に基づく目標管理制度の戦略的活用

　上記の人事制度の見直しポイントのうち、等級制度と評価制度については、本書の内容（人材マップを活用した等級決定や統計的手法を使った評価調整等）とほぼ同様のことが行われているため説明を省略し、ここでは、「目標管理制度の戦略的活用」について、S社が実施したことを紹介します。

　S社では、20年以上前から目標管理制度を実施しており、過去に設定された業務目標とその達成度に関するデータが蓄積されていました。そこで、人事制度の見直しにおいて、主な経営指標と業務目標の関係性について分析し、次のことを明確にしました。
●売上高と利益を増加させるために改善が必要な経営指標
●経営指標を改善するために各従業員が達成するべき業務目標
　経営指標と業務目標との関係性の分析は、次の手順で行いました。

① 業績向上と特に強い関連があると考えられる経営指標と業務目標を各10項目以上ピックアップします。なお、業務目標については、全従業員に占める目標設定者数、または目標達成者数の割合としてデータを集計することにします。
② ピックアップされた項目の関係について、大まかに仮説を立てます。そのうえで、過去10年間のデータの推移の相関行列を作成します。（相関行列の作成は、第３章-４-(2)を参照。）最初にたてた仮説と相関行列を比較して、あらためて項目間の関係性について整理します。
③ 関係性が強いと考えられる経営指標、業務目標を、それぞれ線で結んだ図を作成します。なお、項目間を線で結ぶときには、以下のような工夫をするとよいでしょう。

・関係性が強い項目間は太線で、弱い項目間は細線で結ぶ（あるいは、線の色を変えたり、相関係数を表示したりする）。強い負の相関が見られる場合は、点線で項目間を結ぶ。
・相関を見ただけでは因果関係については分からないので、時間的な先行性等を考えて因果関係を考察し、線の矢印の方向性を決定する。

このようにして作成された経営指標・業務目標の関係図が、[図表4-25]の下の図です（ただし、この図は、一部を抜粋したものです）。
　Ｓ社では、この図を社内に公表し、次年度以降はそれをもとに、各部門、各従業員が業務目標を設定することにしました。また、経営指標と業務目標は、原則として、毎年、見直しを行うことにして、大幅な変更があれば、必要に応じて関係図も改定しています。

[図表4-25] S社の経営指標と業務目標の関係性

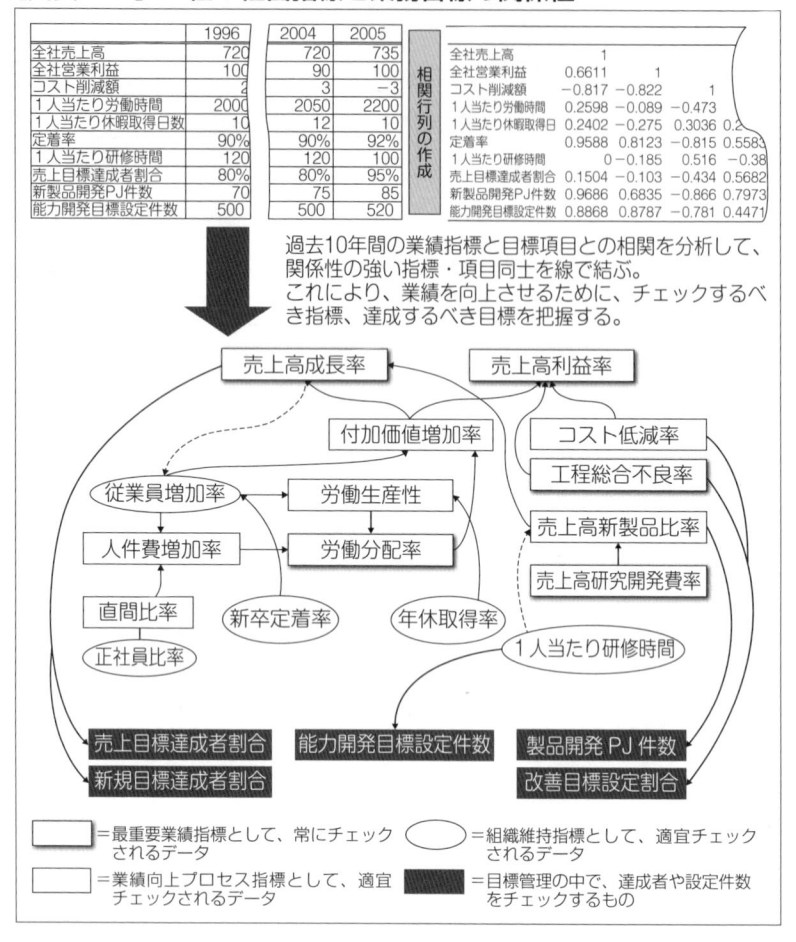

	1996	2004	2005
全社売上高	720	720	735
全社営業利益	100	90	100
コスト削減額	2	3	-3
1人当たり労働時間	2000	2050	2200
1人当たり休暇取得日数	10	12	10
定着率	90%	90%	92%
1人当たり研修時間	120	120	100
売上目標達成者割合	80%	80%	95%
新製品開発PJ件数	70	75	85
能力開発目標設定件数	500	500	520

相関行列の作成

全社売上高	1							
全社営業利益	0.6611	1						
コスト削減額	-0.817	-0.822	1					
1人当たり労働時間	0.2598	-0.089	-0.473					
1人当たり休暇取得日	0.2402	-0.275	0.3036	0.2				
定着率	0.9588	0.8123	-0.815	0.558				
1人当たり研修時間	0	-0.185	0.516	-0.38				
売上目標達成者割合	0.1504	-0.103	-0.434	0.5682				
新製品開発PJ件数	0.9686	0.6835	-0.866	0.7973				
能力開発目標設定件数	0.8868	0.8787	-0.781	0.4471				

過去10年間の業績指標と目標項目との相関を分析して、関係性の強い指標・項目同士を線で結ぶ。
これにより、業績を向上させるために、チェックするべき指標、達成するべき目標を把握する。

```
          売上高成長率        売上高利益率
              ↓                ↓
          付加価値増加率       コスト低減率
                              工程総合不良率
      従業員増加率 ← 労働生産性
                              売上高新製品比率
      人件費増加率 → 労働分配率
                              売上高研究開発費率
   直間比率  新卒定着   年休取得
   正社員比率                1人当たり研修時間

   売上目標達成者割合  能力開発目標設定件数  製品開発PJ件数
   新規目標達成者割合                      改善目標設定割合
```

□ =最重要業績指標として、常にチェックされるデータ
□ =業績向上プロセス指標として、適宜チェックされるデータ
○ =組織維持指標として、適宜チェックされるデータ
■ =目標管理の中で、達成者や設定件数をチェックするもの

(4) 組織の健全性を測定する指標の作成とチェック

　このような経営指標と業務目標の関係性のチェックを5年間継続する中で、経営において特に重視するべき指標が見えてきました。S社では、それらを「組織の健全性を測定する指標」と定めて、毎年チェックすることにしました。

[図表4-26] 組織の健全性を測定する指標

項目	指標	配点	評価基準（5段階評価）				
			16.0	12.0	8.0	4.0	0.0
業績向上・現状項目 40点	売上高増加率	16点	5％以上の増加	5％未満3％以上の増加	3％未満1％以上の増加	1％未満0％超の増加	0％以下（マイナス）
	売上高経常利益率	16点	16.0 前年実績+0.6％以上	12.0 前年実績+0.5〜0.4％	8.0 前年実績+0.3〜0.2％	4.0 前年実績+0.1〜0.0％	0.0 前年実績未満
	労働生産性	8点	8.0 業界平均×1.3以上	6.0 業界平均×1.2以上	4.0 業界平均×1.1以上	2.0 業界平均以上	0.0 業界平均未満
業績向上・将来項目 20点	売上高研究開発費率	8点	8.0 3.0％以上	6.0 3.0％未満2.5％以上	4.0 2.5％未満2.0％以上	2.0 2.0％未満1.5％以上	0.0 1.5％未満
	新製品売上高比率	4点	4.0 20％以上	3.0 20％未満15％以上	2.0 15％未満10％以上	1.0 10％未満5％以上	0.0 5％未満
	工程総合不良率	8点	8.0 2.0％以下	6.0 2.0％超3.0％以下	4.0 3.0％超4.0％以下	2.0 4.0％超5.0％以下	0.0 5.0％超
組織維持・現状項目 24点	正社員離職率	8点	8.0 5.0％以下	6.0 5.0％超6.0％以下	4.0 6.0％超7.0％以下	2.0 7.0％超8.0％以下	0.0 8.0％超
	賃金水準（平均給与）	8点	8.0 業界平均以上+2.0％未満	6.0 業界平均+3.0％未満業界平均−1.0％以内	4.0 業界平均+4.0％未満業界平均−2.0％以内	2.0 業界平均+5.0％未満業界平均−3.0％以内	0.0 業界平均+5.0％以上業界平均−3.0％未満
	所定外労働時間の対前年増加率	8点	8.0 5％以上の減少	6.0 5％未満3％以上の減少	4.0 3％未満1％以上の減少	2.0 1％未満0％超の減少	0.0 0％以下（前年より増加）
組織・将来 16点	年次有給休暇取得率	8点	8.0 55％以上	6.0 55％未満50％以上	4.0 50％未満45％以上	2.0 45％未満40％以上	0.0 40％未満
	1人当たり研修受講日数	8点	8.0 3.0日以上	6.0 3.0日未満2.0日以上	4.0 2.0日未満1.5日以上	2.0 1.5日未満1.0日以上	0.0 1.0日未満

S社の場合、組織の健全性を測定する指標は、「業績向上・組織維持」の軸と「現在に影響・将来に影響」の2軸で分類され、次の4つのカテゴリーに区分されます。

業績向上・現在に影響

　今年度、または来年度の業績向上に直接的な影響を及ぼす項目。
　（例：売上高増加率、売上高経常利益率　等）

業績向上・将来に影響

　来年度以降の業績に影響を及ぼし得る項目。今年度はコストアップ要因になるとしても、将来への投資として不可欠なもの。
　（例：売上高研究開発費率、工程総合不良率　等）

組織維持・現在に影響

　現在の組織の状態を示す項目。数値が悪化した場合、事業運営に悪影響を及ぼす危険性が高い項目。
　（例：正社員離職率、平均給与　等）

組織維持・将来に影響

　今後の人材育成や組織風土の形成等に影響を及ぼす項目。
　（例：年次有給休暇取得率、研修受講日数　等）

　S社では、各項目の評価基準および配点ウェイトを定め、毎年、組織の健全性を100点満点で採点し、社内に公表しています。

(5) 成果・効果

　S社では、人事制度の見直しを行ってから3年が経過した2008年度頃から、ようやく業績悪化傾向に歯止めがかかってきました。2013年度は、東南アジアを中心とした海外市場が好調だったこと、景気回復の影響を受けて国内受注も増えたこと等の要因により、過去最高益となる見込みです（ただしこれらの要因には、一時的なものも含まれるため、S社の経営陣は、「業績回復は、まだ途上段階に

ある」と慎重な見方をしています)。

業績面では著しい成果が見られるS社ですが、ここで紹介した目標管理制度の見直しが業績回復に果たした効果として、経営陣は次の点をあげています。

① **経営戦略の社内への徹底と組織活動の効率化**

重視する経営指標の明示と業務目標への個別展開によって、経営戦略の実現に向けて各自のやるべきことが明確になり、全社が一丸となって、効率的に動きことができた。

② **事業と組織の体質強化**

組織の健全性をチェックする指標の中に「組織維持」や「将来」に関する項目を組み込んだことから、経営陣・従業員ともに「足元の利益回復」に焦るのではなく、中長期的な視野から、事業と組織の体質強化に取り組むことができた(「リストラ頼み」ではなく、本質的な面での業績回復につながった)。

③ **従業員のモチベーション向上**

従業員一人ひとりが自分の責任を自覚して、自律的に動くようになり、モチベーションが向上した。また、会社が良くなっていく様子が経営指標などの数字で示されることに張り合いを感じて、これまでよりも一生懸命に働く従業員が増えた。

④ **従業員(特に管理職、中堅社員)のデータ分析力等の向上**

各従業員が、情報やデータを的確に分析し、明確な根拠のもとに目標や計画や作成するようになった。また、目標や計画の進捗状況をしっかりと把握し、上長に報告するようになった。トラブルが発生しても、データを使って現象をしっかりと把

握し、因果関係等を分析したうえで適切な対応をとるようになった。

　S社では、今後、これらの取り組みを関連会社にまで広げて、グループ全体で効率的な動きができるようにしていくことを計画しています。そのためには、新規事業を行う関連会社のマネジメントを任せられる人材を育成することが急務であり、特に20歳代後半から30歳代前半の従業員のデータ分析力や計画・目標設定力の向上に力を注いでいます。

第5章

報酬と人件費の分析
～合理的な報酬決定と適正人件費の管理～

プロローグ

<課長>: 例えば、統計的手法を使って、人件費管理もできるかな？

<K子>: もちろん、できます。そこで、課長のお考えを確認したいのですが、課長は人件費の予測が難しいと思っていませんか？

: 思っているよ。実際に難しいし…。

: それは違いますよ。**人件費は、コスト予測の中でも、最も簡単なものの一つです**。社員の入退社はある程度予測がつきますし、給与も一定の仕組みの中で決まっているものでしょう。人件費の予測を行ううえで、不確定な要素は少ないのです。

: あっ！ また、人事の仕事を舐めたな。人件費管理は、そんなに甘くはないぞ。

: 勘違いしないでください。私は、「予測は簡単」と言っただけです。正確な予測ができたとしても、人員削減や給与カットが難しいわけですから、人件費の調整は簡単にはいきません。それぐらいのことは、私も分かっています。

: やっぱり人件費の予測は簡単だと言い張るのか。例えば、今、ここに社員の給与のデータあるけど、これで5年後の人件費の予測は立てられるのかな？

:できます。こういうときには、年齢と給与の関係性について統計的手法を使って分析すればよいのです。各社員の給与は、入社してから今までの昇給の積み重ねによって作られているものですから、**年齢と給与の関係性を見れば、当社の昇給の傾向が分かります。その傾向を使って、5年後の人件費の予測をすればよいのです。**

:なるほど。ところで、人件費が多いかどうかを判断できるようなデータはインターネット上で探せないかな?

:財務省や経済産業省のウェブサイトを見れば、産業別に財務状況を調べたデータも公表されています。それを見れば、同業他社に比べて人件費が多いのかどうかが分かります。

:えっ! そういうデータまでインターネット上に出ているのか。今は、インターネットで何でも調べられるようだね。

:そうですよ。ただし、**インターネットから情報を収集しても、それを分析できないのであれば、何の意味もありません。**ですから、**統計的手法を使ってデータ分析をするスキルも、絶対に必要**だと思います。

:そうか。私も、統計的手法の勉強をしなきゃダメだな。

:そうですよ。それならば、まずは、回帰分析をマスターすることですね。私が教えますから、一緒に統計的手法の勉強をしましょう。

1 報酬・人件費に関する分析のポイント

(1) データで「事実」をとらえ、分析者が「意味」を明確にする

　報酬や人件費に関するデータ分析とその活用は、人事部の仕事の中でも特に重要なものです。なぜならば、報酬は従業員にとって最も重要な関心事の一つであり、また、人件費は会社にとって業績に大きな影響を及ぼすコストの一つであるからです。人事部が、報酬や人件費を分析したうえで適切な対応をとらないと、従業員の定着率が悪化したり、人件費膨張により利益が出なくなったりして、最悪の場合、事業が継続できなくなってしまいます。

　このように重要度が高いにもかかわらず、報酬や人件費に関するデータ分析の中には、的確に行われていないものが数多くあります。「比較に使っているデータが妥当ではない」、「計算の仕方が誤っている」等、的確性を欠いてしまう要因はいくつかありますが、中でも最も多いのは、「データ分析の結論付けが正しく行われていない」というものです。

　例えば、次のような結論付けは、的確とは言えません。どこがおかしいのか、皆さんはお分かりになるでしょうか。

> ●自社の報酬水準は統計データよりも高いので、世間並みに引き下げることが必要である
> ●労働分配率（＝付加価値に占める人件費の比率）が統計データよりも高いので、人件費を削減しなければならない

　両方とも、分析者が「統計データよりも高い（低い）＝何かしらの問題がある」と思い込み、「統計データに近づけなければいけない」

と結論付けていることから、的確性を欠いた結論になっています。

例えば、自社の報酬水準を統計データと比較すれば、「世間水準よりも金額が高い」という「事実」は分かります。しかし、それが自社あるいは従業員にとって「問題があるかどうか」までは分かりません。もしかしたら、高い報酬水準に魅力を感じて、優秀な人材が多く集まり、それが自社の強みになっているのかもしれません。そうであれば、「世間水準よりも高い報酬」は、会社や従業員にとって問題どころか、自社の強さの源泉というべきものなのです。ですから、「自社の高い報酬を統計データの水準に近づけなければいけない」という結論付けは、的確性を欠いた、誤ったものになります。

2番目の「労働分配率が高いので、人件費を削減しなければならない」というのも同じです。自社と統計のデータを比較すれば、数値の高低という「事実」はつかめます。しかし、それが会社や従業員にとって問題があることかどうかまでは分かりません。

自社が、長期にわたり利益を出せない状態にあれば、報酬水準や労働分配率が統計データよりも高いという「事実」は、経営上の問題（利益を出せない要因）になるでしょう。

このように会社の現状や経営者の問題意識と照らし合わせたときに、はじめて、データ分析によってとらえた「事実」が意味を持ちます。この「事実」の持つ意味を論理的に、かつ明確に示すことによって、分析の結論に的確性が出てくるのです。

データ分析において重要なことは、「事実」の持つ意味を示すことです。データ分析を行う者は、このことを常に頭に入れておくことが必要です。

(2) 報酬の分析における2つの視点（「水準」と「格差」）

「第2章-3-(3)」では、散布図の見方として、「"水準"と"格差"の2つの視点を持つことが重要」と述べました。これと同じことが、

報酬の分析にも当てはまります。すなわち、**報酬の分析のポイント**は、「水準（＝平均がどれくらいか）」と「格差（＝幅・差がどれくらいあるか）」の２つの視点を持ち、両者を区別して考えることにあります。

なぜ、報酬の「水準」と「格差」を区別しなければならないのでしょうか。それは、両者の「作りだされる要因」および「影響を与える対象」が異なっているからです。

[図表5-1] 報酬の水準と格差の比較

	作りだされる要因	影響を与える対象
報酬の水準 （平均値）	その会社の業績 （＝人件費の原資）	人材獲得競争力 コスト競争力
報酬の格差 （上下幅・年齢差）	その会社の人事制度 （＝配分の考え方）	従業員の意識 組織風土

報酬の水準は、その会社の「業績」によって作り出されます。会社が儲け（付加価値）を出して、人件費の原資が潤沢になれば、報酬の水準を高くすることができます。また、同業他社と同じぐらいの儲けであっても、報酬水準を低く設定して人件費を抑えれば、コストが浮いた分だけ多くの利益を計上することができます。すなわち、報酬の水準は、その会社の業績によって作りだされるのと同時に、業績（特に利益）を決める要因でもあるのです。

報酬の水準が高ければ、それを社外にアピールすることによって、優秀な人材を獲得しやすくなります。その反面、同業他社と比べると人件費の負担額が多くなる可能性があります。このように、報酬の水準は、その会社の「人材獲得競争力」と「コスト競争力」に影響を及ぼします。なお、通常の場合、これら２つの競争力は二律背反の関係にあり、（報酬の水準を高くして）人材獲得競争力を強めれば、コスト競争力は弱くなります。このように考えると、その会社

にとって「適正」な報酬の水準とは、事業運営に必要な人材を獲得できる競争力を維持しながら、コスト競争力を最大限に高められる金額ということになります。

一方、報酬の格差は、その会社の人事制度によって決まります。個人の成果によって報酬が決まる人事制度のもとでは、同年齢でも報酬の上下幅は大きくなりますし、対照的に、年功的な人事制度のもとでは上下幅が小さくなります。「何を基準に、どれくらいの報酬の差をつけるか」ということは、その会社の人事制度に反映されており、そこから報酬の格差が作りだされます。

成果主義的な人事制度を持つ会社では、従業員の意識は「自分の成果を高めること」に向くようになり、その傾向が広がると結果重視・個人主義的な組織風土が形成されます。対照的に、年功的な人事制度を持つ会社では、従業員の意識は「安定志向」になり、それが「ぬるま湯的」な組織風土を形成することもあります。

このように、報酬の格差は、従業員の意識や組織風土に大きな影響を与えます。

これは、裏を返せば、「報酬の水準は従業員意識や組織風土に影響を与えないし、報酬の格差は人材獲得競争力やコスト競争力に影響を与えない」ということでもあります。

報酬の水準と格差は、全くの別物です。したがって、報酬の分析において、分析者は「今、調べている対象は水準なのか、格差なのか」ということを明確にしておかなければなりません。

そして、分析の結果、報酬の「水準」に関する問題点が見つかれば「人件費の原資」を見直すことによって、「格差」に関する問題点が見つかれば「人事制度」等を見直すことによって、解決を図っていくことが必要です。基本的に「水準」に関する問題は「格差」を変えても解決することはできません。ですから、報酬の「水準」と「格差」を区別して考えることが重要になるのです。

報酬の「水準」と「格差」を混同して考えると、大きな判断ミスをしてしまいます。
　例えば、「人件費膨張を抑制するために、成果主義的な人事制度を導入した」ということは、ここでいう判断ミスに該当します。なぜならば、人件費膨張は報酬の「水準」が関係することで、成果主義的な人事制度の導入という「格差」を変えたところで、調整することはできないからです。
　1990年代後半以降、成果主義的な人事制度を導入した日本企業の多くが、その後、人員削減などのリストラを実施せざるを得なくなりました。その背景には、報酬の「水準」と「格差」を混同してしまい、人件費膨張という「原資」の問題を「人事制度」で調整しようとした、当時の経営者や人事関係者の判断ミスがありました。

(3) 人件費を分解して、問題解決策を見つけ出す

　人件費の分析においては、労働分配率（＝人件費/付加価値）等の指標を統計データと比較して、人件費負担の重さ等を調べます。その結果、「労働分配率が高いから、人件費を削減しなければならない」と言ったところで、何の解決にもなりません。「報酬水準を下げる」、あるいは「人員を削減する」等、何によって人件費削減を図るのかを明確にしなければ、問題解決にはつながりません。
　人事管理におけるデータ分析においては、「事実」をとらえ、「意味」を考えて結論付けたうえで、具体的に「何を、どうすればよいのか」ということまでを示さなければなりません。会社の中で行われるデータ分析は、何らかの形で経営に役立つものでなければ、意味はないのです。
　人件費の分析において問題解決策を見つけ出すためには、一つひとつの要素を分解していくことが効果的です。
　人件費を、報酬水準、従業員数…に分解する。次に、報酬水準を、

正社員の報酬水準、パートタイム労働者の報酬水準…に分解する。次に、正社員の報酬水準を、一般社員の報酬水準と管理職層の報酬水準…に分解する。さらに、一般社員の報酬水準を、基本給、賞与…に分解する。

このように、人件費を分解して、問題解決策が見つかりそうなポイントを絞り込んでいくことによって、「何を、どうすればよいのか」という具体的な提言ができるようになります。

人件費のデータ分析を行うときには、「徹底的に分解して、掘り下げていく」という姿勢で臨むとよいでしょう。

[図表5-2] 人件費の分解

```
                    人 件 費
                       │
        ┌──────────────┼──────────────┐
   その他人件費    ＋    報酬水準    ×    従業員数
  （福利厚生費等）         │
                ┌────────┴────────┐
          正社員の報酬水準        パートの報酬水準
          ┌────┴────┐
    管理職層の報酬水準  一般社員の報酬水準
                       ┌────┴────┐
                    月例賃金      賞与
                    ┌──┴──┐
                   手当    基本給
```

1. 報酬・人件費に関する分析のポイント

2 報酬に関する統計用語の基礎知識

　報酬の分析においては、自社の給与データを様々統計データと比較します。その際、統計調査等で使われている用語を正しく理解し、適切な方法（例えば、分析対象となる給与の範囲を揃える等）で比較することが重要です。

　ここでは、官公庁の統計調査で使われている、主な用語の定義等を説明します。

　なお、官公庁の統計調査では、調査対象や時期、および主な用語の定義等をまとめているページが必ずあります。統計データを使うときには、最初に、そのページで用語の定義等を確認するようにしてください。

(1)「所定内給与」、「年間賞与その他の特別給与額」など

　厚生労働省「賃金構造基本統計調査」では、次の区分に基づき、給与を集計しています。

●きまって支給する現金給与額

　労働契約、労働協約あるいは事業所の就規規則などによってあらかじめ定められている支給条件、算定方法によって6月分として支給された現金給与額をいう。手取額でなく、所得税、社会保険料などを控除する前の額である。

　現金給与額には、基本給、職務手当、精皆勤手当、通勤手当、家族手当などが含まれるほか、超過労働給与額も含まれる。1カ月を超え3カ月以内の期間で算定される給与についても、6月に支給されたものは含まれ、遅払いなどで支払いが遅れても、6月

分となっているものは含まれる。給与改訂に伴う5月以前の追給額は含まれない。現金給与のみであり、現物給与は含んでいない。

● 所定内給与額

きまって支給する現金給与額のうち、超過労働給与額を差し引いた額をいう。超過労働給与額とは、次の給与の額をいう。

ア　時間外勤務手当：所定労働日における所定労働時間外労働に対して支給される給与
イ　深夜勤務手当：深夜の勤務に対して支給される給与
ウ　休日出勤手当：所定休日の勤務に対して支給される給与
エ　宿日直手当：本来の職務外としての宿日直勤務に対して支給される給与
オ　交替手当：臨時に交替制勤務の早番あるいは後番に対して支給される交替勤務給など、労働時間の位置により支給される給与

● 年間賞与その他の特別給与額

昨年1年間（原則として前年1月から12月までの1年間）における賞与、期末手当等特別給与額（いわゆるボーナス）をいう。賞与、期末手当等特別給与額には、一時的または突発的理由に基づいて、あらかじめ定められた労働契約や、就業規則等によらないで支払われた給与または労働協約あるいは就業規則によりあらかじめ支給条件、算定方法が定められていても、算定期間が3カ月を超えて支払われる給与の額および支給事由の発生が不確定なもの、新しい協約によって過去にさかのぼって算定された給与の追給額も含まれる。

したがって、この統計における「所定内給与額」と、自社の月例給与のうち「所定労働時間勤務した場合に支給される固定給部分（基

本給、役職手当、家族手当、住宅手当などの合計額）」とを対応させて比較分析を行えばよいということになります。

ただし、「賃金構造基本統計調査」の「所定内給与額」には、現金で支払われた通勤手当が含まれていますから、それを除いて分析したいのであれば、所定内給与額から通勤手当に相当する金額（厚生労働省「平成22年　就労条件総合調査」によれば約8,700円）を差し引いた額を使います。

時間外勤務手当も含めた月例給与の比較分析を行うときには「きまって支給する現金給与額」を、年間賃金の比較分析を行うときには「きまって支給する現金給与額×12（カ月）＋年間賞与その他の特別給与額」を使います。（この場合も、通勤手当を除いた分析をするのであれば、「きまって支給する現金給与額」から通勤手当相当分

[図表5-3] 厚生労働省「賃金構造基本統計調査」の給与区分

「賃金構造基本統計調査」の給与の区分		会社の給与の区分（例）
年間賞与 その他の特別給与額※1		年間賞与、報奨金など
きまって支給する現金給与額	（超過労働給与額）※2	その他（宿日直手当、交替勤務手当…） 休日出勤手当 深夜勤務手当 時間外勤務手当
	所定内給与額※3	通勤手当（現金給付） 生活関連手当（家族手当、住宅手当…） 職務関連手当（等級手当、役職手当…） 基本給
		（現物給付）

※1：「年間賞与　その他の特別給与額」は、調査年の前年1年間における支給額。
※2：「賃金構造基本統計調査」では、「超過労働給与額」のデータは示されていない。
※3：「賃金構造基本統計調査」の所定内給与額は、次の式で算出された額。
　　　所定内給与額　＝　きまって支給する現金給与額　－　超過労働給与額

8,700円を控除してください。)

　なお、年間賃金を「きまって支給する現金給与額×12（カ月）＋年間賞与その他の特別給与額」で算出する場合、次の点に注意してください。

1）時間外勤務手当は、6月分の時間外勤務手当支給額を12倍したもので、1年間の時間外勤務手当の合計額ではありません。
2）年間賞与は、前年1年間に支給された金額です。したがって、ここで算出した年間賃金は「ある年の月例給与」と「前年の賞与」を組み合わせたものとなっています。
3）「賃金構造基本統計調査」は、毎年2月下旬に、前年6月分の給与（賞与については前々年1年間の支給分）のデータが公表されます。自社と統計データとの間で集計対象時期がズレることがあります。

　同じく厚生労働省が実施している「毎月勤労統計調査」の給与データの区分も、これとほぼ同じです。ただし、「毎月勤労統計調査」では、超過労働給与額が「所定外給与」として明示され、また、「年間賞与その他の特別給与額」の代わりに「特別に支払われた給与（特別給与）」という区分で、賞与は、支給された月の給与データとして集計されます（前年の年間賞与ではありません）。

　なお、厚生労働省以外の機関（例：東京都）も、給与に関する統計調査の結果を公表しています。そのデータを分析に使う場合は、まず「用語の定義」等を見て、給与の区分の仕方や各区分に含まれる手当の範囲（特に通勤手当の取り扱い）等を確認してください。適切な分析を行うためには、自社のデータの区分・集計方法等を、分析に活用する統計のそれに合わせることが必要です。

[図表5-4] 賃金構造基本統計調査と毎月勤労統計調査の表示

【賃金構造基本統計調査（年齢階級別の給与額）の表示】

区分	企業規模計（10人以上）							
	年齢	勤続年数	所定内実労働時間数	経過実労働時間数	きまって支給する現金給与額	所定内給与額	年間賞与その他特別給与額	労働者数
	歳	年	時間	時間	千円	千円	千円	十人
男女計学歴計	43.4	12.3	165	11	334.8	307.4	875.5	2 821 087
～19歳	19.1	0.9	167	10	199.6	182.5	143.6	25 348
20～24歳	23.0	2.1	166	12	235.4	213.1	376.1	213 149
25～29歳	27.5	4.2	165	14	276.8	246.2	648.1	303 671
30～34歳	32.5	7.0	164	14	309.1	275.8	778.4	285 500
35～39歳	37.5	9.7	165	13	338.8	305.0	910.2	306 477
40～44歳	42.6	12.5	165	12	359.8	328.0	1006.1	344 931
45～49歳	47.5	15.3	166	11	373.7	344.3	1068.5	412 733
50～54歳	52.4	18.0	165	10	392.9	366.2	1172.3	359 816
55～59歳	57.4	20.0	165	9	388.4	365.5	1146.7	282 358
60～64歳	62.3	18.8	164	7	307.9	292.8	661.3	181 951
65～69歳	67.2	16.5	164	6	271.3	259.8	360.1	71 778
70歳～	73.1	17.6	162	4	251.0	243.3	252.1	33 374

資料出所：厚生労働省「令和3年 賃金構造基本統計調査」

【毎月勤労統計調査（月間現金給与額）の表示】
(事業所規模5人以上、就業形態計)

産業	現金給与総額		きまって支給する給与		所定内給与		所定外給与		特別に支払われた給与	
		前年比		前年比		前年比		前年比		前年比
	円	%	円	%	円	%	円	%	円	%
調査産業計	282,437	1.3	270,840	1.3	251,076	1.0	19,764	5.0	11,597	2.5
鉱業、採石業等	374,628	9.0	362,764	7.6	339,626	8.2	23,138	1.5	11,864	77.2
建設業	377,534	3.9	357,444	3.7	331,125	3.5	26,319	6.9	20,090	7.5
製造業	327,652	1.5	314,433	0.6	283,296	0.3	31,137	3.5	13,219	27.2
電気・ガス業	459,024	-0.6	443,607	-0.6	388,906	-1.1	54,701	3.3	15,417	-0.1
情報通信業	430,329	2.0	393,512	1.8	358,723	1.6	34,789	4.1	36,817	3.3
運輸業、郵便業	316,482	0.3	306,225	1.6	264,462	1.9	41,763	0.3	10,257	-27.0
卸売業、小売業	258,105	1.0	244,798	1.8	231,667	1.4	13,131	8.8	13,307	-12.3
金融業、保険業	388,218	1.1	371,414	0.7	343,943	0.8	27,471	0.1	16,804	12.8
不動産・物品賃貸業	326,241	-0.2	311,605	1.5	289,121	1.4	22,484	2.3	14,636	-26.3
学術研究等	415,276	2.7	383,087	1.1	355,051	1.4	28,036	-2.9	32,189	27.7
飲食サービス業等	121,787	7.7	120,535	8.0	114,577	6.7	5,958	44.5	1,252	-19.7
生活関連サービス等	207,673	4.4	200,112	3.4	191,241	2.5	8,871	25.2	7,561	43.7
教育、学習支援業	307,992	1.9	297,728	0.8	290,052	0.8	7,676	2.8	10,264	51.1
医療、福祉	264,240	1.3	259,029	1.5	244,132	0.9	14,897	12.2	5,211	-9.2
複合サービス事業	299,654	-3.6	285,271	-1.8	268,863	-1.9	16,408	1.0	14,383	-28.7
その他のサービス業	241,209	0.4	234,234	0.3	215,217	-0.1	19,017	5.4	6,975	5.0

資料出所：厚生労働省「毎月勤労統計調査 令和4年4月分結果確報」

(2) 実在者賃金、モデル賃金

給与水準を算出する場合、次の2つの方法があります。

① 実在者賃金

集計対象となる従業員(実在者)の給与の平均額を算出する方法。

最もシンプルな方法で、一般的には、給与水準の比較は、実在者賃金で行います。

なお、実在者賃金の場合、実在者の中に極端に給与が高い(低い)者がいると、それの影響を受けて、給与水準が高く(低く)なってしまうことがあります。このような場合、イレギュラーなデータを「外れ値」として集計対象から除外する等の工夫が必要となります。

実在者賃金は、自社と統計データとの間で実在者の属性が大きく異なると、給与水準の比較が適切にできなくなることがあります。例えば、自社の実在者の平均年齢が28歳、平均給与が28万円で、統計データの集計対象の平均年齢が35歳、平均給与が35万円だったとすると、平均給与同士(28万円と35万円)をそのまま比較したところで、どちらが高い水準にあるのか分かりません。

それならば、自社と統計データとの間で「30歳、係長クラス、扶養家族2人」のようにあらかじめ前提条件を合わせて、給与水準の比較を行ったほうがよいということになります。こういうときに用いられる手法が、次に説明する「モデル賃金」です。

② モデル賃金

　年齢、職務、家族構成等に一定の条件を設定したうえで、給与水準を算出する方法です。モデル賃金は、算出の仕方により、さらに次の2種類に分けられます。

1）実在者モデル賃金

　「30歳、係長クラス、扶養家族2人」のような前提条件を設定し、その条件に合致する従業員の給与データをピックアップする方法です。同じような年齢、立場にある従業員同士の給与を比較できるため、的確な判断ができます。

　ただし、前提条件に合致する従業員が実在しなければ、基本的にはこの算出方法を使うことはできません。

2）理論モデル賃金

　給与表や標準昇給率等を用いて、理論的に給与水準を算定する方法です。例えば、「22歳（1等級-1号）：22万円、23歳（1等級-4号）：22万4,000円、24歳（2等級-1号）：23万2,000円…」のように、標準的な昇給・昇格のパターンを設定して、各年齢の給与を算定していきます。給与制度を改訂する場合、新制度における給与カーブ（年齢別の給与の推移）の適正性を検証するために、この方法が用いられます。

　なお、理論モデル賃金の場合、標準的な昇給・昇格のパターンの設定の仕方次第では、実際に支払われている給与の額からズレてくることがあります（モデル賃金は、実在者賃金よりも高めの水準になる傾向があります）。自社のモデル賃金の算出においては、昇格パターンを適切に設定することがポイントになりますが、その際、「第4章-2-(2)」で紹介した「人材マップ」を活用するとよいでしょう。

モデル賃金は、一般的には、「新卒者入社で標準的に昇給する者の年齢に応じた給与の推移」として示されます。

　「賃金構造基本統計調査」では、「学校卒業後直ちに企業に就職し、同一企業に継続勤務しているとみなされる労働者」を「標準労働者」として、特別に給与水準を表示しています。このデータと自社のモデル賃金とを比較してみると、新卒・標準者の給与水準について分析することができます。

　なお、中央労働委員会の「賃金事情等総合調査」や東京都産業労働局の「中小企業の賃金事情」には、学歴、職種別のモデル賃金の

[図表5-5] 実在者モデル賃金と理論モデル賃金

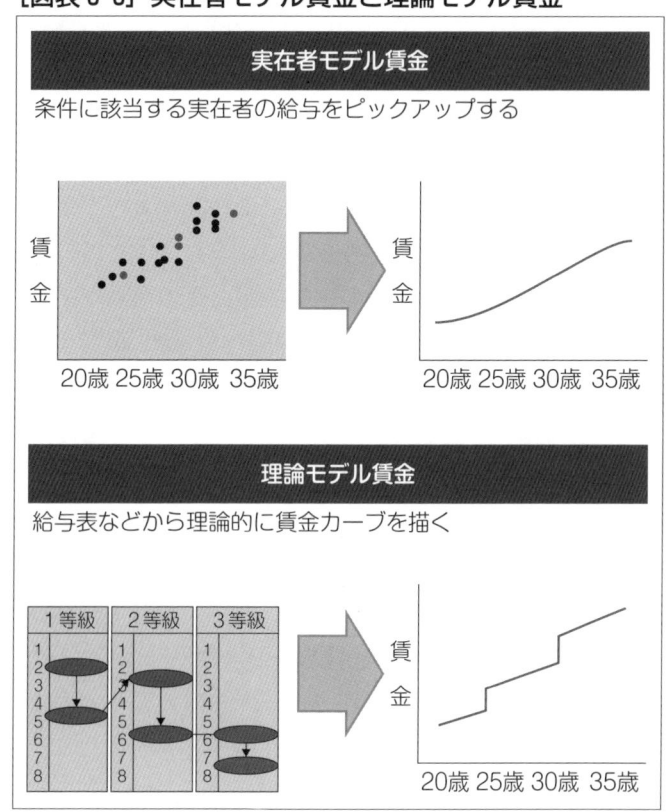

実在者モデル賃金
条件に該当する実在者の給与をピックアップする

理論モデル賃金
給与表などから理論的に賃金カーブを描く

2．報酬に関する統計用語の基礎知識

データが掲載されていますから、これと自社のモデル賃金を比較することもよいでしょう。

(3) 名目賃金、実質賃金

「名目賃金」とは、給与明細に示されている額面上の給与額のことで、「実質賃金」とは、名目賃金を消費者物価指数で割った金額のことを言います。

実質賃金＝名目賃金÷消費者物価指数

※消費者物価指数（Consumer Price Index：CPI）は、総務省統計局が毎月公表しています。データは、下記のURLから入手することができます。
http://www.stat.go.jp/data/cpi/

私たちが日常的に目にしているものは名目賃金で、基本的には、報酬管理にはこれが使われています。

実質賃金の分析は、物価が大きく異なる状況において必要になります。例えば、10万円の給与をもらっている人は1万円の商品を10個買うことができます。ところが、次の年、その商品が2万円に値上がりすると、前年と同じ10万円の給与では5個しか買えなくなります。すなわち、給与明細の額面上の金額は同じでも、物価が上昇すると、実際にはその金額で買えるモノやサービスの量は減ってしまいます。

このように考えると、給与の「購買力」（商品やサービスを買うことができる実力）を示すものは、実質賃金であることが分かります。実質賃金が減少すると、従業員の生活レベルが落ちてしまい、モチベーションの低下や退職率の上昇等を招くことがあります。したがって、物価が上昇している局面では、昨年度と今年度の実質賃金を比較して、それが大きく減少していないかどうかチェックすることも必要になります。

近年は、海外現地法人に駐在する従業員の給与を決定するときに、実質賃金の考え方を適用するケースも増えてきています。この場合、「海外駐在員の基本給与＝日本の名目賃金÷（現地の物価水準／日本の物価水準）」という考え方が適用されます。

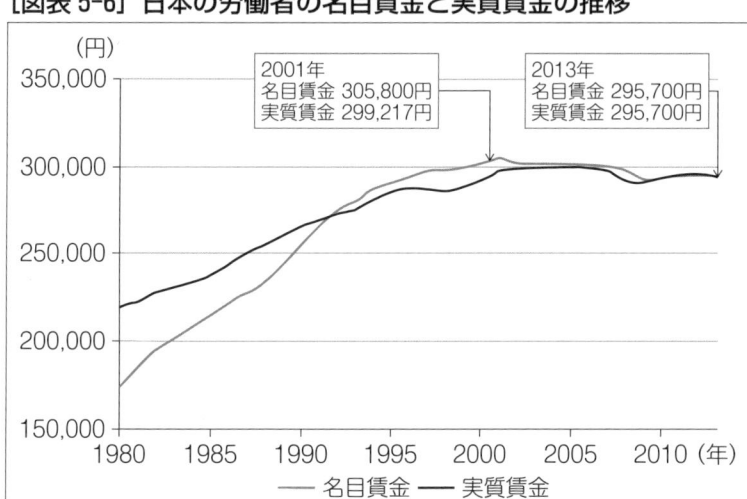

[図表5-6] 日本の労働者の名目賃金と実質賃金の推移

2001年
名目賃金 305,800円
実質賃金 299,217円

2013年
名目賃金 295,700円
実質賃金 295,700円

名目賃金 ── 実質賃金

（資料出所：厚生労働省「賃金構造基本統計調査」、総務省統計局「消費者物価指数」）

（4）消費支出、可処分所得

報酬水準と統計データの比較は、一般的には人材獲得競争力、コスト競争力の適正性を検証するために行われます。この場合は、主に同業他社の報酬水準との比較が行われ、そこでは、厚生労働省「賃金構造基本統計調査」のデータ等が使われます。

これ以外にも、現在の報酬水準で普通の生活が送れるかどうかを検証するために分析が行われることもあります。この場合には、給与額と一般家庭の支出（生計費）に関する統計データ等との間で比

較が行われます。

　家庭の支出に関する統計データは、総務省統計局「家計調査」(http://www.stat.go.jp/data/kakei/) に掲載されています。この統計調査の中で使われている主な用語の意味は、次のとおりです。

- ●**実収入**：いわゆる税込み収入であり、世帯員全員の現金収入を合計したもの。
- ●**実支出**：「消費支出」と「非消費支出」を合計した支出。
- ●**消費支出**：いわゆる生活費のことであり、日常の生活を営むにあたり必要な商品やサービスを購入して実際に支払った金額。
- ●**非消費支出**：税金や社会保険料など原則として世帯の自由にならない支出。
- ●**可処分所得**：「実収入」から税金、社会保険料などの「非消費支出」を差し引いた額で、いわゆる手取り収入のこと。これにより購買力の強さを測ることができる。

　　　　　　可処分所得＝実収入－非消費支出

　　　　　　可処分所得から消費支出を差し引いた残額が、貯蓄に回ったり、借金返済に充てられたりする。
- ●**平均消費性向**：可処分所得に占める消費支出の割合。可処分所得が、どれだけ生活費に費やされたかを示す。

　　　　　　平均消費性向＝消費支出÷可処分所得×100（％）
- ●**エンゲル係数**：消費支出に占める食料費の割合であり、生活水準の高低を表す一つの指標となる。

　　　　　　エンゲル係数＝食料費÷消費支出×100（％）

　「家計調査」のデータは、基本的に1カ月間の収入、支出額で表示されています。したがって、自社の月例給与額（超過労働給与額を含んだ総額。賞与の月割り分も含める）が「家計調査」の「実支出」を上回っているかどうか、あるいは、自社の月例給与の手取り額（税

[図表 5-7]「家計調査」と自社の月例給与等との対応

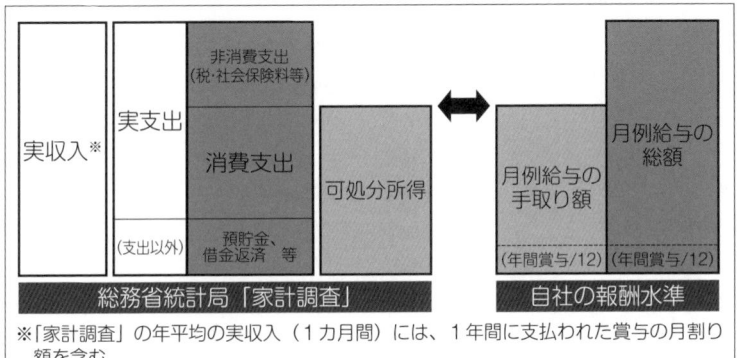

総務省統計局「家計調査」	自社の報酬水準

実収入※ ／ 実支出（非消費支出（税・社会保険料等）／消費支出／預貯金、借金返済 等）／（支出以外）／可処分所得 ⇔ 月例給与の手取り額（年間賞与/12）／月例給与の総額（年間賞与/12）

※「家計調査」の年平均の実収入（1カ月間）には、1年間に支払われた賞与の月割り額を含む。

金、社会保険料等控除後の額、賞与の月割り分を含める）が「家計調査」の「可処分所得」または「消費支出」を上回っているかどうかをチェックすることによって、生活面から見た報酬水準の適正性を検証することができます。

第5章 報酬と人件費の分析

2．報酬に関する統計用語の基礎知識

[図表5-8] 勤労者世帯の1カ月間の収入と支出

(単位:円)

項目			～29歳	30～39歳	40～49歳	50～59歳	60～69歳
世帯人員(人)			1.50	2.95	3.22	2.86	2.40
有業人員(人)			1.10	1.34	1.48	1.79	1.64
実収入			319,600	439,573	537,252	540,737	371,046
実支出			225,582	326,679	404,755	433,557	348,678
	消費支出		174,017	250,039	300,408	324,223	285,960
		食料	43,434	55,779	68,214	69,878	65,956
		住居	30,458	28,360	20,836	18,180	18,849
		光熱・水道	9,029	17,025	21,162	22,627	21,592
		家具・家事用品	3,921	8,096	8,757	9,705	9,964
		被服及び履物	8,786	11,317	13,642	12,647	10,508
		保健医療	3,917	8,940	9,990	11,075	12,384
		交通・通信	28,141	43,934	46,567	52,800	47,318
		教育	951	9,664	23,657	19,159	2,451
		教養娯楽	19,180	26,219	34,193	28,019	27,699
		その他の消費支出	26,200	40,706	53,390	80,131	69,238
	非消費支出		51,564	76,640	104,348	109,334	62,718
可処分所得			268,035	362,933	432,905	431,402	308,328
平均消費性向			64.92%	68.89%	69.39%	75.16%	92.75%
エンゲル係数(%)			25.0	22.3	22.7	21.6	23.1

資料出所:総務省統計局「家計調査」(2013年平均 速報)
「1世帯当たり1カ月間の収入と支出(総世帯のうち勤労者世帯)」のデータから抜粋。
※「家計調査」の年平均の実収入(1カ月間)には、1年間に支払われた賞与の月割り額を含む。

(5) 実態生計費、標準生計費、理論生計費

「家計調査」の消費支出は、調査対象となった世帯において実際に支出された金額の平均値を表示しています。このように、実際に支出された生活費を集計したものを「実態生計費」と言います。

ところで、「家計調査」の調査対象の中には収入が高い世帯も含ま

[図表5-9] 世帯人員別　標準生計費（2013年4月）

(単位：円)

	1人	2人	3人	4人	5人
食料費	26,470	30,270	42,780	55,270	67,760
住居関係費	49,860	52,580	47,360	42,150	36,930
被服・履物費	4,410	4,390	7,630	10,860	14,100
雑費Ⅰ	29,140	50,650	64,720	78,780	92,850
雑費Ⅱ	10,920	30,830	32,730	34,620	36,510
計	120,800	168,720	195,220	221,680	248,150

資料出所：「平成25年人事院勧告」（生計費資料）
※1：「雑費Ⅰ」は、保健医療、交通・通信、教育、教養娯楽の支出
「雑費Ⅱ」は、その他の消費支出（諸雑費、こづかい、交際費、仕送り金）

れており、その世帯も含めた平均値である「消費支出」は、一般的な感覚からすると、生計費としては高めの金額になります。そこで、「平均値」ではなく、最も世帯数が多い階層の支出額（最頻値）をもとに調整したデータが「標準生計費」です。

標準生計費は、公務員の給与を決めるときの参考資料として用いられています。全国の標準生計費は人事院のウェブサイト（http://www.jinji.go.jp/kyuuyo/f_kyuuyo.htm　最新の「人事院勧告」の「参考資料・生計費関係」を参照）から、また、各地域の標準生計費は各都道府県の人事委員会のウェブサイトから、データを入手することができます。

「実態生計費」は、1世帯が実際に支出した費用の平均値、「標準生計費」は、世間で多く存在する標準的な世帯（＝ありふれた世帯）が支出している費用ということになります。

ここで注意していただきたいことは、両方とも「最低生計費（＝生活するために必要となる最低限の費用）」を示したものではないということです。すなわち、自社の報酬水準が実態生計費や標準生計費を下回ったとしても、「従業員が生活できなくなる」ということで

はありません。

　最低生計費については、厚生労働省が「生活扶助基準額」を検討する際に作成する資料などに関連するデータが掲載されることがあります。必要に応じて、参考にするとよいでしょう。

　なお、最低生計費の算出方法としては、「マーケット・バスケット方式（＝最低生活を営むために必要な飲食物費や衣類などの個々の品目を一つひとつ積み上げて生活費を算出する方式）」があげられますが、このように理論的に算出する生計費を「理論生計費」と言います。国民の生活が多様化したこと（＝生活を営むための必要品目の絞り込みが難しいこと）、算出に手間がかかること等の理由により、理論生計費のデータは、最近では、ほとんど見かけなくなりました。

3 報酬の分析とモデル給与の算出

「報酬」には、月々支払われる月例給与、年に数回支給される賞与、そして、退職時に支給される退職金等があります。また、近年では、ストックオプションのような株式購入権の付与、あるいは希望する役職への昇進等、現金で支払われる給付以外の様々な特典も報酬に含めることもあります。

ここでは、報酬を、従業員に現金で支給される給与、賞与、退職金に絞り込み、それらを分析する手法について解説します。

報酬は、会社にとっては、労働力を維持するためのコスト（＝人件費）でもあります。したがって、報酬の適正性は、「従業員1人ひとりに支払う給与や賞与等の水準、格差が適正か」という観点と同時に、「報酬の総額である人件費が過重なコスト負担になっていないか」という観点からも検証されなければなりません。したがって、報酬の分析と合わせて、人件費の分析についても後ほど説明します。

"合理的な報酬決定と適正人件費の管理"は、企業経営の生命線です。人事関係者であれば、社内外のデータを的確に分析して、報酬や人件費に関する戦略や具体的な施策を企画できる力を身につけておくことが必要です。

(1) 報酬構造の分析

報酬の分析においては、まず、自社の報酬構造（給与体系）について調べます。ここでは、次の点を整理します。

- 報酬を構成する要素（基本給、諸手当、賞与等）
- 各要素の決定の仕組み、基準

●**各要素の支給対象者、平均支給額**

　報酬の構成要素および報酬を決定する仕組み・基準については、自社の給与規程等を見れば整理できます。(手当等の) 支給対象者および平均支給額は、実在者の給与データを使って分析を行います。

　基本給や手当の平均支給額を算出するときには、エクセルのピボットテーブルを使うとよいでしょう。これを使えば、ピボットテーブルの行ラベル等を置き換えるだけで、等級別、部門別等の様々な給与体系表を簡単に作成することができます。

　給与体系表を見れば、「等級ごとの平均給与額」(給与水準) および「等級ごとの平均基本給の格差」や「役職手当や家族手当等が報酬に占める割合」(給与格差の構造) 等が分かります。

　報酬制度の変更や手当の改定が行われなくても、従業員の構成が変わることによって、平均基本給や各手当の平均支給額は変化します。したがって、給与体系表は、毎年、一定の時期 (給与改定が行わた後等) に作成することが必要です。

[図表5-10] 給与体系表 (等級別・給与項目別平均支給額)

(単位：円)

等級	人数	所定内給与						合計	(比率)	所定外給与		月例給与総計
		基本給	(比率)	役職手当	(比率)	その他手当	(比率)			支給額	(比率)	
9	6	521,833	87.3%	50,000	8.4%	25,833	4.3%	597,667	100.0%	0	0.0%	597,667
8	10	450,600	88.5%	38,000	7.5%	20,500	4.0%	509,100	100.0%	0	0.0%	509,100
7	9	387,333	88.2%	30,000	6.8%	21,667	4.9%	439,000	100.0%	0	0.0%	439,000
6	29	349,034	82.6%	3,103	0.7%	16,897	4.0%	369,034	87.3%	53,555	12.7%	422,590
5	11	283,364	82.9%	909	0.3%	15,000	4.4%	299,273	87.6%	42,536	12.4%	341,809
4	11	242,682	83.2%	909	0.3%	13,636	4.7%	257,227	88.2%	34,545	11.8%	291,773
3	10	225,100	84.8%	0	0.0%	8,500	3.2%	233,600	88.0%	31,930	12.0%	265,530
2	11	200,773	89.5%	0	0.0%	0	0.0%	200,773	89.5%	23,582	10.5%	224,355
1	3	179,667	90.5%	0	0.0%	0	0.0%	179,667	90.5%	18,900	9.5%	198,567
総計	100	320,300	85.3%	10,600	2.8%	14,450	3.8%	345,350	91.9%	30,364	8.1%	375,714

(2) 散布図を使った報酬水準、格差の分析

　報酬の水準、格差は、散布図などを使って視覚的にとらえると、分析を効率的に行うことができます。

　エクセルを使った散布図に作成の仕方は、第2章-3-(2)で説明しました。まずは、年齢別に所定内給与、超過労働給与等を含む月例給与、月例給与に年間賞与を加えた年収の3パターンの散布図を作成します。

　各散布図には、「賃金構造基本統計調査」からピックアップした給与の世間水準のデータを重ねて表示すると、自社の報酬と世間水準との比較を容易に行うことができます。その際、世間水準のデータを「線」で表示すると、分かりやすいグラフになります（世間水準のデータのみを線で表示するときには、散布図上にプロットされている任意の点を右クリックし、表示されたボックスの［データ系列の書式設定］→［線の色］で色の選択を行ってください）。

　「賃金構造基本統計調査」からピックアップする統計データは、それぞれ次のとおりです。

① **自社の所定内給与**（所定労働時間勤務した場合に通常支払われる月例給与）

　統計データの「所定内給与額」（ただし、統計データは現金給付の通勤手当が含まれているので、必要に応じて、その分を差し引く）

② **自社の月例給与**（超過労働給与を含む月例給与）

　統計データの「きまって支給する現金給与額」（通勤手当については同上）

③ **自社の年収**（超過労働給与、賞与を含む年間給与）

統計データでは「きまって支給する現金給与額×12＋年間賞与その他特別給与額」を算出する（通勤手当については同上。また、年間賞与は前年実績のデータであることに注意する）。

散布図では、自社の報酬の水準（統計データの線よりも上にプロットされた点の多さ等）と格差（給与の最高額と最低額の差）を同時に見ることができます。

[図表5-11]は、サンプルデータの男性社員の月例給与の散布図です。これを見ると、次のことが分かります。

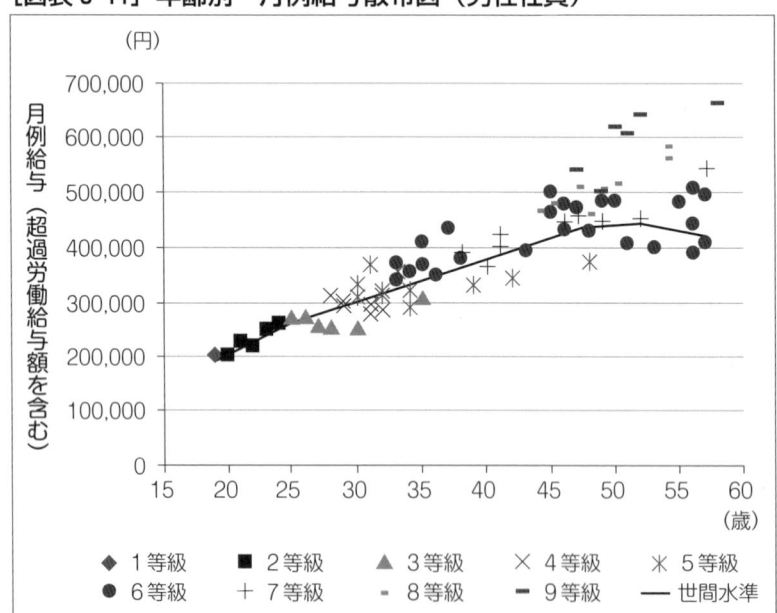

[図表5-11] 年齢別・月例給与散布図（男性社員）

資料出所：厚生労働省「平成25年賃金構造基本統計調査」
　　　　　データは、「産業計・規模10人以上、男性労働者・学歴計」の「きまって支給する現金給与額」

- この会社の月例給与は、30歳までは世間水準並み、30歳を超えると世間水準を上回る。特に45歳以降の管理職層（8等級、9等級）は、世間水準を大幅に上回る。
- 5等級までは月例給与の格差は小さいが、監督者層の5、6等級、管理職層の7等級以上は、格差が大きい。
- 一般職の最上位である6等級と管理職層の最下位であり7等級との間で月例給与の逆転（等級が低いほうが給与が高くなる現象）が生じている。7等級は、時間外労働手当の支給対象から外れる代わりに役職手当が支給されるが、役職手当の額が6等級の時間外労働手当の支給平均額を下回ることが、給与の逆転を引き起こしている。役職手当支給額の見直し等が必要である。

このように、散布図を使って報酬の水準、格差を分析すれば、現状の給与体系の問題点や改善の方向性が見えてきます。

(3) 箱ひげ図（株価チャート）を使った報酬格差の分析

等級や役職ごとの給与格差を見るときには、箱ひげ図（株価チャート）を使うとよいでしょう。

箱ひげ図とは、「箱」と「線」を使ってデータを表すグラフで、ここでは、各等級の最高額と最低額を「線」で、第3・四分位数と第1・四分位数との間を「箱」で示します。こうすれば、線の間が各等級の給与が存在する範囲、箱の間が各等級の中間50％の給与が存在する範囲を示すことになります。

[図表5-12] は、サンプルデータの男性従業員の等級別月例給与の箱ひげ図です。これを見れば、次のことが分かります。

- 1等級から5等級までは給与格差が小さいが、6等級以上は

給与格差が大きい。なお、3等級や8等級は、他の等級と比べて、中間50%（第3・四分位数と第1・四分位数との間。箱の上下幅で示される部分）が集中している。「人事評価が標準評価に固まっていないか」等のチェックが必要である。
- ●6等級から8等級までが、上下の等級間で給与の重なりが大きい。6等級の最高給与は、7等級の標準者の上位（第3・四分位数）とほぼ同額、7等級の最高給与は、8等級の標準者の上位を上回っている。6等級、7等級の最高給与の従業員の職務内容等を確認し、等級格付けの見直し、または、給与の引き下げ等を検討することが必要である。

［図表5-12］等級別・月例給与箱ひげ図（男性社員）

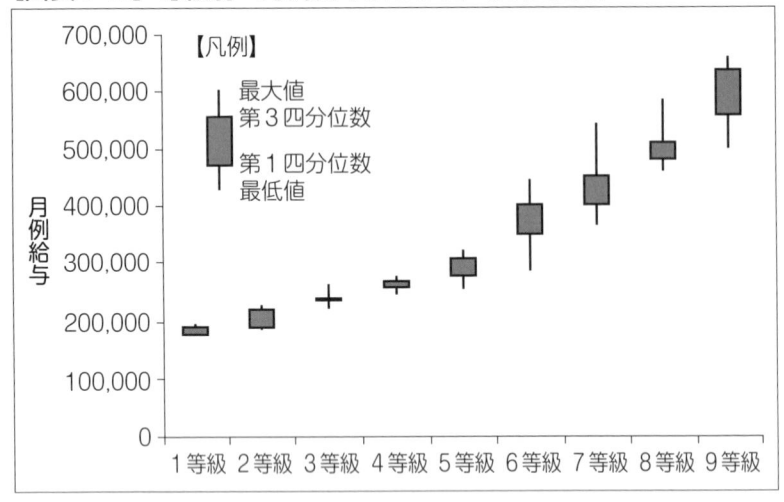

等級別給与箱ひげ図を見るときには、次の点に注目します。

① 各等級の線、箱の上下幅

　　線、箱の上下幅が大きいほど格差が大きい給与構造と言えま

す。また、線の上下幅が大きいのに、箱の上下幅が小さい場合には、「標準的な従業員の給与は集中しているものの、極端に給与が高い（低い）従業員が存在する」ということになります。

② ある等級と１つ上の等級との給与の重なり（[図表5-13] 参照）

　上下の等級間の給与の重なりが大きい場合は、等級による給与格差が小さい構造と言えます。このような傾向は、年功的な給与体系を採用している会社に多く見られ、昇格しなくても上位等級と同額の給与額になり得ることから、従業員の昇格に対する意欲が弱いという特徴があります。

　逆に、上下の等級間の給与の重なりが小さい場合は、昇格しなければ給与も増えない体系となっていることが多く、従業員が個人主義に陥っていたり、同一等級に長期滞留している（＝給与が上がらない）従業員がモチベーションを低下させていたりすることがあります。

[図表 5-13] 等級別・月例給与箱ひげ図の見方

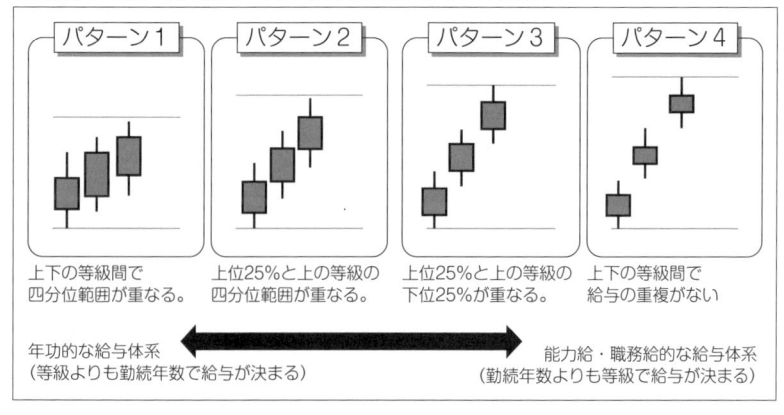

パターン１	パターン２	パターン３	パターン４
上下の等級間で四分位範囲が重なる。	上位25％と上の等級の四分位範囲が重なる。	上位25％と上の等級の下位25％が重なる。	上下の等級間で給与の重複がない

年功的な給与体系
（等級よりも勤続年数で給与が決まる）
⇔
能力給・職務給的な給与体系
（勤続年数よりも等級で給与が決まる）

パソコン操作 20 【等級別給与（箱ひげ図）の作成】

[1] 箱ひげ図の元となる表の作成

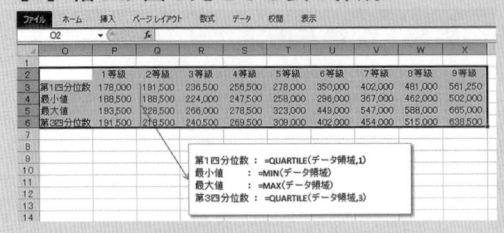

エクセルの関数式（第2章-6-(1)参照）を使って、各等級の給与の最大値、最小値と四分位数を計算します。

箱ひげ図の元となる表を作成するときには、左図のように「第1四分位数、最小値、最大値、第3四分位数」の順番に並べます。

[2] グラフから「株価チャート」を選択する

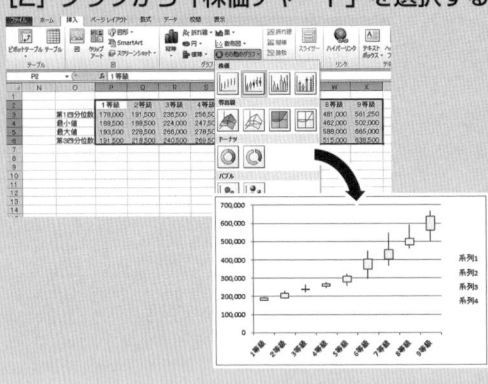

①で作成した表を指定した状態で、[挿入] タブ→[グラフ]→[株価] を選択します。これで、箱ひげ図が表示されます。

なお、各等級の最大値等を表示するときには、[グラフツール]→[レイアウト]→[データラベル] でデータを表示するように設定してください。

(4) 回帰分析によるモデル給与の算出

　年齢と給与の散布図を作成したら、それを使って年齢と給与の関係を調べる回帰分析を行ってみましょう。ここでは、サンプルデータの男性従業員の所定内給与を使って回帰分析を行います。なお、散布図を使った回帰分析の進め方は、第3章-4の [パソコン操作15]

を参照してください。

　サンプルデータの場合、エクセルで回帰分析を行うと、年齢と所定内給与の関係を表す回帰式として「$y=9,037x+3,179.4$」（x：年齢、y：所定内給与）が表示されました。R－2乗値は、0.7087で、年齢と所定内給与の関係性は強いと判断してよいでしょう。この式のxに、「25歳、30歳…」という具合に年齢を代入すると、年齢ごとのモデル所定内給与を算出することができます。

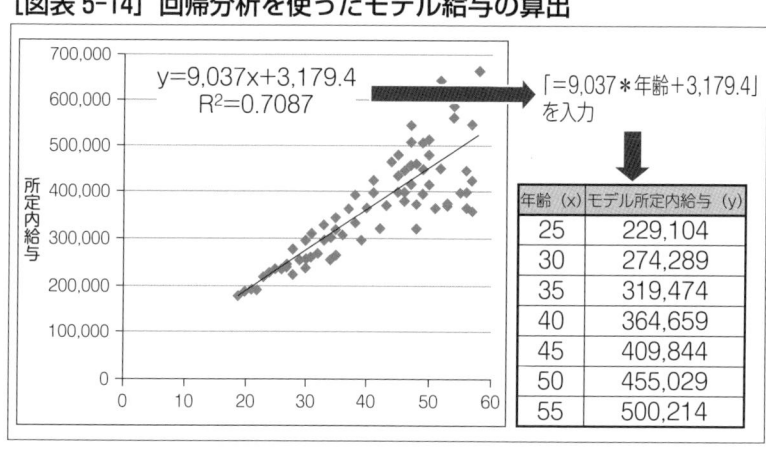

［図表5-14］回帰分析を使ったモデル給与の算出

$y=9,037x+3,179.4$
$R^2=0.7087$

「＝9,037＊年齢＋3,179.4」を入力

年齢（x）	モデル所定内給与（y）
25	229,104
30	274,289
35	319,474
40	364,659
45	409,844
50	455,029
55	500,214

　年齢ごとに実在者の給与の平均値を算出してモデル給与の表を作成すると、極端に高い（低い）給与の従業員が存在する年齢のモデル給与が前後の年齢に比べて突出して高く（低く）なり、凹凸が激しい給与カーブになってしまうことがあります。

　回帰分析（直線回帰）を使うと、全体の傾向から各年齢のモデル給与を算出しますから、極端に高い（低い）給与が少数存在していても、それがならされて直線的な給与カーブが得られます。

　また、データ処理に慣れてしまえば、各年齢の給与の平均値を算出するよりも、回帰分析を使ったほうがモデル給与の算出は短時間

で行えるようになります。

このように、回帰分析を使ったモデル給与の算出には様々なメリットがあり、近年、多くの会社が回帰分析を使ってモデル給与を算出するようになっています。

(5) 報酬傾向の分析と昇給管理への応用

回帰分析を用いてモデル給与を算出することには、モデルとしての使いやすさや算出の手軽さだけではなく、もう一つのメリットがあります。それは、回帰分析によって、「報酬の傾向を読み取れる」ということです。

先ほどのモデル所定内給与の回帰式を次のように変形します。

$$y = 9,037x + 3,179.4$$
$$= 9,037(x-22) + (9,037 \times 22) + 3,179.4$$
$$= 9,037(x-22) + 201,993.4$$

ただし、x：年齢、y：所定内給与

この算式は、x（年齢）が1つ増えるごとに、y（所定内給与）は9,037円増加し、また、xが22（歳）のとき、yが201,993.4円であることを示しています。すなわち、この会社は、大卒初任給が201,993円で、毎年9,037円ずつ昇給する給与体系となっていることを示しています。このように回帰分析を使うと、その会社の給与の傾向が、大まかに分かります。

ところで、昇給（賃上げ）においては、「定期昇給（＝定昇）」と「ベースアップ（＝ベア）」という用語がよく使われます。**定期昇給**とは、勤続年数（年齢）が増えることにより自動的に行われる昇給のことで、「給与カーブ維持分の昇給」とも呼ばれます。一方、ベー

スアップとは、その会社の給与カーブ全体を引き上げる（上積みする）ことで、基本的には、物価上昇への対応や従業員の生活水準引き上げ等のために行われます。

　サンプルデータの場合、従業員は1歳年をとるごとに9,037円ずつ給与が上昇する傾向がありますから、この「9,037円」が、賃上げの「定期昇給」に相当することになります。したがって、この定期昇給額を対象者（男性従業員）の所定内給与平均額（＝368,145円）で割った「2.45％」が定期昇給率ということになります。

　仮に、この会社で、年齢上昇に伴う給与の上昇幅を大きくするのであれば、定期昇給率「2.45％」が「2.5％」や「3.0％」になり、回帰式のx（年齢）の前についている数字「9,037円」が「9,200円」「11,000円」と増えていきます。その結果、給与カーブの傾きは大きくなります（＝勾配が急になる、立ってくるとも言います）。

　ベースアップを行えば、初任給を含めて全体の給与カーブが上昇することになりますから、例えば、従業員1人につき5,000円のベースアップを行えば、回帰式の「201,993円」は「206,993円」になります。この場合は、給与カーブの傾きには変化はなく、そのまま上方に平行移動することになります。

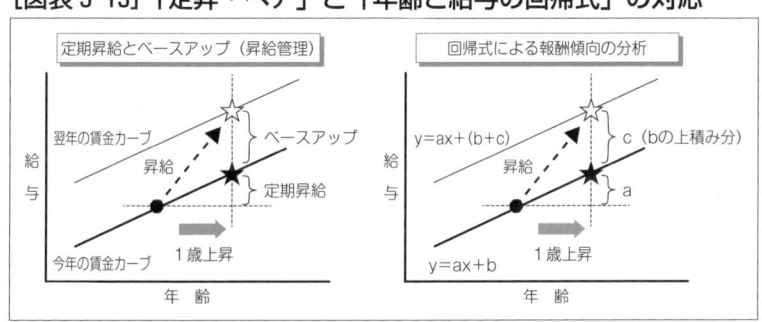

[図表5-15]「定昇・ベア」と「年齢と給与の回帰式」の対応

　給与表（年齢や等級・号ごとに支給する給与額を定めた表）によっ

3．報酬の分析とモデル給与の算出

て報酬管理を行っている会社では、各従業員の1年後の給与額を予測できるため、そこから「定期昇給」の平均額や昇給率も把握できます。

ところが、近年、給与表を使わずに報酬管理を行っている会社が増えており、そこでは、「定期昇給」と「ベースアップ」を区分することができません。このような会社でも、昇給に必要な原資を計算するとき、あるいは労働組合と交渉するとき等は、「定期昇給（現行の給与カーブを維持するために必要な賃上げ）」に相当する金額や率を算出することが必要になります。

そういうときに、年齢と給与の回帰分析を行い、x（年齢）の前につく係数（y＝ax＋bの"a"の数値）を定期昇給に相当する額として使うことができます。

年齢と給与の関係を表す回帰式は、昇給原資の配分方法を検討するときにも使うことができます。

例えば、「20万円、30万円、50万円」の3人の従業員の給与について、月ベースで「3万円」、従業員1人あたりに換算すると「平均1万円、給与比で3.0％」増やせる見込みがたったものとします。

この場合、昇給原資の配分には、2つの方法があります。

1つ目は、全員の給与に一定額（1万円）を加算する方法です。年齢と給与の回帰式にそって考えれば、y＝ax＋bの"b"に上積みをすることであり、ベースアップの実施とも言えます。この場合、賃金カーブは、上方に平行移動します。

2つ目は、全員の給与に一定率（1.03）を乗じる方法です。y＝ax＋bで考えれば、"a"を大きくすることであり、定期昇給率を大きくしたとも言えます。この場合、賃金カーブの勾配は急になります。

さて、両者を比較してみると、「一定額を加算する方法」のほうが、その時点で給与が低い者にとって有利（昇給額は変わらないが、昇給率が高くなる）に働き、逆に、「一定率を乗じる方法」は、その時

[図表5-16] 昇給原資の2通りの配分方法

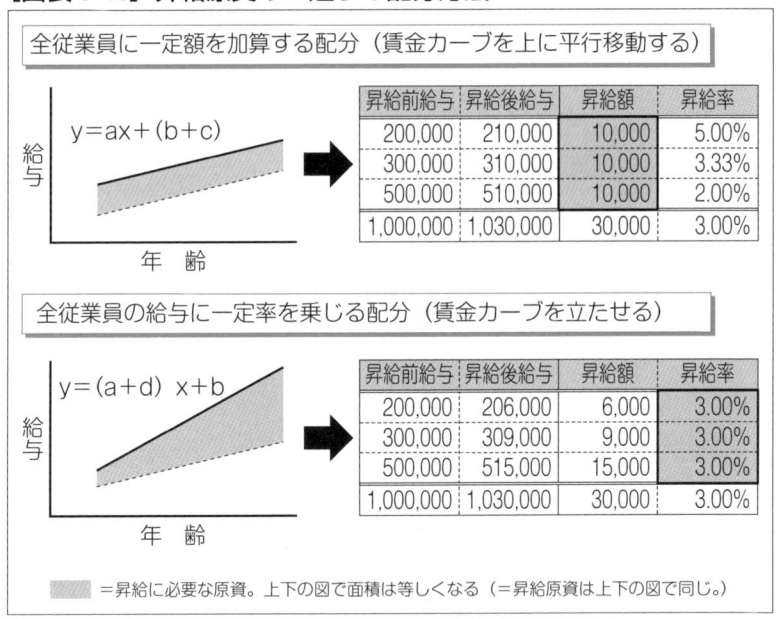

全従業員に一定額を加算する配分（賃金カーブを上に平行移動する）

$y = ax + (b+c)$

昇給前給与	昇給後給与	昇給額	昇給率
200,000	210,000	10,000	5.00%
300,000	310,000	10,000	3.33%
500,000	510,000	10,000	2.00%
1,000,000	1,030,000	30,000	3.00%

全従業員の給与に一定率を乗じる配分（賃金カーブを立たせる）

$y = (a+d)x + b$

昇給前給与	昇給後給与	昇給額	昇給率
200,000	206,000	6,000	3.00%
300,000	309,000	9,000	3.00%
500,000	515,000	15,000	3.00%
1,000,000	1,030,000	30,000	3.00%

＝昇給に必要な原資。上下の図で面積は等しくなる（＝昇給原資は上下の図で同じ。）

点で給与が高い者にとって有利になる（昇給率は変わらないが、昇給額は多くなる）ことが分かります。

　どちらが適切な昇給配分になるのかということは、それぞれの会社の給与の状況、および経営の考え方によって決まります。若手の給与の底上げを図りたい会社は、「一定額を加算する方法」が適切と考えるでしょうし、能力や職務が高い従業員の給与水準を優先的に引き上げたい会社は「一定率を乗じる方法」が適切ということになります。

　このように、年齢と給与の関係を表す回帰式（$y = ax + b$）は、昇給原資の具体的な配分を検討するときに活用することができます。人事関係者は、昇給の時期になったら自社の給与データの回帰分析を行い、現時点における給与の傾向を把握したうえで、昇給原資の配分を検討してみてください。

(6) 多項式回帰によるモデル給与の算出

　多くの日本企業において、従業員の賃金カーブは「Ｓ字」を描きます。これは、一人の従業員について、若いうちは昇給を抑えめにして、30歳から50歳までの「脂が乗り切った年代」に一気に給与水準を引き上げ、50歳以降は再び昇給を押さえて給与額を横ばいにする、という給与管理を行うところから生じるものです。

　ここまで説明してきた年齢と給与の回帰分析は、「直線回帰」を使っており、「年齢の上昇に伴い、直線的に（一定の額ずつ）給与が増えていく」ことを前提としています。したがって、Ｓ字カーブを描く給与体系のもとでは、実際の給与と回帰式で求めたモデル給与との間に大きな乖離が生じてしまいます。

　50歳以降の給与について、実際は横ばいになっているのですが、モデル給与上は一定額ずつ上昇し続けることになっているため、定年直前の実際の給与よりもモデル給与のほうが大幅に高額になっているケースを頻繁に見かけます。このような定年直前のモデル給与をもとに退職金制度や定年後の再雇用制度を設計すると、モデル給与を使って設計したものよりも、実際に支払われる退職金額や再雇用時の給与が大幅に少なくなり、対象者の老後生活に支障をきたすことにもなりかねません。

　実際の給与とモデル給与との乖離を小さくするためには、モデル給与もＳ字カーブを描くように算定すればよいということになります。3次方程式のグラフは「Ｓ字」を描きますので、回帰分析においても「多項式回帰（3次）」を使えばよいのです。

　[図表 5-17] は、サンプルデータの6等級以下の男性従業員の基本給について、直線回帰と多項式回帰を行った結果を同じ散布図上に表示したものです。これを見ると、太線の近似曲線（3次式のモデル給与）のほうが直線回帰（点線）よりも、実際の給与にうまく当てはまっていることが分かります。特に50歳以降の近似曲線（モデ

ル給与）については、直線回帰は上昇し続け、多項式回帰は横ばいになっており、定年間際のモデル給与は、両者の間で大きな差が生じています（実際には、この会社は50歳以上の従業員の定期昇給は行っていませんから、多項式回帰を使ったモデル給与のほうが実態に近いと言えます）。

多項式回帰の進め方は、第3章-4の［パソコン操作15］で紹介した直線回帰とほぼ同じで、操作の違いは［近似曲線のオプション］で「多項式近似・次数3」を選択することだけです。

年齢と給与の関係を示す3次式が表示されたら、xに「25、30…」と年齢を代入すれば、モデル給与を算出することもできます。

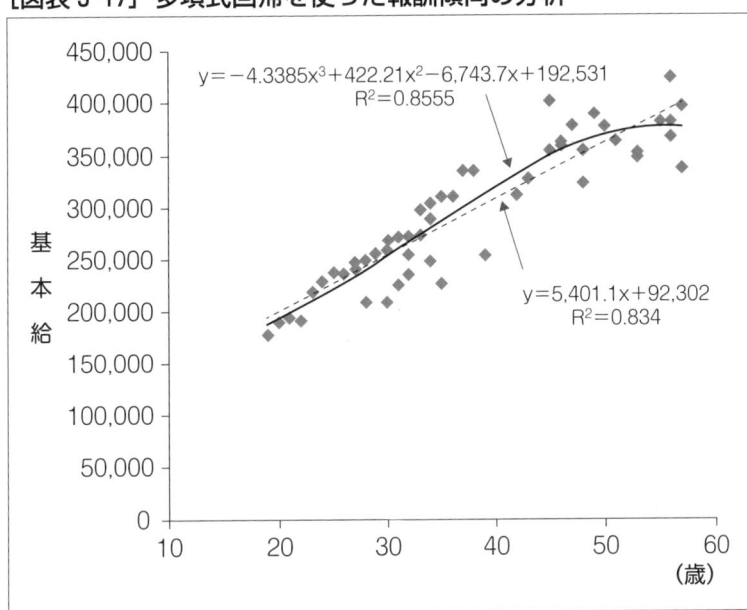

［図表5-17］多項式回帰を使った報酬傾向の分析

$y = -4.3385x^3 + 422.21x^2 - 6,743.7x + 192,531$
$R^2 = 0.8555$

$y = 5,401.1x + 92,302$
$R^2 = 0.834$

なお、多項式近似では、直線回帰で説明したような「定期昇給相当部分」の切り分け（$y = ax + b$の"a"の算出）はできません。多項式回帰は、S字カーブを描く給与体系のモデル給与を実態に近い数

値で算出するための方法であって、それ以上の報酬の傾向の分析には向いていないと考えておいたほうがよいでしょう。

　ここでは、手当を含めた「所定内給与」ではなく、「基本給」だけモデル給与を算出しました。モデル給与の統計データには、「35歳、係長、扶養家族2人」等のようにモデル条件が設定されていることが多く、これと比較するときには、自社のモデル給与は「基本給」だけを対象に算定し、それに統計調査のモデル条件に合わせて、役職手当や家族手当等を加えていくほうが、適切な分析ができます。

　さらに、モデル給与は、「新卒入社で継続勤務している者」だけに対象を絞り込んで算出することもあります。自社の給与データに、「入社の経緯（新卒か中途か）」や「学歴（大卒か高卒か）」を識別できるデータが入力されていない場合は、年齢から勤続年数を差し引いた「入社時年齢」を算出し、それが「18（歳）」の場合は「高卒新卒」、「20（歳）」の場合は「短大、専門卒新卒」、「22、23（歳）」の場合は「大卒新卒」とする等の処理を行うとよいでしょう。

　厚生労働省の「賃金構造基本統計調査」には、「標準労働者」というカテゴリーで、上記の方法（年齢から勤続年数を差し引いた数が一定の年齢に該当するかどうかで判断する方法）に基づき、「学校卒業後直ちに企業に就職し、同一企業に継続勤務しているとみなされる労働者」の給与のデータを掲載しています。自社も同様の方法でモデル給与を算出し、このデータと比較してみるとよいでしょう。

(7) 重回帰分析によるモデル給与の算出

　ここまで、年齢と給与の関係性、すなわち、年齢の上昇に伴って給与がどのように変化するかという観点から報酬傾向の分析を行ってきました。

　基本的に、新卒採用を労働力調達の主要手段としている会社では、

年齢と勤続年数との相関が強く、また、勤続年数が増えて経験を積む中で能力が向上し、担当する職務も高度なものになりますから、年齢と給与の関係性を見れば、勤続年数、能力、職務と給与との関係性も大まかにつかむことができます。

しかし、「専門性を有する即戦力の確保を重視している会社」や「従業員の離職率が高く、従業員の入退社が常に発生している会社」では、労働力確保は中途採用が中心となるため、給与は年齢以外の要素（例えば、その業界での経験年数等）もかかわって決定されるようになります。

例えば、IT業界や介護業界等の場合、給与の世間相場がかかわってくる「年齢」と、専門性の高さや業務の習熟度を表す「経験年数（＝自社での勤続年数と同業界における他社での勤続年数の合計）」という2つの要素で、給与が決まる傾向があります。こうなると「年齢と給与の回帰分析」のように、給与（＝従属変数）に影響を与える要素（＝独立変数）を年齢だけに絞り込んで行う回帰分析（＝単回帰分析）よりも、「年齢、経験年数と給与との間の回帰分析」のように、独立変数を2つ以上設定して行う回帰分析のほうが的確な分析ができます。

このように**独立変数を2つ以上設定して行う回帰分析**を「**重回帰分析**」といいます。

ここでは、Q社（介護サービス業、従業員数100名）の給与データについて、年齢と経験年数との間の重回帰分析を行い、その進め方と使い方を説明します。

[図表5-18] は、Q社の年齢別経験年数散布図、および年齢別所定内給与散布図です。Q社は、中途採用者が多いために年齢と経験年数との相関はほとんど見られませんし、年齢と所定内給与との相関も普通の日本企業と比べると弱くなっています。

これまでは、中途採用者の給与については、本人希望等に基づい

て個別に決定してきましたが、様々な問題が生じてきたため、今後は、それを年齢および経験年数に応じた一定の基準により決定することにしました。そのため、年齢と経験年数の２つの変数による給与の早見表（モデル給与）を作成することにしました。

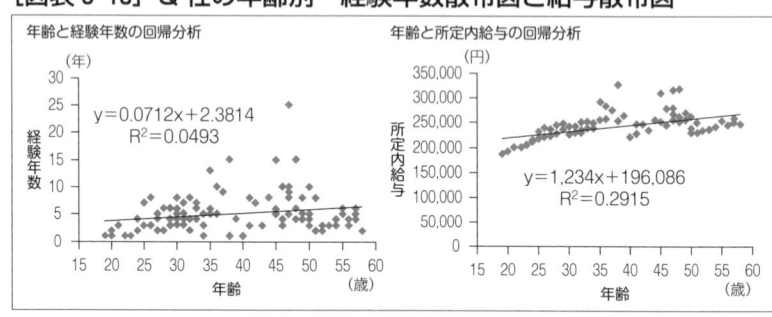

[図表5-18] Q社の年齢別・経験年数散布図と給与散布図

年齢と経験年数の回帰分析: $y=0.0712x+2.3814$, $R^2=0.0493$

年齢と所定内給与の回帰分析: $y=1,234x+196,086$, $R^2=0.2915$

　モデル給与の作成においては、まず、年齢、経験年数の２つを独立変数（x）に、所定内給与を従属変数（y）に置いた重回帰分析を行います。エクセルの操作は、**[パソコン操作21]** のとおり行ってください。

　重回帰分析の結果は、**[図表5-19]** のとおり表示されます。ここでは、報酬分析でチェックするべき項目に絞り込んで、その見方を説明します。

- ●重相関R、重決定R2：相関係数、単回帰分析におけるR－2乗値（決定係数）と、ほぼ同じです。ただし、重回帰分析では、これらよりも、その下に表示されている「補正R2」のほうをチェックしてください。
- ●補正R2：「自由度修正決定係数」と呼ばれるもので、データ数（厳密に言えば、自由度）を考慮して補正した決定係数です。

パソコン操作 21 【重回帰分析による給与の傾向分析】

[1] データを入力し、「回帰分析」を選択する

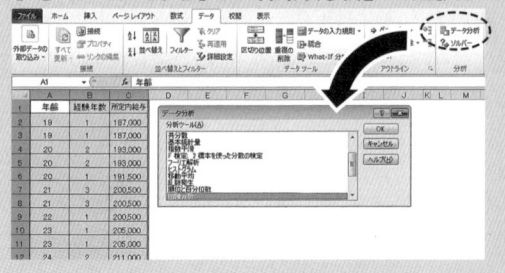

エクセルシートに、従業員の年齢、経験年数、所定内給与のデータを入力します。「データ」タブの[分析]から[データ分析]→[回帰分析]を選択します。
※エクセルの「データ分析」は、アドインソフトです。インストールについては、第2章-1を参照してください。

[2] データの領域を指定する

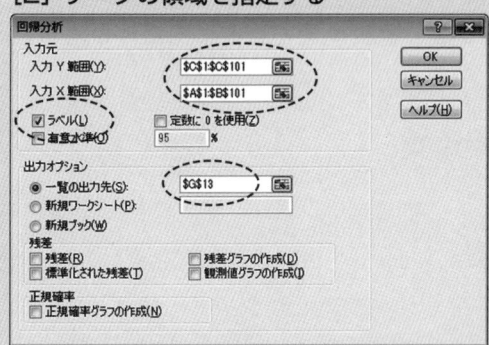

表示されたボックスに必要事項を入力します。この例の場合は、「入力Y範囲」は、所定内給与のデータ領域、「入力X範囲」は、年齢および経験年数のデータ領域になります。なお、Y範囲、X範囲の「項目行」も含んで領域指定した場合は、「ラベル」にチェックを入れてください。「出力先」を指定して、[OK]ボタンをクリックすれば、回帰分析の結果が表示されます。

この値が「1」に近いほど、重回帰式がデータによくあてはまることを示します。補正R2が「0.5以上」であれば、その重回帰分析の結果を使うことができると考えれば

よいでしょう。

分散分析表の「回帰、残差、合計」は、ここでは使いません。

●係　数：各独立変数の係数となる数値で、これを用いて重回帰式を表します。この例の場合、重回帰式は次のようになります。

$$y = 183468.5 + 856.6746\, x_1 + 5298.594\, x_2$$

（ただし、x_1：年齢、x_2：経験年数、y：所定内給与）

●ｔ：「係数」を「標準誤差」で除した数値で、各独立変数の影響度を示します。この例の場合、所定内給与は年齢（t＝8.413217）よりも経験年数（t＝16.68915）に大きく影響を受けていることが分かります。

●P－値：「係数が０である」という帰無仮説を検定するもので、一般的に、この値が「５％未満」であれば、帰無仮説を棄却して、その独立変数と従属変数との間に関係性があると

[図表5-19] 重回帰分析の結果

概　要

回帰統計	
重相関 R	0.903871
重決定 R2	0.816982
補正 R2	0.813208
標準誤差	11300.38
観測数	100

分散分析表

	自由度	変動	分散	観測された分散比	有意 F
回帰	2	5.53E+10	2.76E+10	216.5013276	1.7E-36
残差	97	1.24E+10	1.28E+08		
合計	99	6.77E+10			

	係数	標準誤差	t	P-値	下限95%	上限95%	下限95.0%	上限95.0%
切片	183468.5	4053.282	45.26418	4.93372E-67	175423.8	191513.1	175423.8	191513.1
年齢	856.6746	101.8249	8.413217	3.52594E-13	654.5805	1058.769	654.5805	1058.769
経験年数	5298.594	317.4874	16.68915	2.87804E-30	4668.47	5928.719	4668.47	5928.719

とらえます。逆に、P-値が「5％以上」のときは、帰無仮説が棄却できない（係数が0かもしれない）ので、その独立変数と従属変数との間に関係性があるとは言えません。

　この重回帰分析の結果を用いて、年齢、経験年数別のモデル所定内給与を算出することができます。
　例えば、年齢25歳、経験年数3年の場合、次のようになります。

$$183{,}468.5 + 856.6746 \times 25 \text{（歳）} + 5{,}298.594 \times 3 \text{（年）}$$
$$= 183{,}468.5 + 21{,}416.865 + 15{,}895.782$$
$$= 220{,}781.147 \text{（円）}$$
$$\fallingdotseq 221 \text{（千円）}$$

　この要領で年齢、経験年数ごとにモデル所定内給与を算出すると、[図表5-20]のようになります。

[図表5-20] 年齢・経験年数別　モデル所定内給与表

（単位：千円）

年齢（歳）	経験年数（年）						
	0	1	3	5	10	15	20
18	199						
20	201	206					
22	202	208	218				
25	205	210	221	231			
30	209	214	225	236	262		
35	213	219	229	240	266	293	
40	218	223	234	244	271	297	324
45	222	227	238	249	275	301	328
50	226	232	242	253	279	306	332
55	231	236	246	257	284	310	337

このように重回帰分析を使えば、複数の要素（独立変数）から、それらの影響を受けて決定される結果（従属変数）を予測することができます。

(8) 曲面最小二乗法によるモデル給与の算出

さて、Q社に[図表5-20]のモデル給与を示したところ、次のような指摘を受けました。

「このモデルでは、経験年数が同じであれば年齢が上がるにしたがって給与も増えることになっているが、実際には、40歳代後半から中途採用者の給与水準は下がり出す。また、同じ年齢であれば、経験年数が増えるにしたがって給与も一律に上昇することになっているが、これも10年目ぐらいから上がり方を抑えている。」

このことを検証するために、年齢および経験年数と所定内給与について多項式回帰を行ってみたところ、[図表5-21]のとおりとなりました。年齢、経験年数の増加に伴い、所定内給与は緩やかな山を描いて変化しており、Q社の指摘は正しいことが分かります。

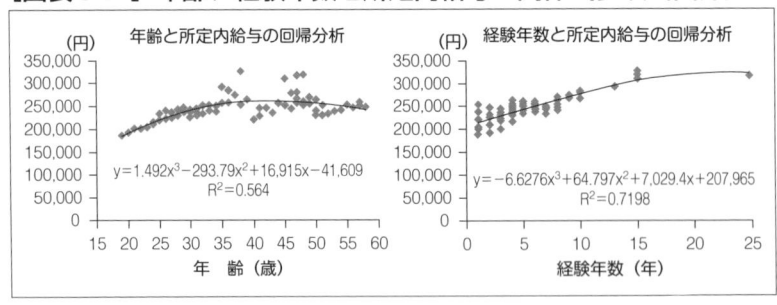

[図表5-21] 年齢、経験年数と所定内給与の関係（多項式回帰）

年齢と所定内給与の回帰分析
$y = 1.492x^3 - 293.79x^2 + 16,915x - 41,609$
$R^2 = 0.564$

経験年数と所定内給与の回帰分析
$y = -6.6276x^3 + 64.797x^2 + 7,029.4x + 207,965$
$R^2 = 0.7198$

前項の重回帰分析では、年齢、経験年数という2つの独立変数を使いましたが、それぞれの独立変数は1次式で表されており、直線

的に変化することを前提としています。このような重回帰分析の結果に基づいて作成したモデル給与（[図表5-20]）は、年齢、経験年数の増加に伴って所定内給与も一律に上昇することになるので、そこから現実との乖離が生じてきます。

　これを回避するためには、年齢、経験年数の増加に伴って給与が曲線的に変化するモデル、すなわち、それぞれの独立変数を多項式（ここでは2次式を使います）で表せばよいということになります。このように、多項式を使って重回帰分析を行う手法が、「曲面最小二乗法」です。ここでは、x、yは、次の式で表されます。

$$y = k + a x_1^2 + b x_1 + c x_2^2 + d x_2 + e x_1 x_2$$

（ただし、x_1：年齢、x_2：経験年数、y：所定内給与　k：定数）

　エクセルの操作は、前項の[パソコン操作21]と同じです。

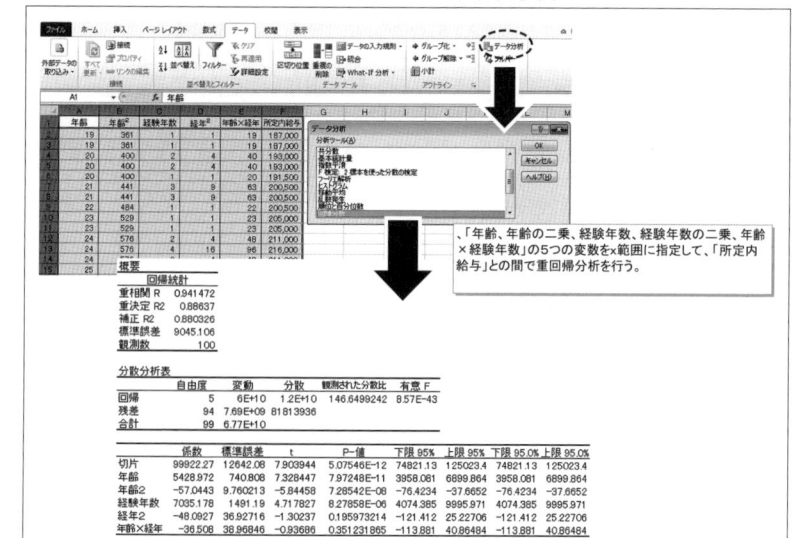

[図表5-22] 曲面最小二乗法による重回帰分析

ただし、「年齢」が入力してあるセルの隣に「年齢の二乗」、「経験年数」の隣に「経験年数の二乗」を計算する式を入れて、最後に「年齢×経験年数」を計算する列も追加します。そして、「年齢、年齢の二乗、経験年数、経験年数の二乗、年齢×経験年数」の5つの変数と所定内給与との間で重回帰分析を行います。

重回帰分析の結果、年齢、経験年数と所定内給与の関係を表す算式は、次のとおりとなりました。

$$y = 99{,}922.27 + 5{,}428.972\, x_1 - 57.0443\, x_1^2 + 7{,}035.178\, x_2 - 48.0927\, x_2^2 - 36.508\, x_1 x_2$$

この式の x_1 に年齢、x_2 に経験年数を代入して作成したモデル給与表が [図表5-23] です。これには、Q社が指摘した「40歳代後半から中途採用者の給与水準が下がり出すこと」および「経験年数10年目から給与の上昇が抑制されること」の2点が反映されています。

Q社は、このモデル給与表を中途採用者の給与決定の基準とし

[図表5-23] 曲面最小二乗法によるモデル所定内給与表

(単位:千円)

		経験年数(年)						
		0	1	3	5	10	15	20
年齢(歳)	18	179						
	20	186	192					
	22	192	198	210				
	25	200	206	218	229			
	30	211	217	229	240	266		
	35	220	226	237	248	273	296	
	40	226	231	242	252	277	299	318
	45	229	234	244	254	278	299	317
	50	229	234	244	254	276	296	314
	55	226	231	241	250	271	291	307

て、また人件費予算策定時の基礎資料として活用しています。

　なお、厚生労働省「賃金構造基本統計調査」では、「年齢階級、勤続年数階級別 所定内給与額及び年間賞与その他特別給与額」のカテゴリーの中で、年齢・勤続年数別の給与水準を見ることができます。ここで説明した要領で自社のモデル給与を年齢・勤続年数別に算出し、この統計データと比較してみるとよいでしょう。

　ここまで説明してきた回帰分析の手法を整理すると、[図表5-24]のとおりとなります。モデル給与の算出以外にも、これら4種類の回帰分析は、ビジネスの様々な場面（傾向の分析、シミュレーション等）で使えます。一見すると難しそうな統計的手法ばかりですが、エクセルを使えば、分析結果を簡単に導き出すことができます。まずは、分析結果の見方とその活用方法を押さえたうえで、実際にこれらの回帰分析を使ってみることが重要です。

[図表5-24] 回帰分析の種類

		従属変数（y）の変化	
		直線的・平面的	曲線的（S字カーブなど）・曲面的
独立変数(x)の数	1つ	単回帰分析 （線形近似） $y=ax+b$	多項式回帰（多項式近似） $y=ax^3+bx^2+cx+d$ （S字カーブの場合）
	2つ以上	重回帰分析 $y=k+ax_1+bx_2$	曲面最小二乗法による重回帰 $y=k+ax_1^2+bx_1+cx_2^2+dx_2+ex_1x_2$

　さて、この項では、給与体系表を使った報酬構造の分析、散布図や箱ひげ図を使った報酬水準・格差の分析、そして回帰分析を使ったモデル給与の算出等について説明してきました。次項では、これらの手法を人事管理の施策に応用した例を紹介します。

4 統計的手法の人事管理への応用

　回帰分析などの統計的手法を使いこなして、報酬の分析を行うことができたとしても、その結果に基づいて具体的な人事管理施策を展開できなければ、意味がありません。
　ここでは、回帰分析を人事管理施策に展開した例を紹介します。

(1) 再雇用制度導入に伴う中高齢者の給与カーブの見直し

　2013年4月、改正高齢者雇用安定法が施行され、希望者全員を65歳まで継続雇用することが事業主の義務となりました。これに伴い、継続雇用期間中に支払う報酬の原資を確保するため、中高齢層の給与カーブの見直しが必要となっています。この給与カーブの見直しを、回帰分析によって算出したモデル給与を使って行う方法について説明します。
　ここでは、「60歳から65歳までの5年間、毎月20万円の給与を再雇用者に対して支払うこととし、そこにかかる原資1,200万円（＝20万円×12カ月×5年間）を、35歳以降の給与カーブを下方修正することによって確保する」という見直しを行います。その進め方は、次のとおりです。

① 現在の給与カーブの算出

　　回帰分析（多項式近似・3次式）により、現在の所定内給与の年齢別モデルを算出します。この例では、次の回帰式となりました。

　　$y = -8.4226x^3 + 894.66x^2 - 22,751x + 341,815$
　　(x：年齢、y：所定内給与)

この式のxに「18、19…60（歳）」と年齢を代入すれば、各年齢のモデル給与が求められます。

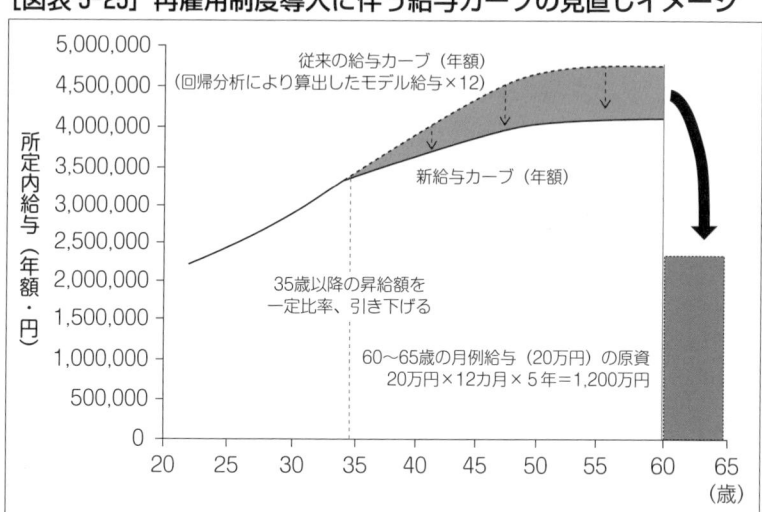

[図表5-25] 再雇用制度導入に伴う給与カーブの見直しイメージ

（図：縦軸「所定内給与（年額・円）」0〜5,000,000、横軸「年齢」20〜65歳。従来の給与カーブ（年額）＝回帰分析により算出したモデル給与×12、新給与カーブ（年額）、35歳以降の昇給額を一定比率、引き下げる、60〜65歳の月例給与（20万円）の原資　20万円×12カ月×5年＝1,200万円）

② 年齢間の給与差額（昇給額）の算出と計算シートの作成

　現在のモデル給与について、年齢間の差額（＝各年齢の昇給額）を求めます。ここで、35歳以降の昇給額を一定の乗率で引き下げることにして、それによって導き出される新たなモデル給与の定年までの総額と現在のモデル給与の定年までの総額との差額（新旧給与カーブの差の部分）が、継続雇用期間中の給与原資（1200万円）と等しくなるような、引き下げ乗率を求めます（なお、ここでは賞与を考慮しないことにしています）。

　このような考え方のもとに、新旧給与カーブの定年まで給与の支払総額やその差額を計算するエクセル・シートを **[図表5-26]** のとおり作成します（「35歳以降の昇給額の引き下げ乗率」を１つのセルに入力し、そのセルの値を入れ替えれば、35歳以

降の昇給額やモデル賃金が自動的に再計算されるようにしておくことが、シート作成上のポイントです）。

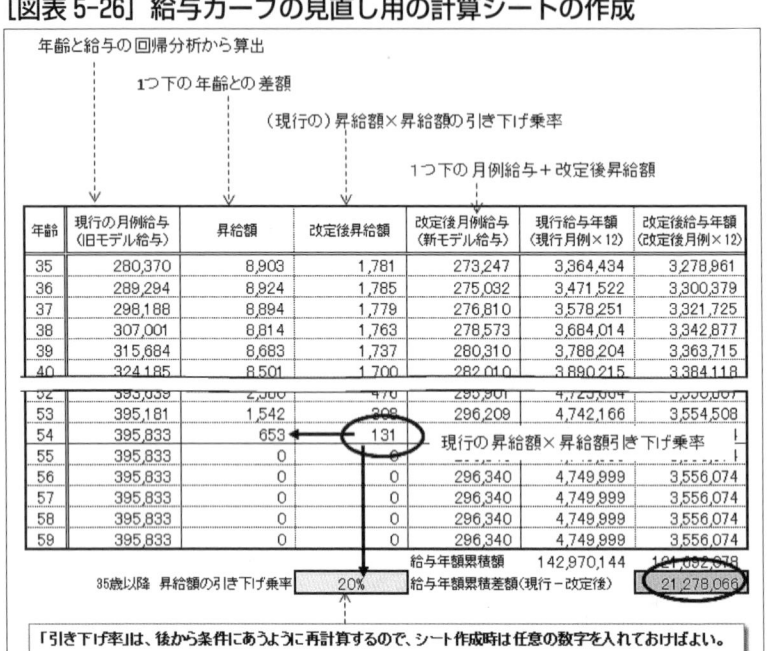

[図表5-26] 給与カーブの見直し用の計算シートの作成

年齢と給与の回帰分析から算出
1つ下の年齢との差額
（現行の）昇給額×昇給額の引き下げ乗率
1つ下の月例給与＋改定後昇給額

年齢	現行の月例給与 (旧モデル給与)	昇給額	改定後昇給額	改定後月例給与 (新モデル給与)	現行給与年額 (現行月例×12)	改定後給与年額 (改定後月例×12)
35	280,370	8,903	1,781	273,247	3,364,434	3,278,961
36	289,294	8,924	1,785	275,032	3,471,522	3,300,379
37	298,188	8,894	1,779	276,810	3,578,251	3,321,725
38	307,001	8,814	1,763	278,573	3,684,014	3,342,877
39	315,684	8,683	1,737	280,310	3,788,204	3,363,715
40	324,185	8,501	1,700	282,010	3,890,215	3,384,118
52	393,639	2,356	470	295,901	4,723,664	3,550,807
53	395,181	1,542	308	296,209	4,742,166	3,554,508
54	395,833	653	131		現行の昇給額×昇給額引き下げ乗率	
55	395,833	0	0			
56	395,833	0	0	296,340	4,749,999	3,556,074
57	395,833	0	0	296,340	4,749,999	3,556,074
58	395,833	0	0	296,340	4,749,999	3,556,074
59	395,833	0	0	296,340	4,749,999	3,556,074

給与年額累積額　142,970,144　121,692,078
35歳以降　昇給額の引き下げ乗率　20%　給与年額累積差額（現行－改定後）　21,278,066

「引き下げ率」は、後から条件にあうように再計算するので、シート作成時は任意の数字を入れておけばよい。

③ 前提条件を満たす「昇給額の引き下げ乗率」の算出

シート作成時には任意の数字を入れておいた「昇給額の引き下げ乗率」について、エクセルの「ゴールシーク」という機能を使って、条件を満たす解を自動計算します。

この例では、ゴールシークによって「新旧賃金年額累積額の差が1,200万円になる」条件を満たす「35歳以降の昇給額の引き下げ乗率」は「55％」という解が算出されました。すなわち、給与制度における35歳以降の標準昇給率（＝定期昇給率）を、

パソコン操作 22 【「ゴールシーク」による引き下げ乗率の算出】

[1]「ゴールシーク」へ条件を入力する

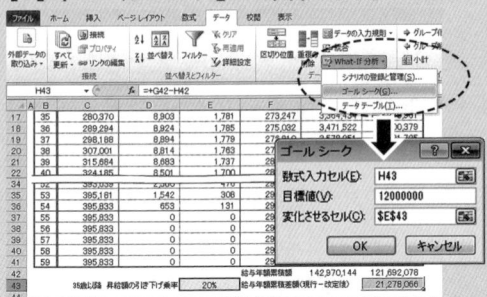

計算シートの作成が完了したら、エクセルの「データ」タブから、[データツール]→[What-If 分析]→[ゴールシーク]を選択します。表示されたボックスで、次のとおりセルを指定します。

数値入力セル：満たすべき条件が入力されているセル。ここでは、「給与年額累積差額」が表示されているセルです。

目標値：満たすべき条件の数値です。ここでは「(再雇用時の給与総額である)1,200万円」です。

変化させるセル：条件を満たすように数値を変化させるセルです。ここでは、「昇給額の引き下げ乗率」が入力されているセルです。

[2] 解が表示され、全体が再計算される

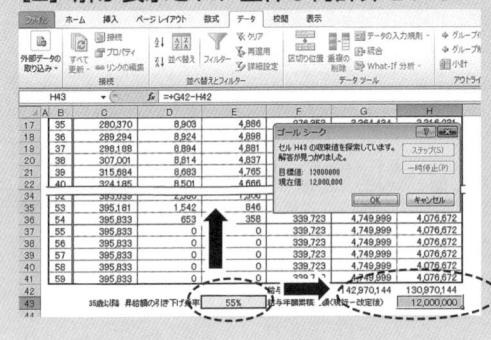

条件を入力して[OK]ボタンをクリックすると、「解答が見つかりました」と表示され、「変化させるセル」が解の数値に置き換わっています。同時にシート全体が、解として表示された「引き下げ乗率」をもとに再計算されています。

4．統計的手法の人事管理への応用

現在の55％に引き下げれば、60歳定年後の再雇用時に支給する給与の原資を確保できるということを表しています。

④　新しい給与カーブの適正性の検証

ゴールシークでは、条件を満たす解を表示するとともに、シート全体がその解に基づいて再計算されていますから、そのまま、35歳以上の給与カーブの変化を検証することができます。それを見ると、昇給率の引き下げによって40歳以降の給与水準は、現行の86～92％に低下しています。この新給与カーブについて、統計データとの比較などによる適正性の検証を行い、特に問題がなければ、そのモデル給与に基づいて給与体系を再構築します。

このように、回帰分析を使ってモデル給与を描くことができれば、それを変化させることによって、人件費（生涯賃金ベース）で、どれくらいの金額差が生じるか、試算することができます。また、「生涯賃金で1,200万円の差額を出したい」というように、あらかじめ条件が設定されている場合は、エクセルの「ゴールシーク」機能を使えば、解を簡単に見つけ出すことができます。

回帰分析によるモデル給与の算出とゴールシーク機能を使った給与カーブの調整は、再雇用制度を導入するとき以外にも、一定の利益率を確保するための人件費の見直し（具体的には、標準昇給率の改定）等、様々な機会に応用することができますから、是非、試してみてください。

(2) 統計的手法を使った業績連動型賞与制度の設計

「業績連動型賞与制度」とは、賞与原資を算定するときの基準とする業績指標や原資の算定式をあらかじめ定めておく仕組みのこと

で、日本企業の約35％が導入していると言われています（労務行政研究所「人事労務諸制度実施状況調査」2013年より）賞与原資決定の基準とする業績指標としては、（前年度の）営業利益や経常利益が多く、これにより「業績変動に対応した合理的な人件費管理」や「従業員の業績貢献意欲の向上」を実現することを狙っています。

　ここでは、統計的手法を使って、業績連動型賞与制度を設計する方法について説明しましょう。

　業績連動型賞与制度の多くは、例えば「前年度の営業利益の10％を翌年度の賞与原資とする」のように、すでに確定した業績指標に一定の乗率をかけて賞与原資を算出する方法を採用しています。この方法であれば、「基準となる業績指標」と「賞与原資」との比率を過去のデータから算出すれば、業績連動型賞与制度を設計できます。実際に、現在運用されている業績連動型賞与制度のほとんどが、このパターンで設計されています。

　このような業績連動型賞与制度は、会社の業績が上昇基調にあるときは効果的に機能しますが、業績が下降に転じると、「業績悪化に伴って賞与原資が減る」→「各従業員に支給される賞与も減り、従業員のモチベーションが低下する」→「社内の活力が減退し、ますます業績が悪化する」…という悪循環に陥ってしまいます。これまでに業績連動型賞与制度を導入した会社の中には、こうした問題に直面して業績連動型賞与制度を一時的にストップしたり、仕組みを見直したりしています。

　こうした問題の発生を回避するためには、統計的手法に基づくデータ分析を行い、明確な裏付けを持って賞与原資決定の基準となる業績指標や算定式を定めることが必要です。

　様々なデータを調べてみると、賞与が「合理的な人件費管理」や「従業員の意欲向上」等の目的を果たしている会社において、「前年

4．統計的手法の人事管理への応用

度の業績指標」だけで賞与原資を決定しているところは、ほとんどありません。すでに決算で確定した数字をもとに、今期のコスト（賞与原資）を決めることは、（前年度の決算の数字が修正できるわけではないという意味では）「非合理的」なことですし、また、過去のことを引き合いに出すことによって、従業員の将来に向けた意欲を低下させてしまうことにもなります。

　賞与を効果的に機能させている会社では、「過去の業績指標」と「今後の期待値」を効果的に組み合わせて賞与原資を決定しています。賞与支給時に「前期は厳しかったが、今期はその分頑張ろう」とか「前期の業績が良かった分は賞与で還元するが、今期の業績には厳しい見込みもあるので、その分は抑えておく」等のメッセージを伝える経営者がいらっしゃいますが、それが本音だとすれば、賞与原資は前期の業績の結果と今期の業績の見込みによって決定されていることになります。

　前期の業績の結果をとらえる指標としては「営業利益」が、今期の業績の見込みをとらえる指標としては「売上高」が、最適と考えられます。そこで、「前期の営業利益」、「今期の売上高見込み」と「賞与原資」の過去のデータについて重回帰分析を行い、それぞれの指標に基づいて賞与原資を決定すればよいということになります。

　[図表5-27] は、ある会社の10年度分の営業利益、売上高見込み（期初に設定した目標額）、賞与原資のデータを抽出して、重回帰分析を行った結果です。「補正R2」は0.9139で「1」に近く、前年度営業利益、今年度売上高（見込み）の「P−値」は、それぞれ0.0282、0.0061と「5％未満」の数値を示しています。したがって、前年度営業利益、今年度売上高見込みと賞与原資との間には強い関係性が認められ、前二者で賞与原資を決定する仕組みを作ることは妥当であると考えられます。

[図表5-27] 業績指標と賞与原資の重回帰分析

(単位:百万円)

	2004年度	2005年度	2006年度	2007年度	2008年度	2009年度	2010年度	2011年度	2012年度	2013年度
前年度営業利益	1,200	1,300	1,400	1,400	1,200	1,400	1,450	1,500	1,650	1,700
今年度売上高(見込)	20,000	20,000	22,000	23,000	24,000	24,000	25,000	26,000	26,000	26,500
当期賞与原資	1,100	1,250	1,300	1,400	1,300	1,400	1,450	1,500	1,520	1,550
従業員数(人)	950	1,000	1,020	1,020	1,050	1,040	1,070	1,100	1,120	1,140
1人当たり年間賞与	1.16	1.25	1.27	1.37	1.24	1.35	1.36	1.36	1.36	1.36

【重回帰分析の結果】
概 要

回帰統計	
重相関 R	0.9660
重決定 R2	0.9331
補正 R2	0.9139
標準誤差	41.0946
観測数	10

分散分析表

	自由度	変動	分散	観測された分散比	有意 F
回帰	2	164788.6	82394.32	48.78965	7.76E-05
残差	7	11821.36	1688.766		
合計	9	176610			

	係数	標準誤差	t	P-値	下限95%	上限95%	下限95.0%	上限95.0%
切片	37.7782	137.8100	0.2741	0.7919	−288.0907	363.6471	−288.0907	363.6471
前年度営業利益	0.3571	0.1295	2.7568	0.0282	0.0508	0.6635	0.0508	0.6635
今年度売上高(見込)	0.0352	0.0091	3.8722	0.0061	0.0137	0.0567	0.0137	0.0567

重回帰分析の係数により、この会社の賞与原資は、次の算式で計算できることが分かります。

賞与原資＝37.78百万円＋0.3571×前年度営業利益
　　　　＋0.0352×今年度売上高見込み

したがって、「前年度営業利益の35.7％」と「今年度売上高見込みの3.5％」の合計額に、調整額（38百万円±α）を加えた額を、今年度の賞与原資にすればよいということになります。

4．統計的手法の人事管理への応用

このようにして業績連動型賞与制度を設計すれば、過去の業績指標と今後の期待値を組み合わせて、合理的に賞与原資を決定することができます。また、過去の支給実績に基づいて賞与原資を決定しているため、「賞与の払い過ぎ・抑え過ぎが生じにくい」「従業員側の理解が得られやすい」等のメリットもあります。

　業績連動型賞与制度の導入や見直しを考えている会社は、業績指標と賞与原資のデータの重回帰分析を行ったうえで、過去の業績指標と今後の期待値のそれぞれに支給乗率を設定した仕組みを設計するとよいでしょう。

　なお、ここで行った重回帰分析についての注意点を補足します。

① **重回帰分析の係数は、その独立変数が従属変数に与える影響の大きさを表すものではない**

　重回帰分析の結果で、前年度営業利益の係数として「0.3571」、今年度売上高見込みの係数として「0.0352」という数値が表示されたからといって、係数が大きい前年度営業利益のほうが賞与原資に与える影響が大きいと勘違いしてはいけません。営業利益と売上高では、数値の桁やデータの変動の仕方が異なりますから、両者の係数を単純比較することはできません。

　従属変数に与える影響度を調べるときには、それぞれの独立変数の「t」の値を見ます。この事例の場合、前年度営業利益の「t」は2.7568、今年度売上高見込みの「t」は3.8722で、売上高見込みのほうが賞与原資に与える影響が大きいことが分かります。

② **重回帰分析は、賞与の業績連動部分だけを対象に行う**

　賞与を「基本賞与（企業業績にかかわらず、最低保障として

支給する分)」と「業績賞与」に分けている場合、ここで説明した重回帰分析は「業績賞与」の原資のみを対象として行います。そのとき、エクセルの「回帰分析」の設定で「定数に0を使用」にチェックを入れます。

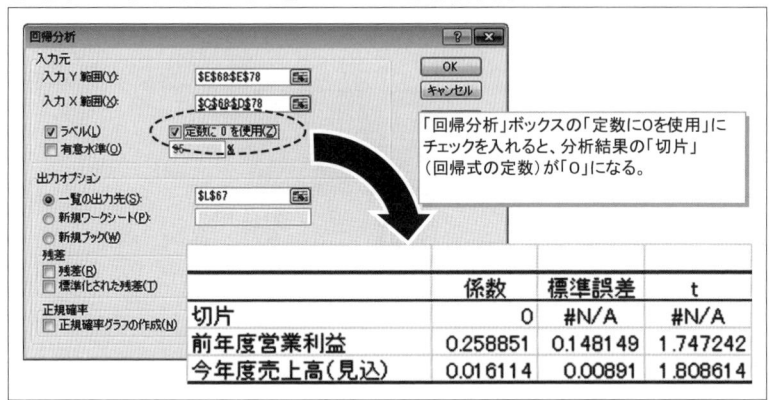

[図表5-28] 定数を「0」とした重回帰分析

	係数	標準誤差	t
切片	0	#N/A	#N/A
前年度営業利益	0.258851	0.148149	1.747242
今年度売上高(見込)	0.016114	0.00891	1.808614

「回帰分析」ボックスの「定数に0を使用」にチェックを入れると、分析結果の「切片」(回帰式の定数)が「0」になる。

このような方法で設計した賞与の算定式は、次のとおりです。

賞与原資(総額)＝基本賞与の原資＋業績賞与の原資
基本賞与原資＝全従業員の所定内給与の2カ月分相当額
業績賞与原資＝前年度営業利益×0.259＋今年度売上高×0.016

業績賞与の算式に「定数」がつくと、前年度営業利益と今年度売上高の両方が「0円」であっても、その定数に相当する額の賞与原資を準備することが必要になり、おかしな話になってしまいます。そこで、あらかじめ定数を「0」に設定して、このような場合には、業績賞与が「0円」となるようにしておきます。

4．統計的手法の人事管理への応用

基本賞与と業績賞与を組み合わせた賞与制度は、[図表 5-29] のとおりです。この例を参考にして、業績連動型賞与制度の設計や見直しを行ってみてください。

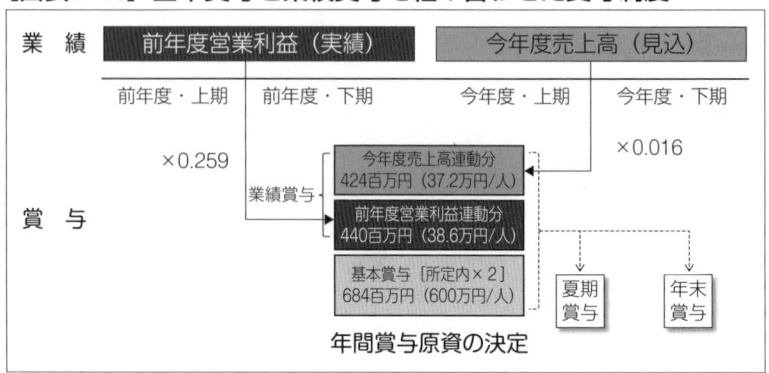

[図表 5-29] 基本賞与と業績賞与を組み合わせた賞与制度

業績	前年度営業利益（実績）		今年度売上高（見込）	
	前年度・上期	前年度・下期	今年度・上期	今年度・下期
	×0.259			×0.016

業績賞与：
- 今年度売上高連動分 424百万円（37.2万円/人）
- 前年度営業利益連動分 440百万円（38.6万円/人）
- 基本賞 [所定内×2] 684百万円（600万円/人）

年間賞与原資の決定 → 夏期賞与・年末賞与

(3) モデル退職金の算出と退職金水準のチェック

高年齢退職者の増加に伴い退職金にかかるコストも大きくなったこと、公的年金の支給開始年齢引き上げに伴い従業員が老後の生活資金としての退職金に強い関心を持つようになったこと等の理由により、近年、退職金管理の重要性が増しています。ところが、退職金水準のチェック等は、他の報酬（給与や賞与）に比べると、十分に行われていないのが実情です。

退職金水準のチェックが行われない要因の一つに、モデル退職金の算出が難しいということがあげられます。しかし、これまで説明した統計的手法を使えば、勤続年数ごとのモデル退職金を簡単に算出することができます。ここでは、退職金制度を「ポイント制退職金制度」と「退職時給与比例方式」の2つに分けて、それぞれのモデル退職金の算出方法を説明します。

① ポイント制退職金制度の場合

ポイント制退職金制度とは、在職1年ごとに「退職金ポイント」を積み重ねて、退職時の「累積ポイント」に「ポイント単価」を乗じて、退職金額を算定する仕組みです。一般的には、勤続年数に応じて付与される「勤続ポイント」や等級ごとに付与される「等級ポイント」等が設定されて、上位等級に在職した期間が長いほど退職金が多くなるように設計されています。

この制度においてモデル退職金を算定するためには、入社から定年退職までの昇格モデル（各等級の在籍年数のモデル）が必要になります。そこで使えるのが、第4章-2-(2)で紹介した「人材マップ」です。人材マップを見れば、新卒入社から定年に至るまで、標準的な従業員がどのように昇格していくかが分かります（厳密に言えば、人材マップは「一人の従業員が昇格していく過程」を示すものではありません。しかし、年齢・等級別の人員構成を見れば、標準的な昇格パターンの見当はつきます）。人材マップからつかんだ昇格パターンから、各等級の在級期間を算出することができますから、それに等級ごとのポイントを乗じれば、モデル退職金を算出することができます。

② 退職時給与比例方式の場合

退職時の退職金算定基準給与（基本給など）に勤続年数別に定めた支給乗率を乗じて、退職金を算定する方法です。

この制度の場合、勤続年数ごとの基準給与のモデルを算定することが必要になります。そこで在籍する全従業員について、勤続年数と退職金算定基準給与との回帰分析を行い、その回帰式からモデル退職金算定基準給与を算出します。なお、ここで使う回帰分析は、直線回帰よりも多項式近似（3次）を使ったほうがよいでしょう（直線回帰を使と、高齢者のモデル基準給

4. 統計的手法の人事管理への応用

与が実態よりも高くなりすぎる危険性があるため）。

　これらの方法により自社のモデル退職金を算出したら、それを世間水準と比較してみましょう。モデル退職金の統計データは、中央労働委員会「賃金事情等総合調査」や東京都産業労働局「中小企業の賃金・退職金事情」等で公開されています（これらのデータの入手については、第1章-3-(1) を参照）。
　なお、「賃金事情等総合調査」は大企業を、「中小企業の賃金・退職金事情」は中小企業を対象として実施されています。退職金水準は企業規模により大きく異なりますから、集計対象が自社の従業員数に近い統計データを使って、水準比較を行うようにしてください。

　ここでは、「中高齢者の給与カーブの見直し」、「業績連動型賞与制度の設計」、「モデル退職金の算出と退職金水準のチェック」という3つのテーマを取り上げて、回帰分析を用いたデータ分析と人事管理施策への展開方法を説明しました。これら以外にも、様々なデータ分析や施策立案の場面で、統計的手法を活用することができます。
　皆さんも仕事の中で、統計的手法を活用してみてください。

[図表 5-30] モデル退職金の算出（ポイント制退職金の場合）

＜昇格パターンの設定＞
年齢別・等級別人員分布図（人材マップ）

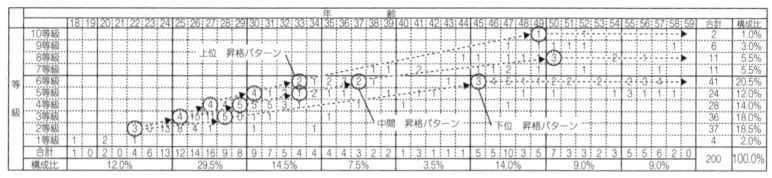

退職金支給額＝（勤続ポイント累積＋等級ポイント累積）×ポイント単価

＜モデル退職金の算出＞

年齢	勤続年数	勤続ポイント累計	等級ポイント						会社都合退職金		
			上位モデル		中間モデル		下位モデル		上位モデル（万円）	中間モデル（万円）	下位モデル（万円）
			等級	等級ポイント累計	等級	等級ポイント累計	等級	等級ポイント累計			
22	0	0	2	0	2	0	2	0	0	0	0
23	1	5	2	10	2	10	2	10	15	15	15
24	2	10	2	20	2	20	2	20	30	30	30
25	3	15	3	30	3	30	3	30	45	45	45
26	4	25	3	45	3	45	2	40	70	70	65
27	5	35	4	60	3	60	2	50	95	95	85
28	6	45	4	80	4	75	3	60	125	120	105
29	7	55	4	100	4	90	3	75	155	145	130
30	8	65	4	120	4	110	3	90	185	175	155
31	9	75	4	145	4	130	3	105	220	205	180
32	10	85	5	170	4	150					
54	32	385	10	1265	8	950	6	660	1650	1335	1045
55	33	405	10	1335	8	1000	6	690	1740	1405	1095
56	34	425	10	1405	8	1050	6	720	1830	1475	1145
57	35	445	10	1475	8	1100	6	750	1920	1545	1195
58	36	465	10	1545	8	1150	6	780	2010	1615	1245
59	37	485	10	1615	8	1200	6	810	2100	1685	1295
60	38	505	10	1685	8	1250	6	840	2190	1755	1345

[図表5-31] モデル退職金の算出（退職時給与比例方式の場合）

＜モデル基準給与の算出＞

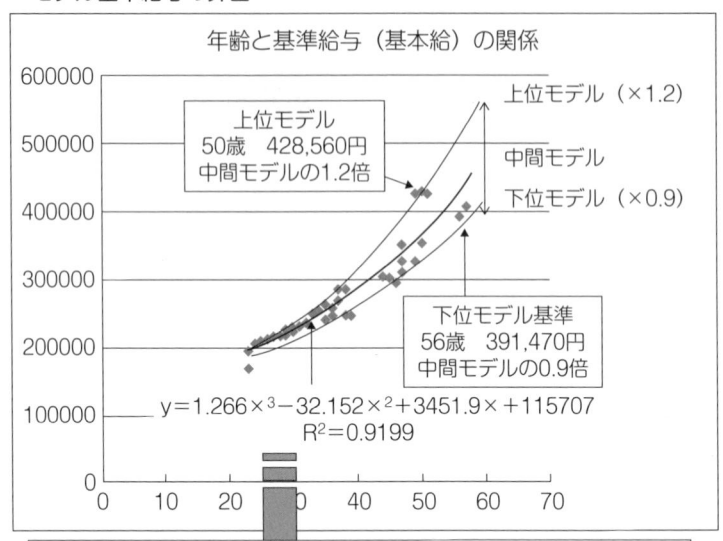

年齢と基準給与（基本給）の関係

上位モデル 50歳 428,560円 中間モデルの1.2倍

上位モデル（×1.2）
中間モデル
下位モデル（×0.9）

下位モデル基準 56歳 391,470円 中間モデルの0.9倍

$y = 1.266 \times^3 - 32.152 \times^2 + 3451.9 \times + 115707$
$R^2 = 0.9199$

中間モデルには、式「＋1.266×³－32.152×²＋3451.9×＋115707」を入力。（×は年齢を入力したセルを指定）
上位モデルには「中間モデルのセル×1.2」、
下位モデルには「中間モデルのセル×0.9」を入力

退職金規程から勤続年数別係数を抽出。「基準給与×勤続年数別係数」で会社都合退職金を算出。

＜モデル退職金の算出＞

年齢	勤続年数	基準給与 上位モデル（中間×1.2）	基準給与 中間モデル	基準給与 下位モデル（中間×0.9）	勤続年数別係数	会社都合退職金 上位モデル	会社都合退職金 中間モデル	会社都合退職金 下位モデル
22	0	227,500	189,600	170,600	0.0	0	0	0
23	1	232,200	193,500	174,200	0.4	92,880	77,400	69,680
24	2	237,000	197,500	177,800	0.6	151,680	126,400	113,792
25	3	242,000	201,700	181,500	0.8	193,600	161,360	145,200
26	4	247,200	206,000	185,400	1.6	395,520	329,600	296,640
27	5	252,500	210,400	189,400	2.4	606,000	504,960	454,560
28	6	257,900	214,900	193,400	3.2	825,280	687,680	618,880
29	7	263,500	219,600	197,600	4.0	1,054,000	878,400	790,400
30	8	269,400	224,500	202,100	4.8	1,293,120	1,077,600	970,080
31	9	275,400	229,500	206,600	5.6	1,542,240	1,285,200	1,156,960
32	10	281,600	234,700	211,200	6.4	1,802,240	1,502,080	1,351,680
...	...	...	...	...	30.8	14,666,960	12,221,440	10,998,680
54	32	489,200	407,700	366,900	31.2	15,263,040	12,720,240	11,447,280
55	33	502,700	418,900	376,900	31.6	15,885,320	13,237,240	11,913,200
56	34	516,600	430,500	387,500	32.0	16,531,200	13,776,000	12,400,000
57	35	531,000	442,500	398,300	32.4	17,204,400	14,337,000	12,904,920
58	36	545,800	454,800	409,300	32.8	17,902,240	14,917,440	13,425,040
59	37	561,000	467,500	420,800	33.2	18,625,200	15,521,000	13,970,560
60	38	576,600	480,500	432,500	33.6	19,373,760	16,144,800	14,532,000

5 人件費分析の基礎〜とらえ方と管理指標

　かつての日本企業は、「人件費」を事業運営上の必要経費ととらえて、厳密な管理を行ってきませんでした。これには「売上高が拡大基調にあったため、人件費増加が問題視されなかったこと」、「整理解雇による人員調整や給与の引き下げが難しいため、人件費が膨張していても、それを削減するための施策の展開ができなかったこと」等の背景が大きく関係しています。

　このような背景は変わりました。低成長時代を迎えて、売上高の拡大が難しくなり、また、業績の好不調を問わずリストラが日常的に行われるようにもなりました。

　このような中、多くの企業が人件費管理の必要性をあらためて認識するようになっています。

　ここでは、人件費管理を行うために必要なデータ分析と人事施策への展開について見ていきます。

(1)「人件費」のとらえ方

　人件費のとらえ方については、第3章-3-(3)の「人材ポートフォリオの作り方」の中でも触れましたが、ここでは、算出方法を中心に、詳しく説明します。

　人件費は、一言でいえば、「会社がヒトに関して支払うコストの総額」です。支払い先は、従業員とは限りません。例えば、社会保険料の事業主負担分（＝法定福利費）は国に支払うものですが、会社がヒトに関して支払うコストですから、人件費に算入します。

　具体的に言えば、人件費は、次に列挙する項目の合計額として、

とらえられます。

1）従業員給与手当

　　正社員に支払った報酬（超過労働給与、賞与等を含む）の全員分の合計額、およびパートタイマー等の非正規従業員に支払った報酬の全員分の合計額。算式で示すと次のようになります。

$$従業員給与手当＝（正社員の報酬平均額×正社員数）＋（非正規従業員の報酬平均額×非正規従業員数）$$

2）退職給付費用

　　退職給付に係る費用。具体的には、（退職者に支払った）退職金、企業年金の掛金等。

3）法定福利費

　　法律で定められている労働・社会保険料の事業主負担分。具体的には、労災保険料、雇用保険料、健康保険料、厚生年金保険料等です。なお、2014年1月現在の労働・社会保険料の料率は**〔図表5-32〕**のとおりとなっています（目安としては、「従業員給与手当」の約15％の金額になります）。

4）福利厚生費

　　法律で定められていない福利厚生関係の費用。具体的には、住居、医療保健、食事、慶弔見舞等にかかる費用。

5）教育訓練費・募集費

　　教育訓練施設の費用、講演会等への参加費等。募集広告費、募集関係の委託費等。

[図表5-32] 法定福利費の保険料率一覧

種類		区分	保険料率		
			合計	従業員負担分	会社負担分
社会保険	健康保険※1	協会けんぽ（東京）	9.810%	4.905%	4.905%
	介護保険※1	第2号被保険者（40～64歳の被保険者）	1.640%	0.820%	0.820%
	厚生年金保険※2	全産業共通	18.300%	9.150%	9.150%
労働保険	雇用保険	一般の事業	1.350%	0.500%	0.850%
		農林水産・清酒製造業	1.550%	0.600%	0.950%
		建設業	1.650%	0.600%	1.050%
	労働者災害補償保険	最低（金融業、その他の各種事業）	0.250%	負担なし	0.250%
		最高（金属鉱業、石炭鉱業など）	8.800%	負担なし	8.800%
合計※3		一般の事業（労災保険料率は0.25%）	31.350%	15.375%	15.975%

「従業員負担分」が、従業員の給与から控除される社会保険料、雇用保険料の保険料率となる。

※1：保険料率は都道府県によって異なる。なお、表記は2022年3月分～の保険料率。保険料率は、全国健康保険協会のウェブサイトで確認すること。(https://www.kyoukai-kenpo.or.jp/)

※2：保険料率は、2017年9月分～の保険料率。なお、厚生年金基金に加入する方の厚生年金保険の保険料率は、基金ごとに定められている免除保険料率（2.4%～5.0%）を控除した率となる。

※3：厚生年金保険の被保険者を使用する事業主は、これに加え、子ども・子育て拠出金を負担する。子ども・子育て拠出金は、被保険者個々の厚生年金保険の標準報酬月額及び標準賞与額に、拠出金率（0.36%）を乗じて得た額の総額となる。

6）役員報酬・慰労金

役員に支払われる報酬や退職慰労金（なお、役員関係の費用は人件費に含めない場合もあります）。

次に、人件費を算出する方法について説明します。

① 財務諸表（損益計算書）から算出する

会社の場合、損益計算書の中に「人件費」という科目はありません。したがって、人件費に含まれる項目を損益計算書から

ピックアップして、その合計額を算出することが必要になります。

その際には、損益計算書の次の項目をチェックしてください。

●販売及び一般管理費

　従業員給与、賞与、退職給付費用、福利厚生費等が計上されています。なお、計算書上に計上されていないときには、「注記事項」等を確認してください。

●製造原価明細書（製造業）、売上原価明細書（サービス業等）

　労務費（現場の従業員にかかわる人件費）が計上されています。

　これ以外にも、損益計算書の中で「ヒト」にかかわる費用が計上されていたら、人件費に加えます。

　なお、学校法人や社会福祉法人等には、損益計算書にあたる財務諸表の中に「人件費支出」という科目がありますから、それを使います。

② 給与データ（給与台帳など）から算出する

　損益計算書から算出した「給与」は、1年間に支払った総額で示されているため、このままでは報酬水準と従業員数とに分解した細かい分析ができません。そこで、給与台帳から、ある月の月例給与の平均額、および従業員数を算出し、「月例給与平均額×従業員数」を12倍したもの（年額換算したもの）を、損益計算書の「従業員給与」に置き換えます。このように「給与×人員」の形に置き換えておくと、給与の変化（昇給）や人員の変動を盛り込んだシミュレーションができるようになります。

③ 統計調査の人件費の算出方法にあわせる

　「人件費」に関するデータを集計した統計調査には、財務省「法人企業統計調査」や経済産業省「企業活動基本調査」等があります。これらの統計データと自社の人件費を比較する場合は、原則として、統計調査の用語の定義に合わせて自社の人件費を算出します。

●財務省「法人企業統計調査」
(http://www.mof.go.jp/pri/reference/ssc/)

　人件費＝役員給与＋役員賞与＋従業員給与＋従業員賞与＋福利厚生費で算出しています。

　「給与」は、それぞれの人員に対して当期中に支払うべき総額であり、売上原価及び販売費・一般管理費に含まれるものの合計額、「福利厚生費」は、法定福利費、厚生費、福利施設負担額、退職給与引当金額等、給与以外で人件費とみなされるものの総額です。

●経済産業省「企業活動基本調査」
(http://www.meti.go.jp/statistics/tyo/kikatu/)

　ここでは、「人件費」という用語ではなく、「給与総額」、「福利厚生費」という言葉が使われます。

　「給与総額」とは、常時従業者に係る給与総額で、賞与は含みますが退職金は含みません。具体的には、労務費、給料、手当、賃金、賞与（賞与引当金繰入額を含む）、営業費用から支払われる役員報酬、役員賞与（役員賞与引当金繰入額を含む）等の合計額となります。

　なお、「福利厚生費」とは、当該年度に支払うべき法定福利費（厚生年金保険法、健康保険法、介護保険法、労働災害補

償保険法等によるもの)、福利施設負担額、厚生費、現物給与見積額、退職給与支払額(退職給付費用を含む)等の総額です。

ところで、統計調査では「人件費」に似た言葉として、「労働費用」という用語が使われることがあります。**人件費は「会社がヒトに関して支払うコストの総額」**とらえられるものですが、**労働費用は「労働者１人を雇うためのコスト（月額）」**を示すものです。

労働費用は、厚生労働省「就労条件総合調査」において数年おきに調査結果が公表されます。

[図表5-33]は、「就労条件総合調査（2021年）」における労働費用の内訳を示したデータです。これを見れば、労働者１人あたりの退職給付費用、教育訓練費用等が分かります。また、労働者に支払う現金給与額（超過労働給与、賞与を含む）を「100」とした場合、それ以外の費用も併せた人件費総額は「120」前後になることも分かります（すなわち、年収500万円の従業員であれば、人件費は、その1.2倍の600万円ぐらいかかっているということです）。

[図表5-33] 常用労働者1人1カ月平均労働費用

(単位：円)

		労働費用総額	現金給与額	毎月きまって支給する給与	賞与・期末手当	現金給与以外の労働費用	法定福利費	法定外福利費	現物給与等の費用	退職給付等の費用	教育訓練費	募集費	その他の労働費用※
調査産業計		408,140	334,845	273,117	61,728	73,296	50,283	4,882	481	15,955	670	718	306
	1,000人以上	450,720	365,787	289,691	76,096	84,933	54,348	5,639	444	22,985	802	481	233
	100～999人	403,423	332,184	270,587	61,597	71,239	49,423	4,557	582	14,700	687	907	382
	30～99人	352,005	292,370	252,786	39,584	59,635	45,819	4,414	318	7,732	424	675	253
(現金給与額=100.0とした指数表示)													
調査産業計		121.9	100.0	81.6	18.4	21.9	15.0	1.5	0.1	4.8	0.2	0.2	0.1
	1,000人以上	123.2	100.0	79.2	20.8	23.2	14.9	1.5	0.1	6.3	0.2	0.1	0.1
	100～999人	121.4	100.0	81.5	18.5	21.4	14.9	1.4	0.2	4.4	0.2	0.3	0.1
	30～99人	120.4	100.0	86.5	13.5	20.4	15.7	1.5	0.1	2.6	0.1	0.2	0.1

資料出所：厚生労働省「就労条件総合調査」(2021年)
※：「その他の労働費用」とは、転勤に要する費用、社内報、作業服(業務上、着用を義務づけられているものを除く。)等をいう。

(2) 人件費の管理指標(労働分配率)

人件費は、金額だけを見ても「多いのか、少ないのか」、あるいは、「問題があるのか、ないのか」は分かりません。それを他の数字と組み合わせて管理指標を算出して世間水準と比較したり、時系列での推移を見たりすることによって、はじめて状況や問題点が分かります。例えば、売上高と人件費を組み合わせた「売上高人件費比率(人件費÷売上高×100(％))」という指標を算出すれば、売上高に対して人件費が多いかどうかが分かります。

人件費の管理指標として、最も頻繁に使われているものは「労働分配率」です。これは、「付加価値に占める人件費の割合」を示すもので、次の式で算出されます。

労働分配率＝人件費÷付加価値×100（％）

　労働分配率が高ければ、会社の儲け（＝付加価値）の大部分が人件費に回されていることを示しており、その分、設備への投資や利益が減ってしまいます。この状態が長く継続すれば、会社の経営は厳しくなっていきます。逆に、労働分配率が低ければ、少ない人件費で大きな儲けを出していることになり、効率の良い経営が行われていることになります（ただし、これは、あくまでも一般的な労働分配率のとらえ方にすぎません。実際には、このような単純なとらえ方をすると、判断を誤ってしまうこともあります）。

　労働分配率の分母となる「付加価値」とは、「その会社が新たに産み出した価値」であり、基本的には次の式で算出します。

付加価値＝売上高－外部購入価値

　損益計算書には、「外部購入価値」（＝売上のために社外に支払った費用）や「付加価値」等の科目は計上されていません。そこで、損益計算書から「付加価値」を算出するときには、それが形を変えたと考えられる項目を合計することが一般的に行われています。

　前述した財務省や経済産業省の統計では、次のように付加価値を算出しています。

●**財務省「法人企業統計調査」（平成19年度調査以降**[※]**）**
　付加価値額＝営業純益（営業利益－支払利息等）＋役員給与＋役員賞与＋従業員給与＋従業員賞与＋福利厚生費＋支払利息等＋動産・不動産賃借料＋租税公課
　※平成18年度以前の調査では「役員賞与」は、付加価値額に組み込まれていませんでした。

●経済産業省「企業活動基本調査」
付加価値額＝営業利益＋減価償却費＋給与総額＋福利厚生費＋動産・不動産賃貸料＋租税公課

　このようにして求めた付加価値で人件費を割れば、「労働分配率」を算出できます。自社の労働分配率を算出して、統計データと比較すれば、人件費効率の良し悪しについて分析することができます。
　なお、この分析を行うときには、次の点に注意してください。

1）比較に使う統計調査の人件費、付加価値等の算出方法に合わせて、自社の労働分配率等を算出してください。異なった方法で算出した指標同士を比較しても、正しい分析はできません。
　　例えば、経済産業省「企業活動基本調査」では、統計表の中で「労働分配率」が表示されていますが、これは「給与総額÷付加価値×100（％）」で算出されています（分子には法定福利費や退職給付費用等が含まれていません）。したがって、この統計調査を比較に使う場合には、自社の労働分配率の分子（人件費）から給与・賞与以外の金額を差し引くか、「企業活動基本調査」の労働分配率の分子を福利厚生費も加算した人件費に修正して再計算する等の処理が必要となります。
2）労働分配率は、業種によって大きく異なります。例えば、設備に多額の資金を配分する「電気・ガス業」の労働分配率は低く、設備投資が少ない「サービス業」では、労働分配率は高くなります。データを比較するときには、自社と同じ（または、なるべく近い）業種のデータを使ってください。
3）損益計算書から付加価値を算出するときには、一般的に、営業利益や人件費等を合算する方法をとりますが、これは付加価値の本来の定義である「売上高－外部購入価値」の計算が困難なためにとられている方法です。「付加価値は、営業利益や人件費等の合

計額である」という考え方をしないように注意してください（このような考え方をすると、「人件費を増やせば付加価値が増加する」という判断ミスを犯しかねません。現実的には、付加価値のほうが先に確定するため、人件費が増加した場合、それだけ営業利益などの項目が減少することになります）。

なお、新聞等で「（国民経済計算上の）労働分配率」に関する記事が掲載されるときには、算式として「雇用者報酬÷国民所得×100（％）」が使われています。この数字は、国全体の経済の状況を示す指標ですから、自社の労働分配率と比較してもあまり意味はありません。

人的効率性を分析するときには、「労働生産性（＝従業員1人あたりの付加価値）」という指標が使われます。

労働生産性＝付加価値÷従業員数

労働生産性が高ければ、従業員一人ひとりが産み出している付加価値が大きく、効率が良い経営ができているということになります。

なお、労働生産性の分母は、一般的には「常用労働者数（非正規従業員も含む）」を使いますが、「労働時間×従業員数」や「正社員数」等を使うこともあります。

財務省や経済産業省の統計調査には、従業員数も表示されていますから、そこから労働生産性を算出し、自社の数値と比較することができます。

1人あたり人件費、労働分配率、労働生産性との間には、次の関係が成り立ちます。

[図表 5-34] 産業別　労働分配率・労働生産性

	労働分配率（％）			労働生産性（万円）		
	2019年度	2020年度	前年度差	2019年度	2020年度	前年度比
合　計	50.1	50.7	0.6	862.4	845.8	−1.9
製造業	50.8	51.0	0.2	1101.6	1073.1	−2.6
電気・ガス業	21.9	22.3	0.4	3337.1	3043.9	−8.8
情報通信業	54.8	53.9	−0.9	1067.6	1098.3	2.9
卸売業	49.5	49.7	0.2	1070.2	1058.1	−1.1
小売業	50.0	49.5	−0.5	496.5	493.6	−0.6
クレジットカード業、割賦金融業	28.6	30.7	2.1	1709.6	1587.8	−7.1
物品賃貸業	24.6	25.2	0.6	1860.4	1845.9	−0.8
学術研究、専門・技術サービス業	60.5	61.3	0.8	964.2	994.5	3.1
飲食サービス業	64.4	74.9	10.5	238.9	200.8	−15.9
生活関連サービス業、娯楽業	47.2	72.9	25.7	531.5	320.7	−39.7
個人教授所	64.9	85.7	20.8	406.4	309.0	−24.0
サービス業	70.4	72.0	1.6	443.3	447.8	1.0

資料出所：経済産業省「2021年企業活動基本調査速報−2020年度実績−」データは一部を抜粋したもの

1人あたり人件費＝労働分配率×労働生産性

∵人件費/従業員数＝（人件費/付加価値）×（付加価値/従業員数）

この算式は、次のことを示しています。

- 従業員の立場からすると、自分の給与（≒1人あたり人件費）を増やすには、労働分配率か労働生産性を高めるしかない。会社が人件費に回す配分を変えない（＝労働分配率が変わらない）のであれば、一人ひとりが仕事の付加価値を高めていかなければ（＝労働生産性を高めなければ）、給与は増えない。
- 会社の立場からすると、昇給によって1人当たり人件費が上昇する状況にあれば、労働分配率か労働生産性を高めていか

> なければならない。労働生産性が変わらなければ、労働分配率が高まることになり、それは「付加価値の増加以上に人件費の増加が大きい」ということであるから、営業利益が圧迫されるおそれがある。

　以上のことを踏まえて、自社の労働分配率や労働生産性を統計データと比較すれば、業界水準に比べて自社の付加価値や人件費が高いのか低いのか、あるいは、そこにどのような問題があるのか、分析することができます。

(3) 労働分配率のとらえ方と人事施策への展開

　労働分配率の見方と使い方（人事施策への展開の仕方）について、詳しく説明します。
　労働分配率は、付加価値と人件費の関係性において算出される指標です。したがって、「労働分配率が業界水準より高い」という事実をとらえたときには、それが生じている要因は、「人件費が多い」、または「付加価値が少ない」という２つの仮説から考えていくことが必要です。さらに、人事施策への展開も２つの方向（「人件費を減らす」、または「付加価値を高める」）から検討することが必要です。
　以上のポイントを踏まえたうえで、労働分配率の見方と使い方について説明します。

① 労働分配率の高低は、事業の特徴を踏まえて判断する

　労働分配率は、業種によって大きく異なりますが、さらに細かいことを言えば、同業種でも各社の事業の特徴によって数値が変わってきてしまいます。例えば、「小売業」という１つの業種の中でも、訪問販売を中心として販売員の教育と意欲向上に

コストをかける業態と、店舗販売を中心としてシステム開発と商品管理にコストをかける業態とでは、労働分配率が全く異なります。大まかに言えば、「高品質・高付加価値の製品・サービスの提供」を事業の特徴としている会社では、労働分配率は業界水準よりも高めになり、逆に「低価格で大量に生産・販売すること」を特徴としている会社では、労働分配率は低めになります。

すなわち、労働分配率を見るときには、統計データとの比較において単純に高低を判断するのではなく、自社の事業の特徴を踏まえたうえで、その高低が妥当なものかどうかを判断するようにしなければなりません。

② 労働分配率は「低いほどよい」とは限らない

「労働分配率が低いほど、付加価値を人件費以外のコスト・利益に配分できることになるので望ましい」と一般的に考えられています。ただし、これは、すべてにおいてあてはまるわけではありません。例えば、低い給与水準で従業員数を酷使している会社(いわゆる「ブラック企業」)は、労働分配率が低くなります。また、従業員の大量退職が発生した場合等も、一時的に労働分配率は低くなります。両方とも人件費が少ない・減ったことにより、労働分配率が低くなっていますが、このような状態が長く続けば、職場が疲弊して、事業が継続できない事態に陥ってしまいます。

労働分配率を見るときには、「低いほど良い」という一般論に惑わされず、それが「高い、増えている」場合であっても、それが生じている要因(人件費の上昇か、付加価値の低下か)を的確に見極めたうえで、対策を講じるべきかどうかを適切に判断することが重要です。

③　人事施策への展開は、2つの方向から考える

　労働分配率のように2つの項目（ここでは、付加価値と人件費）の関係性によって算出される指標をチェックして、そこから施策を展開させるときには、2つの項目のバランスを重視して考えることが重要です。例えば、「労働分配率が高い」からといって、人件費の削減策ばかりを実施していると、それが付加価値の減少を招いて、さらなる労働分配率の上昇を引き起こしてしまう危険性があります。したがって、労働分配率を低下させたいときには、人件費の削減と付加価値の増加の2つの方向から、バランスよく考えていくことが必要です。

　[図表5-35] は、労働分配率を低下させる場合の施策を列挙したものです。基本的には「人件費を削減する」と「付加価値を高める」の2つの方向性があり、さらに人件費削減は、「給与平均額を下げる」「従業員数を少なくする」等のいくつかの方法があります。「労働分配率の低下＝人件費削減＝人員削減」のように限定的に考えず、できるだけ幅広く施策を検討していくことが重要です。

　また、「人件費削減のために従業員数を少なくすること」と「付加価値を高めるために売上高を増やす（販売員を増強する）こと」は相反することで、一方でプラスに働くことが、他方ではマイナスの効果をもたらします。この点からも、人件費削減と付加価値向上の2つの方向からバランスよく施策を考えていくことが必要になるのです。

[図表5-35] 労働分配率を下げるときの施策展開

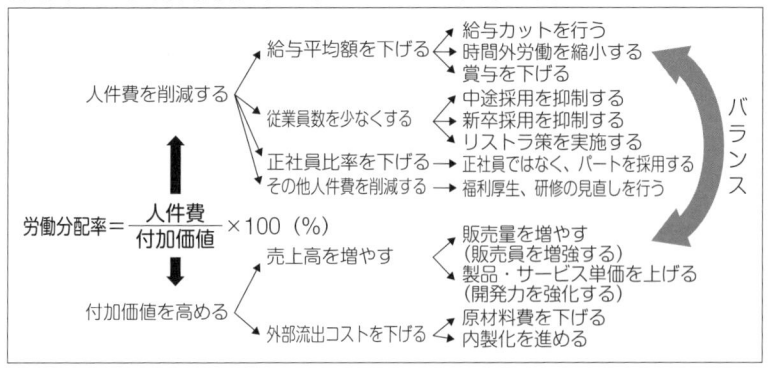

人件費を削減する
- 給与平均額を下げる
  - 給与カットを行う
  - 時間外労働を縮小する
  - 賞与を下げる
- 従業員数を少なくする
  - 中途採用を抑制する
  - 新卒採用を抑制する
  - リストラ策を実施する
- 正社員比率を下げる → 正社員ではなく、パートを採用する
- その他人件費を削減する → 福利厚生、研修の見直しを行う

$$労働分配率 = \frac{人件費}{付加価値} \times 100 \,(\%)$$

付加価値を高める
- 売上高を増やす
  - 販売量を増やす（販売員を増強する）
  - 製品・サービス単価を上げる（開発力を強化する）
- 外部流出コストを下げる
  - 原材料費を下げる
  - 内製化を進める

バランス

6　人件費分析の進め方

それでは、人件費分析の進め方について説明します。

(1) 人件費の水準比較、および推移の分析

　人件費分析は、自社の損益計算書から、人件費、付加価値および労働分配率を算出することから始まります。なお、ここでは時系列分析も行いますから、過去3年度分以上のデータ（できれば5～10年度分のデータ）を準備することが必要です。

　データが準備できたら、[図表5-36]に示す表を作成します。

　この表を作成するときのポイントは次の点です。

●労働分配率だけではなく、人件費と付加価値も表示すること。また、人件費や付加価値の内訳も表示すること。
●表の下に、従業員数（期初人員と期末人員の平均値）、労働生産性、1人当たり人件費等の指標を表示すること。

　こうすることにより、労働分配率の変化が、どこから生じているのかを分析できます。

　表を作成したら、次の分析を行ってください。

1) 財務省等の統計データと比較して、自社の労働分配率が高いのか、低いのか。労働分配率の高低は、自社の事業の特徴と照らし合わせて、妥当な（＝問題がない）ことと判断できるのか。
2) 自社の労働分配率は、時系列で見て、どのように変動しているか。その変動によって事業運営にどのような影響が出てきているのか。

[図表 5-36] 人件費、付加価値、労働分配率の5年間の推移

(単位：百万円)

	2009年度		2010年度		2011年度		2012年度		2013年度	
	金額	構成比	金額	構成比	金額	構成比	金額	構成比	金額	構成比
労務費（売上原価）	6,500	(66.5%)	6,600	(65.2%)	6,700	(68.6%)	6,750	(62.1%)	6,800	(60.3%)
人件費（一般管理費）	3,268	(33.5%)	3,516	(34.8%)	3,878	(39.7%)	4,116	(37.9%)	4,473	(39.7%)
役員報酬・役員賞与	200	(2.0%)	200	(2.0%)	200	(2.0%)	200	(1.8%)	200	(1.8%)
従業員給料手当	2,500	(25.6%)	2,700	(26.7%)	3,000	(30.7%)	3,200	(29.4%)	3,500	(31.0%)
退職給付費用	80	(0.8%)	90	(0.9%)	100	(1.0%)	110	(1.0%)	120	(1.1%)
法定福利費	378	(3.9%)	406	(4.0%)	448	(4.6%)	476	(4.4%)	518	(4.6%)
福利厚生費	60	(0.6%)	65	(0.6%)	70	(0.7%)	70	(0.6%)	70	(0.6%)
募集費・研修費	50	(0.5%)	55	(0.5%)	60	(0.6%)	60	(0.6%)	65	(0.6%)
人件費合計・労働分配率	9,768	52.6%	10,116	52.0%	10,578	52.0%	10,866	54.9%	11,273	52.4%
動産・不動産賃貸料	1,000	5.4%	1,000	5.1%	1,000	4.9%	1,000	5.1%	1,000	4.7%
租税公課	800	4.3%	820	4.2%	750	3.7%	730	3.7%	720	3.3%
減価償却費	3,000	16.2%	3,000	15.4%	3,000	14.8%	3,000	15.2%	3,000	14.0%
営業利益	4,000	21.5%	4,500	23.2%	5,000	24.6%	4,200	21.2%	5,500	25.6%
付加価値額合計	18,568	100.0%	19,436	100.0%	20,328	100.0%	19,796	100.0%	21,493	100.0%

（　）内は人件費総額を100とした場合の、各人件費項目の構成比

従業員数（人）	1,800	1,820	1,850	1,870	1,900
労働分配率（人件費/付加価値）	52.6%	52.0%	52.0%	54.9%	52.4%
労働生産性（付加価値/従業員数）	10.32	10.68	10.99	10.59	11.31
一人当たり人件費（百万円）	5.43	5.56	5.72	5.81	5.93

3）総じて、自社の労働分配率の水準および変化について問題が見られるのか。問題があるとすれば、それを生じさせている要因は、どこにあるのか（人件費か、付加価値か）。

(2) 付加価値と人件費の関係性の分析

過去数年度分の付加価値と人件費のデータから、両者の関係性について分析してみましょう。事例のデータについて、過去5年間の付加価値と人件費の単回帰分析を行った結果は、**[図表 5-37]** のとおりです。

散布図が示すとおり、付加価値の増加に対して人件費もほぼ直線的に（一定の比率で）増加しています。「R－2乗値」が0.8444となっ

[図表5-37] 付加価値と人件費の関係性

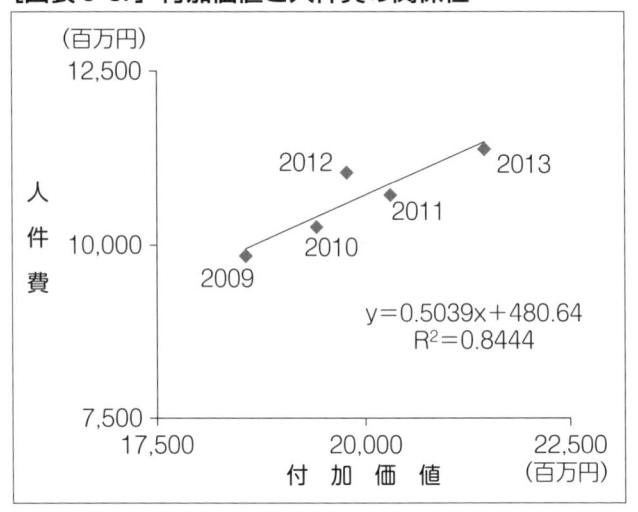

（百万円）縦軸：人件費、横軸：付加価値（百万円）
回帰式：y＝0.5039x＋480.64
$R^2＝0.8444$

データ点：2009、2010、2011、2012、2013

ていますから、この回帰式は付加価値と人件費との関係性を的確に表現していると言えるでしょう。

回帰式は、y＝0.5039x＋480.64（x：付加価値、y：人件費）ですが、これは「付加価値が"1"増えたら、人件費が"0.5039"増加する」と言う傾向を示しています。また、付加価値（x）が増加していけば、人件費（y）は「付加価値×0.5039」に限りなく近付く、すなわち労働分配率が「50.39％」に近付いていくことを示しています。

この回帰式を使って、付加価値（x）がある値になったときの人件費（y）を推測することができます。

例えば、付加価値が25,000百万円のときの人件費は、次のように推測されます。

回帰式を使った推測人件費＝0.5039×25,000＋480.64
≒13,078（百万円）

なお、この会社の過去5年間の労働分配率の平均値は、「52.81％」

[図表5-38] 回帰式を使った人件費の推測

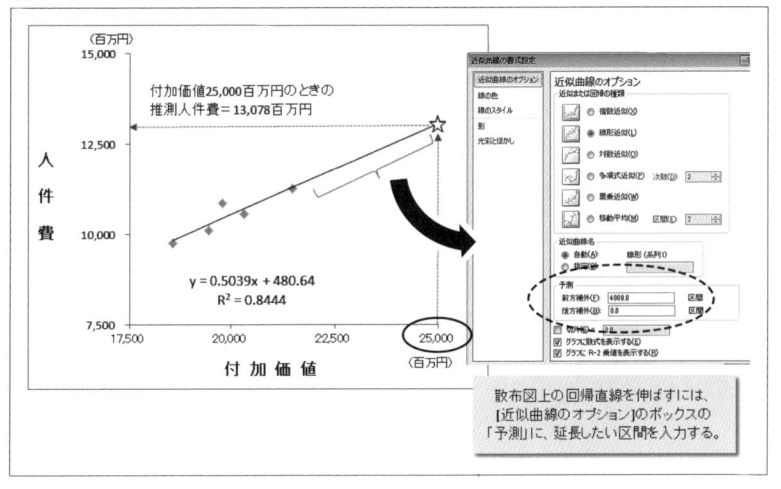

付加価値25,000百万円のときの
推測人件費＝13,078百万円

$y = 0.5039x + 480.64$
$R^2 = 0.8444$

散布図上の回帰直線を伸ばすには、[近似曲線のオプション]のボックスの「予測」に、延長したい区間を入力する。

です。これを使って付加価値が25,000百万円のときの人件費を推測すると次のようになります。

労働分配率を使った推測人件費＝0.5281×25,000
≒13,203（百万円）

どちらの推測も誤りではありませんが、過去5年間の事業運営に大きな問題がなく、これまでの傾向の延長線上で人件費管理を行いたいということであれば、前者の「回帰式を使った推測人件費」のほうがより適切なものであると考えられます。

また、付加価値と人件費の回帰分析の結果を使って、従来の人件費管理の傾向に関する仮説を構築し、今後の施策の方向性を考えることもできます。

[図表5-39] の左図は、付加価値と人件費の関係を表す回帰式の傾き「a」と労働分配率との関係を表したものです。

回帰式 $y = ax + b$ の傾き「a」は、この付加価値が0のときの回帰直線と直線 $y = b$ が交差する角度を示すもので、式で表すとすれば

[図表5-39] 回帰式の傾き「a」と労働分配率の関係

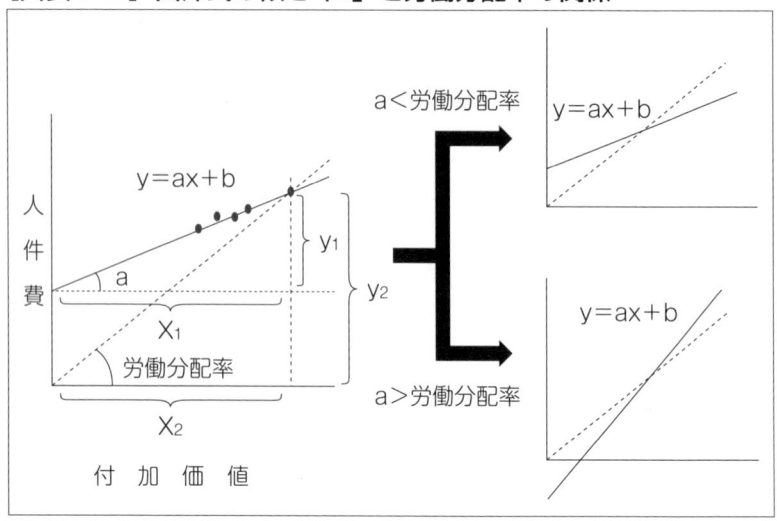

「y_1/x_1」となります。一方、労働分配率は、$y＝ax＋b$ 上にある点と原点（0,0）を結ぶ直線および $y＝0$ が交差する角度を示すもので、「y_2/x_2」で表されます。

したがって、回帰式の傾き「a」が労働分配率よりも小さい（＝回帰式の勾配が緩やか）ならば、これまでは付加価値の増減よりも人件費の増減が小さい傾向があったこと、逆に「a」が労働分配率よりも大きい（＝勾配が急）ならば付加価値の増減よりも人件費の増減が大きい傾向があったことが分かります。

傾きaと労働分配率の状況の違いにより、人件費管理において、次の問題が生じている可能性があります。

① 「傾きa＜労働分配率」（＝回帰式の勾配が緩やか）の場合

●付加価値が増加している状況であれば、事業拡大のペースに人件費の伸びが追いついていない。労働力が慢性的に不足し

ている、人材が育たない（＝給与水準が低いから人件費も少ない）等の現象が顕在化しており、放置すれば、組織の疲弊により事業拡大がストップするおそれがある。
- 付加価値が減少している状況であれば、付加価値減少のペースに人件費削減が追い付いていない。人件費が高止まりしており、その分、利益の落ち込みが大きくなっている可能性がある。
- 上記いずれの場合も、y＝ax＋bの「b」の値が大きいことがある（理論上、付加価値0でも多額の人件費が発生することを意味する）。正社員、または間接人員の比率が高すぎて、付加価値の増減に連動させた人件費のコントロールができていない状況に陥っている可能性がある。

② 「傾きa＞労働分配率」（＝回帰式の勾配が急）の場合

- 付加価値が増加している状況であれば、事業拡大のペースを人件費の伸びが追い越してしまっている。人員の増やしすぎ、給与水準の上げすぎにより、付加価値の増加がストップした途端に、高騰した人件費が利益を圧迫することになる危険性が高い。
- 付加価値が減少している状況であれば、付加価値減少のペースを上回る勢いで人件費の減少が発生している。リストラを過剰にやり過ぎている、または従業員の大量退職が発生している可能性があり、この状況が続くと、さらなる付加価値の減少を招く危険性がある。
- 上記いずれの場合も、人件費管理が適正になされていない状態に陥っている。今後の事業計画に基づき、中長期的な視点から要員計画を練りなおし、また人事制度の抜本的な見直しをすることが望ましい。

以上のことは、付加価値と人件費の関係性を分析する中で構築された「仮説」にすぎません。このような問題が生じていないか、さらなる分析が必要です。

　そして、実際にこのような問題が生じているのであれば、人件費管理のあり方を見直すことが必要となります。この**施策の基本的な考え方**は、「付加価値と人件費の回帰式 y＝ax＋b の傾き a を適切に管理すること」、すなわち「付加価値の増減と人件費の増減のペースを合致させていくこと」にあります。具体的な施策としては、中長期の事業計画を策定するプロセスの中で、今後の付加価値の増減をしっかりと予測し、その「付加価値計画」に基づいて「人件費計画（従業員数や報酬管理等）」も作成すること等があげられます。

　回帰式を使った人件費管理は、一見すると難しそうですが、エクセルの操作に慣れてしまえば、誰でも簡単にできます。まずは、自社の人件費と付加価値を算出して、ここで説明した人件費分析を実際に試してみるとよいでしょう。

（3）人件費の構造分析

　人件費の推移を見たり、労働分配率の分析を行ったりして、自社の人件費に関する問題をつかんだとしても、その問題を発生させている要因が分からなければ、適切な対応はできません。

　人件費に関する問題を発生させる要因は、大きくは、「従業員数に関すること」と「報酬水準等に関すること」に分けられますが、それぞれを細かく見ていくときには、次の点をチェックすることが必要です。

　人件費構造のチェックポイント（人件費高騰が発生している場合）

① 従業員数に関すること

- 従業員数が過剰になっていないか
- 正社員比率が高まっていないか
- 管理職層、高齢者層の構成割合が高まっていないか
- 定年後の再雇用者等が増えていないか

② 報酬水準等に関すること

- 平均基本給が上昇していないか
- 手当支給額が増えていないか
- 所定外給与が増えていないか
- 賞与の平均支給額が高すぎないか
- 非正規従業員の時給が上昇していないか
- 退職金の支給額、企業年金の掛金が増えていないか
- 保険料率改定等により法定福利費が増えていないか
- 福利厚生費、募集費、教育訓練費等が増えていないか

　人件費を構造面から分析するときには、これらの様々なチェックポイントを総合的にとらえて、問題を発生させている要因を的確に見つけることが必要です。そのためには、縦軸に「従業員数」を、横軸に「報酬等の水準（平均支給額）」を配置した「ピラミッド・グラフ（人件費構造図）を作成するとよいでしょう（[図表5-40] 参照）。

　この図では、グラフの面積が人件費を示します。面積が縦長になって広がっていれば「従業員数に関すること」が、横長に広がっていれば「報酬水準等に関すること」によって、人件費の増加が生じていることを示しています。

　縦軸（従業員数）は、等級別人数によって区分けされています。したがって、図の上方の面積が広ければ、上位等級（管理職層）の人件費負担が大きいことになります。なお、分析の目的に応じて、

[図表5-40] サンプルデータの人件費構造図

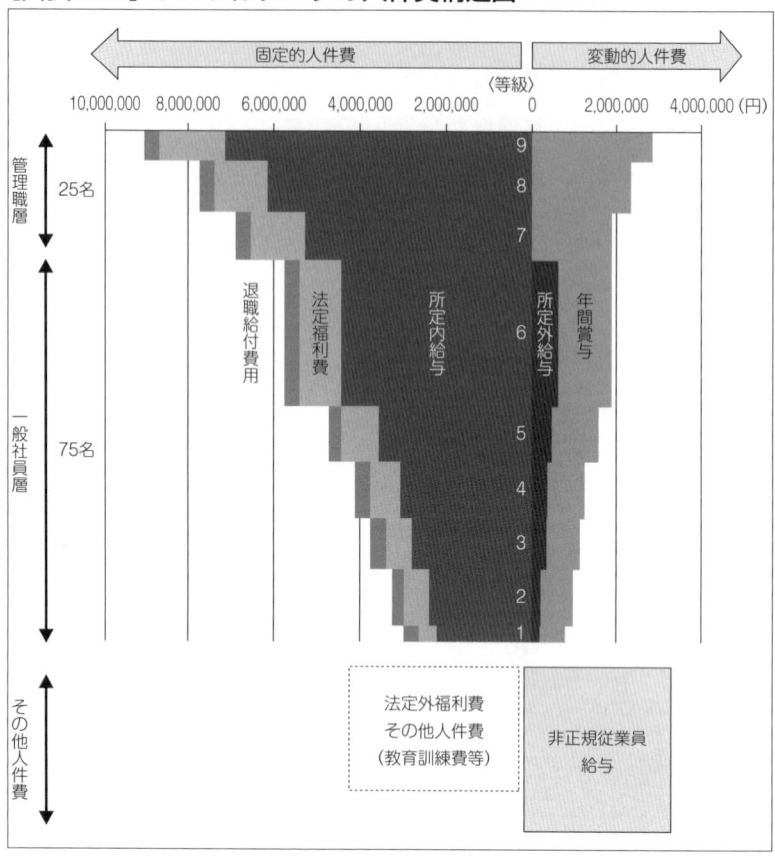

　縦軸の等級を役職や年齢階級に置き換えて図を作成しても良いでしょう。
　横軸（報酬水準等）は、左側に「固定的人件費（＝所定内給与等、金額調整が困難なもの）」、右側に「変動的人件費（＝所定外給与や賞与等、金額が変動しやすいもの・調整可能なもの）」）を配置します。したがって、図の右側の面積が大きくなっていれば、残業制限や賞与減額によって、人件費調整が可能であることを示します。
　所定内給与と所定外給与、賞与とのバランスについて検証すると

[図表5-41] 人件費構造図の見方

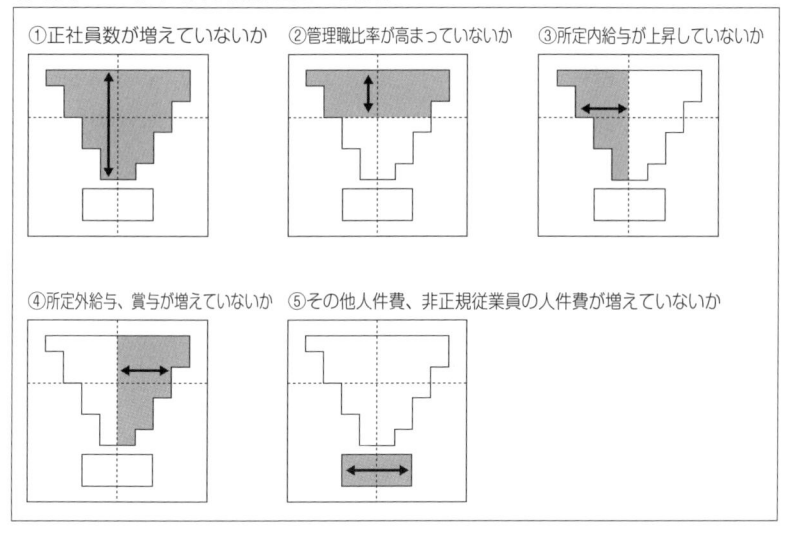

①正社員数が増えていないか　②管理職比率が高まっていないか　③所定内給与が上昇していないか

④所定外給与、賞与が増えていないか　⑤その他人件費、非正規従業員の人件費が増えていないか

きには、厚生労働省「賃金構造基本統計調査」のデータと照らし合わせてください。この統計データの「所定内給与」、「きまって支給する給与－所定内給与（＝所定外給与）」の12カ月分、および「年間賞与その他特別給与額」の構成割合を見れば、一般的な固定的人件費と変動的人件費のバランスが分かります。

図の下方には、「その他人件費（＝法定外福利費など給与以外の人件費）」や「非正規従業員の人件費」を表示しています（この部分は、面積が金額を示すように調整しています）。

直近年度の人件費構造図と5年前のそれとを比較すれば、人件費の増減が、従業員数、労務構成、報酬水準、労働時間（≒所定外給与）等のどれに影響を強く受けているのか、感覚的にとらえることができます。

人件費構造図は、[パソコン操作10]で説明したピラミッド・グラフと同じ要領で作成できます。具体的には、[パソコン操作23]を参考に

してください。

　なお、人件費構造図は、従業員数や報酬水準の変化を視角的にとらえて、人件費の増減を発生させている要因についての仮説を構築するためのものです。ここで仮説を構築したら、あらためてデータを使って労務構成や報酬水準の分析を行って、人件費の変動を発生させている要因とメカニズムを明確にしていくことが必要です。

　人件費の適正化を図るためには、まず人件費変動を発生させる要因を明らかにすることが必要です。基本的には、「従業員数・労務構

パソコン操作 23 【人件費構造図（ピラミッド・グラフ）の作成】

[1] データ領域の作成

　まず、ピボットテーブルを使って、各等級の従業員数、所定内給与平均額等、グラフ作成に必要なデータを算出しておきます。

　そのうえで、グラフ作成用のデータ領域を作成します。ここでは、各等級の従業員数に相当する「行」の分だけ、その等級の人件費のデータを入力します。

　例えば、9等級に6人の従業員がいれば、6行分、9等級の所定内給与、所定外給与等のデータを入力します。

　なお、左側の固定的人件費として表示させるデータには、「−1」を乗じて負の数にしておきます。

[2]「積み上げ横棒グラフ」を作成する

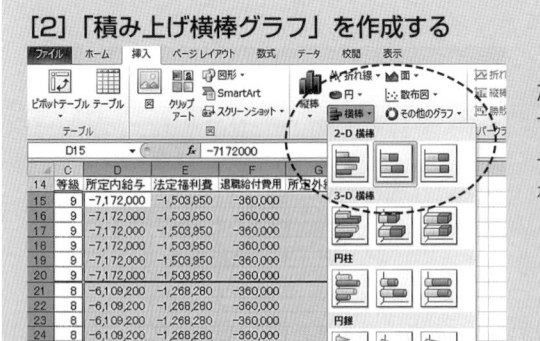

すべてのデータを入力したら、データ領域を指定して、[挿入]タブ→[グラフ]→[積み上げ横棒グラフ]を選択します。

[3] 縦軸を反転し、図の縦横比を調整する

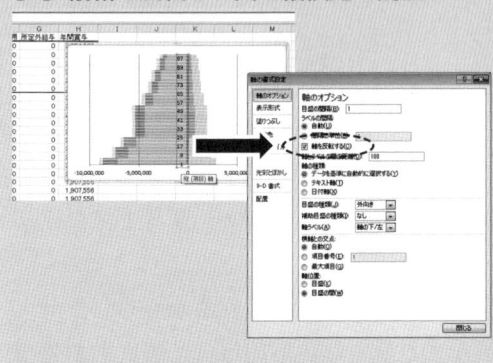

ピラミッド・グラフが表示されました。この状態では、上位等級ほどグラフの下方に表示されていますから、縦軸の書式設定の「軸を反転する」にチェックをいれます。また、この図は、全体の縦横比で印象が大きく変わります。見やすさで言えば、縦横を「1：1」にすればよいのですが、人件費に与える影響度を反映させたいのであれば、従業員数、平均給与額と人件費との間で重回帰分析を行い、そこで算出される「t」の比率で縦横比を決めます。

6．人件費分析の進め方

[4]「要素の間隔」を0%にする

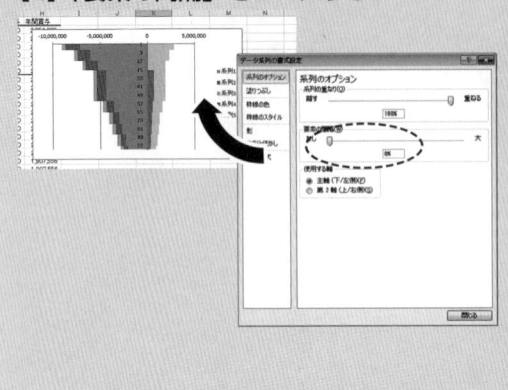

面積（＝人件費）が見やすいように、棒グラフ間の隙間を詰めます。グラフの任意のデータを右クリックし、[データ系列の書式設定]のボックスを開いて「要素の間隔」を0％に設定してください。

これで、人件費構造図は、ほぼ完成です。あとは、テキストボックスを使って、データ名やコメントをグラフに追加してください。

成」の変化によって引き起こされている人件費の変動は、「従業員数・労務構成」に関する施策を講じなければ、調整することができません（報酬水準を変えたところで、抜本的な問題解決には至りません）。一方、報酬水準の上昇により生じた人件費の膨張は、報酬水準を引き下げない限り、改善されません。これが、リストラを成功させる「鉄則」です。

言われてみれば当たり前のことのように思われるかもしれませんが、日本企業のリストラがうまく進まない原因は、この鉄則を無視していることにあります。

日本企業における人件費高騰の主な要因は、「報酬水準が高い正社員の過剰雇用」にあります。したがって、人件費調整を行うのであれば、「正社員の報酬水準を引き下げるか」、「正社員の雇用を減らすか」しかありません。ところが、多くの会社は「報酬水準が低い非正規従業員の人員を削減する」ことを中心に人件費削減を行ってしまいました。すなわち、人件費高騰を発生させた本当の要因には手を付けなかったのです。これでは、いつまでたっても抜本的なリ

ストラはできません。

　人件費高騰により事業運営が厳しくなってきている会社は、まず、人件費構造図を作成して、現状を的確に把握することが必要です。講じるべきリストラ策は、それぞれの会社（＝人件費高騰を発生させた要因）によって、全く異なります。

　このことを十分に理解したうえで、人件費構造分析を行うようにしてください。

(4) 事業シミュレーションによる「適正人件費」の管理

　人件費の推移や構造の分析を行い、問題点や改善の方向性をつかんだら、「適正人件費」を維持できるように、しっかりと管理していくことが必要になります。

　「**適正人件費**」とは、「**将来にわたり、安定的に事業を継続できる見込みが立つ人件費**」を指します。低い人件費水準を維持しようとすると、人材確保が困難になり、将来的には事業運営に支障が出てくることが見込まれます。逆に、高い人件費水準を維持しようとすると、利益が圧迫され事業運営が厳しくなってきます。

　人件費の適正性は、現在だけを基準にして、あるいは労働分配率のような指標を見ただけで判断することはできません（これらから「人件費が不適正な状態になっている」という結論を導き出すことはできますが、「適正である」という結論は導き出せません）。人件費の適正性は、あくまでも将来的な事業運営の見通しの中で判断されなければなりません。

　そこで、適正人件費の管理を行うためには、今後5〜10年間の事業収益に関するシミュレーションが必要になります。このシミュレーションでは、次の条件を満たしていなければなりません。

- 売上高やコストの見込みは、しっかりと立てられているか（希望的な観測に基づく、甘い見込みになっていないか）
- 生産・営業活動の増減に見合う、適正な従業員数が設定されているか
- 昇給率が適正に設定されているか（その昇給率で、将来にわたり必要従業員が確保できるか）
- 人件費の将来予測がしっかりと計算されているか（法定福利費の増加等を見込んでいるか）

　事業シミュレーションは、[図表5-42]に示す収支試算表を作成することによって行われます。そして、上記の条件を満たしつつ、将来にわたり一定の利益が確保できるように、従業員数や報酬水準（＝標準昇給率等）を調整することが適正人件費の管理となります。

　事業シミュレーションは、次の手順で進めます。

① **現状分析**

　　統計データを使って今後の販売量の伸びを予測したり、過去の財務データを使って自社の収益構造を明らかにしたりします。基本的には、この結果をもとに、今後の利益の見込み等を算出します。

② **なり行き予測**

　　これまでの傾向が続き、かつ会社が何も対策を講じなかった場合の将来の姿を予測します。たいがいの場合、この段階では「数年後は赤字に転じる」等、問題の発生を予見する結果が出てきます。

[図表5-42] 事業シミュレーション①（なり行き予測）

【事業シミュレーションの条件設定】		
	売上高成長率（5年間平均）	1.27%
	標準昇給率（定昇分）	3.00%
	正社員平均年齢上昇	0.50歳
	正社員増加数	2人
	非正規従業員増加数	2人

（単位：百万円、人）

項目	算式	現在	1年後	2年後	3年後	4年後	5年後
目標生産高	増加（ただし増加率は逓減）	250	260	268	274	278	280
想定単価	毎年0.1%の低下	10.0	9.9	9.8	9.7	9.6	9.5
売上高	生産高×想定単価	2,500	2,574	2,627	2,659	2,670	2,663
変動コスト（原材料費、仕入れなど）	目標生産高×5	1,250	1,300	1,340	1,370	1,390	1,400
限界利益	売上高−変動コスト	1,250	1,274	1,287	1,289	1,280	1,263
固定コスト（賃借料など）		250	250	260	260	260	260
研究開発投資		50	50	50	50	50	50
人件費控除経常利益	売上高−（変動コスト+固定コスト+研究費）	950	974	977	979	970	953
人件費　人件費計		832	860	889	919	949	980
役員報酬	固定	50	50	50	50	50	50
正社員給与	下記の「給与単価×正社員数」	450	466	482	499	516	533
正社員給与単価（年額）	標準昇給率×年齢上昇だけ増加	4.50	4.57	4.64	4.71	4.78	4.85
正社員数	毎年、上記の人数増加	100	102	104	106	108	110
賞与（年間4カ月分）	正社員給与÷12×4	150	155	161	166	172	178
非正規給与	下記の「給与単価×非正規従業員数」	50	52	54	56	58	60
非正規給与単価（年額）	給与は固定	1.00	1.00	1.00	1.00	1.00	1.00
非正規従業員数	毎年、上記の人数増減	50	52	54	56	58	60
退職給付費用	正社員数×12万円	12	12	12	13	13	13
法定福利費	全従業員報酬×（15%＋年金引き上げ）	105	110	115	120	125	130
福利厚生費　他	正社員数×5万円	5	5	5	5	5	6
教育研修費		10	10	10	10	10	10
経常利益　（人件費控除前経常利益−人件費）		118	114	87	60	21	−27

③ 対策の検討・再シミュレーション

　今後に向けて問題が発生しないように、従業員数等、いくつかの条件を変えて、再シミュレーションを行います。

④ 再シミュレーションの結果の評価

　③で検討した対策の実現可能性や効果を評価して、最も適切と思われる人件費管理を実践します。

　[図表5-42] は、なり行き予測の段階における収支試算表です。シミュレーションでは、例えば、「5年後の経常利益を20百万円とする」等の目標を定めて、この表の様々な条件を調整していくことになります。

　[図表5-42] の収支試算表の作成方法について説明します。
　ここでは、次の方法で将来の事業収支の見込みを立てています。（「第3章-3-(3)」および「第3章-3-(4)」にも同様の説明がありますので、それも参考にしてください。）

1）過去の財務諸表から「売上高－(人件費＋経常利益)＝人件費以外のコスト」を算出し、これと売上高との間で回帰分析を行って、人件費以外のコストを「変動コスト」と「固定コスト」に区分けします。

2）売上高の将来の見込みを立てて、それに基づき変動コスト（売上高×変動コスト率）を算出します。固定コストは将来にわたり一定額とします。「売上高－変動コスト－固定コスト」から「人件費控除前経常利益」を算出します。

3）正社員の将来の給与総額は次のいずれかの方法で算出します。
・将来の給与単価（＝現在の給与単価×標準昇給率）に正社員数を乗じて算出します。標準昇給率は、「過去5年間の定期昇給率の平均値」または「年齢と給与の関係を表す回帰式の傾き（y＝ax＋bの"a"）」を使います。なお、どちらの場合も、標準昇給率は「1歳年をとったときの給与の増分」になりますから、人件費増加額は「標準昇給率×従業員の平均年齢の増加分」となります。

将来の正社員数は、売上高増加等に対応して必要な人員数を予測します。

・なお、正社員が少ない会社では、実際に、全正社員の給与に昇給率を乗じて、将来の正社員の給与総額を算出することも可能です。また、人材マップを使って各等級の将来の人員数を予測し、それに等級別給与平均額を乗じることでも給与総額を算出できます。

4）非正規従業員の人件費総額やその他人件費等は、これまでの傾向を分析して、今後の見込み額を算出します。

5）正社員の給与総額、非正規従業員の給与総額、およびその他人件費の合計額が「人件費総額」となります。

6）「人件費控除前経常利益－人件費総額」によって、経常利益を求めます。一般的には、経常利益が一定額を確保できるかどうかで事業の安定性や継続性を判断し、人件費の適正性を評価します。

これが基本的な収支計算表の作成方法になります。
ただし、最近は、インターネットから様々な情報・データが入手できるようになったこと、および高度な統計的手法（多項式回帰や

重回帰分析等)がエクセルでも簡単にできるようになったことから、売上高の予測や将来のコストの見込みは、もう少し実態に近いシミュレーションが行われます。その場合、基本的なシミュレーションに、次のような調整が加えられています。

● 将来的に売上高が一律に伸びていくことは、ほとんどの業界において、すでに「あり得ないこと」になっています。特に業界競争が激しい世界では、販売量を伸ばすほど売価が低下し、売上高がほとんど増えない事態が生じています。多項式回帰を使って売上高の変化を曲線的にとらえ、さらに、生産量の変化については、人口動態や競合他社の動向を踏まえて、厳密に行うような工夫が施されています（「売上高が毎年x％成長する」では、甘い見通しになる危険性がありますので、成長率を逓減させる条件を定めるシミュレーションが行われるようになっています）。

● 事業の拡大に応じて、事業所の新設や設備の設置等が発生しますので、固定コストであっても、生産量の増減等に応じて変動することがあります。財務省の「法人企業統計調査」や同業他社の有価証券報告書等を詳細に分析し、固定コストの増加分を予測したシミュレーションが行われるようになっています。

これまでは、どの業界においても市場が拡大基調にありましたから、「直線的に変化する損益分岐点のモデル」が使えたのですが、今や市場が飽和状態にあり、また、コストのうち固定部分の比重が増えてきていますから、[図表5-43]のように売上高や固定コストの変化を曲線的にとらえた、かつ、全体的・長期的視野を持った収益構造モデルに基づいてシミュレーションが行われるようになっています。

なお、[図表5-42]でも、財務省「法人企業統計調査」や同業他社の

[図表 5-43] 事業シミュレーションのベースとなる収益構造モデル

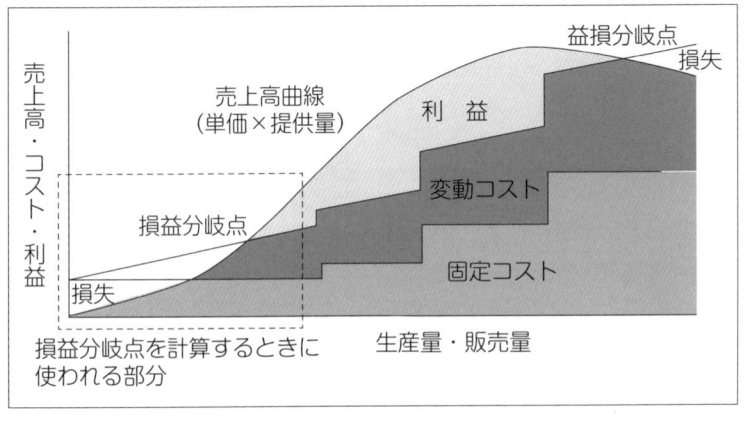

有価証券報告書から収集した財務データを多項式近似で回帰分析を行い、売上高の低減傾向や固定費の段階的増加傾向をモデル化して、それをシミュレーションに反映させています。

さて、**[図表 5-42]** は、あくまでも「なり行き予測」ですから、これをもとに事業を安定的に継続できる「適正人件費」を求め、それを実現するための対策の検討を行うことが必要です。

ここでは、事業の安定的継続のためには、「5年後の経常利益を20百万円以上とすること」という条件を設定し、それを満たす対策を考えます。このような条件を満たすためには、「売上高を増やす」、「固定コストを削減する」等の様々な対策が考えられますが、ここでは人件費に関する対策に絞って検討します。

人件費構造のチェックポイントを、「従業員数に関すること」と「報酬水準に関すること」に大別しましたが、人件費の対策を考えるときにも同じことが言えます。この場合で言えば、適正人件費を実現するためには、「正社員数の増減」「非正規従業員数の調整」あるいは「正社員の標準昇給率の引き下げ」等、いくつかの選択肢をあげることができます。それぞれを具体的に検討するときには【パソコン

［図表5-44］ゴールシークを使った施策の検討

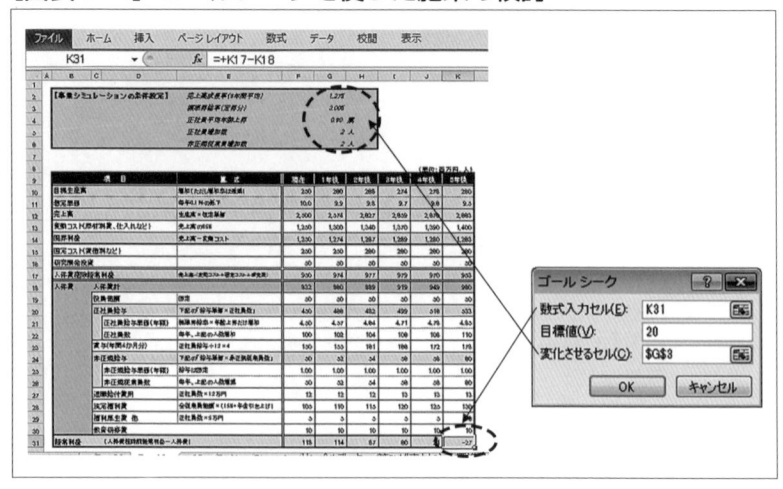

操作22】で紹介した「ゴールシーク」機能が役に立ちます。

　ゴールシークの「数値入力セル」に5年後の経常利益が表示されているセルを、「目標値」を「20（百万円）」をそれぞれ指定し、そのうえで「変化させるセル」に、正社員の標準昇給率、正社員の増加数、非正規従業員の増加数が入力されているセルを、順番に指定します。これにより、「5年後の経常利益を20百万円以上とする」ためには、次の対策を実施すればよいことが分かります。

● 標準昇給率を3.00％から0.61％に引き下げる
● 正社員の増員を2人から1人に減らす
● 非正規従業員を2人増員から6人減員に修正する

　このうち、「非正規従業員数を6人減員に修正する」ことは、目標生産高を増やす計画に照らし合わせると実現性が低いと考えられます。そうなると、「標準昇給率の引き下げ」または「正社員の増員数の抑制」、あるいは、その両方を組み合わせて行うことが、実現可能

性が高く、効果も期待できる対策になるものと考えられます。

　［図表5-45］は、標準昇給率を引き下げたときの収支計算表です。なり行き予測では「980百万円」であった5年後の人件費が、シミュレーション後は「933百万円」に下がっています。事業を安定的に継続する（＝5年後の経常利益を20百万円以上とする）「適正人件費」は、約930百万円であり、それを実現するためには、標準昇給率を0.6％に引き下げたり、正社員の増員を1名に抑制したりする対策を講じればよいということが分かります。

　「適正人件費」と言うと、「売上高のX％程度」、「100人規模でX億円程度」のように比率や絶対額によって設定できるものと考えている人がいらっしゃいますが、それは大きな誤解です。このように、事業シミュレーションに基づいて算出されるものが「適正人件費」であり、それは具体的な実現策を伴って示されなければ、「絵に描いた餅」になってしまうものなのです。

[図表5-45] 事業シミュレーション②(再シミュレーションの結果)

【事業シミュレーションの条件設定】	
売上高成長率(5年間平均)	1.27%
標準昇給率(定昇分)	0.61%
正社員平均年齢上昇	0.50歳
正社員増加数	2人
非正規従業員増加数	2人

(単位:百万円、人)

項目			算式	現在	1年後	2年後	3年後	4年後	5年後
目標生産高			増加(ただし増加率は逓減)	250	260	268	274	278	280
想定単価			毎年0.1%の低下	10.0	9.9	9.8	9.7	9.6	9.5
売上高			生産高×想定単価	2,500	2,574	2,627	2,659	2,670	2,663
変動コスト(原材料費、仕入れなど)			目標生産高×5	1,250	1,300	1,340	1,370	1,390	1,400
限界利益			売上高−変動コスト	1,250	1,274	1,287	1,289	1,280	1,263
固定コスト(賃借料など)				250	250	260	260	260	260
研究開発投資				50	50	50	50	50	50
人件費控除経常利益			売上高−(変動コスト+固定コスト+研究費)	950	974	977	979	970	953
人件費 人件費計				832	852	872	892	912	933
	役員報酬		固定	50	50	50	50	50	50
	正社員給与		下記の「給与単価×正社員数」	450	460	471	481	492	503
		正社員給与単価(年額)	標準昇給率×年齢上昇だけ増加	4.50	4.51	4.53	4.54	4.56	4.57
		正社員数	毎年、上記の人数増加	100	102	104	106	108	110
	賞与(年間4カ月分)		正社員給与÷12×4	150	153	157	160	164	168
	非正規給与		下記の「給与単価×非正規従業員数」	50	52	54	56	58	60
		非正規給与単価(年額)	給与は固定	1.00	1.00	1.00	1.00	1.00	1.00
		非正規従業員数	毎年、上記の人数増減	50	52	54	56	58	60
	退職給付費用		正社員数×12万円	12	12	12	13	13	13
	法定福利費		全従業員報酬×(15%+年金引き上げ)	105	109	112	116	120	124
	福利厚生費 他		正社員数×5万円	5	5	5	5	5	6
	教育研修費			10	10	10	10	10	10
経常利益 (人件費控除前経常利益−人件費)				118	122	105	87	58	20

7 事例紹介

　この章では、報酬、人件費のデータ分析およびその結果を使った事業シミュレーションや施策検討の進め方について説明しました。この章の最後に、実際にこれらの手法を使って経営改革を成功させた会社の事例を紹介します。

(1) 事例企業紹介

　介護サービスを営むP社。
- ●売上高（年間）：50億円
- ●従業員数　正社員：550名、非正規従業員：350名
- ●正社員1人あたりの給与：400万円

(2) 背　　景

　P社は、訪問介護事業等を営む会社です。高齢化社会を迎えて、市場の伸びが期待できるものの、「業界内での競争激化」や「慢性的な労働力不足」に悩まされています。
　近年、介護職員の報酬の低さがマスコミ等で取り上げられる機会が増えたため、若手社員が将来に不安を抱き、1人前に育った頃に退職してしまうという問題が発生しています。その結果、仕事の負荷が重くなったことにより体調を壊すベテラン社員、あるいは経験が浅くても現場に出るために顧客との間でトラブルを起こす若手社員も出始めました。
　P社の経営陣は、このままでは事業が継続できなくなると強い危機感を抱くようになりました。

(3) 経営改革委員会の組成と事業の将来像の周知徹底

　このような問題を解決するために、P社は、「社員の将来不安を小さくすること」、すなわち「事業の将来像を明確に示すこと」への取り組みを始めました。そこで、本部と各拠点の責任者をメンバーとする「経営改革委員会」を組成し、次の検討を行いました。

- ●今後5年間の事業のあるべき姿（事業の将来像）
  顧客の伸び、事業収支の見込み等、今後の事業の姿を示して、社員の将来不安を払拭する。
- ●事業安定化のために社員が取り組むべきこと
  コスト削減等、事業安定化に向けて、一人ひとりが取り組むべきことを各現場で話し合い、集約する。
- ●社員への成果配分の考え方
  事業安定化が実現した場合、その成果を社員に配分する考え方と仕組みを明確にする。

　経営改革委員会は、半年間にわたり実施され、最終結果は報告書形式で整理されました。そして、役員会、責任者会議、労使協議会、職員説明会等で、その報告書を説明し、社員からの質問や意見を受け付ける体制も整えました。

(4) 事業シミュレーションの実施と報告

　経営改革委員会では、市場予測や収益構造の分析を行ったうえで、事業シミュレーションを行いました（内容は、この章で解説したシミュレーションとほぼ同じなので、実例の紹介は省略します）。

　この事業シミュレーションでは、なり行き予測の段階で「現状が続けば、4年後に経常赤字に陥る」という見込みが出てきました。委員の中には「このような将来像を示したら、社員が動揺して、ま

すます離職率が高まる」という意見もありましたが、最終的には、「どのような見込みであっても、社員に示して赤字転落の回避策を議論するべき」ということになり、ありのままの事業シミュレーションと今後のコスト削減策とを合わせて社内に報告することになりました。

社員への成果配分については、当面は賞与にて業績改善分の一定割合を還元することを明確にしました（＝業績連動型賞与の導入）。

また、P社では、「社内の取組を利用者にも理解してもらうことが必要」という考え方のもと、経営改革委員会の検討結果の一部をホームページ上で公開し、利用者等から問い合わせがあれば、それに答えることにしました。

(5) 成果・効果

ほとんどの社員は、事業シミュレーションの結果を冷静に受け止めてくれました。労働組合からも「先が見えない状態にいるよりも、悪い見込みであっても明確に示してくれたほうがよい（＝悪くなることが分かっているのであれば、それなりに対応の仕方がある）」との意見をもらい、経営改革の実現に向けて協力してもらう約束を得ることもできました。

そして、経営委員会の報告から2年が経過した頃から、次のような効果が顕著に表れてきました。

① 社員の定着率の向上とサービス向上

将来不安が小さくなったことにより、それまで15％を超えていた退職率が9％にまで低下しました。経験を積んだ社員が増えたことにより顧客に提供するサービスの質が向上しました。

[図表5-46] P社の経営改革の効果

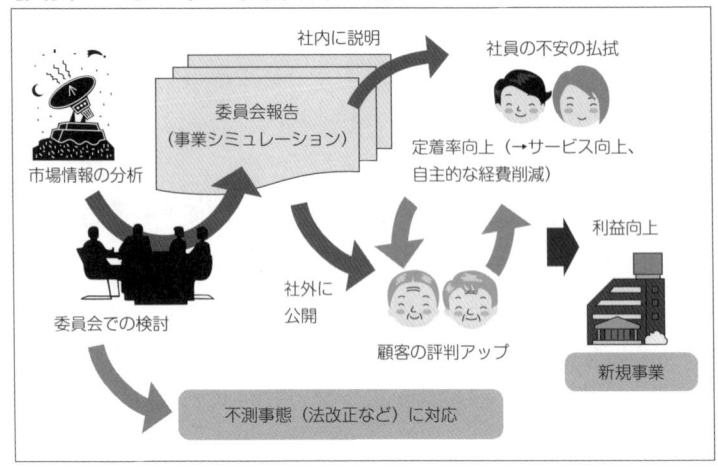

図中テキスト:
- 市場情報の分析
- 委員会での検討
- 社内に説明
- 委員会報告（事業シミュレーション）
- 社外に公開
- 社員の不安の払拭
- 定着率向上（→サービス向上、自主的な経費削減）
- 顧客の評判アップ
- 利益向上
- 新規事業
- 不測事態（法改正など）に対応

② 自主的な経費削減の動きが現場に広がる

事業収支を少しでも改善するため、現場が自主的に経費削減に努めるようになりました。その結果、大きなコスト削減効果が表れました。

③ 顧客の評判アップ

厳しめの事業収支見込みを社外に公表したところ、「P社は隠し事をしないので信頼できる」という評判が世間に広がり、利用希望者が大幅に増えました。また、社員が提供するサービスの質が向上したことにより、利用者の満足度が高まりました。

④ 事業収支の黒字継続と経営改革の実現

利用者増加とコスト削減により、事業収支は当初の予測よりも好転し、黒字を継続することができています。好調な業績の成果配分として、社員の賞与を上積みし、非正規従業員にも特別賞与（寸志）を支給したことにより、社内のモチベーション

は高まり、現場の雰囲気も明るくなりました。

　同業他社と比べれば入社希望者も多く、以前よりも労働力不足の問題は小さくなりました。

　Ｐ社は、黒字から生み出された資金を使って新規事業を展開し、それを新たな経営基盤とすることによって、さらなる事業の安定化を図ろうと考えています。

　振り返ってみると、経営改革委員会が行った当初の事業シミュレーションと実際の結果との間には、大きなズレがありました。どんなに綿密なデータ分析を行っても予測できなかった事態が生じて、そこからシミュレーションと実際の数字との間に乖離が生じます。

　ここでポイントになることは、「シミュレーションと現実との乖離にどのように対応するか」ということです。

　事業シミュレーションで予測したとおりに動いていることは、会社として「うまく対応できている」ということですから、マネジメントは、それらについては、あまり気を遣う必要はありません（＝従来通りの対応で問題はありません）。

　一方、シミュレーションどおりに動いていないことは、会社として「予測していなかった・対応できていない」ことが表れたものです。したがって、マネジメントは、それらの対応について集中して考えればよいということになります。

　Ｐ社が**経営改革に成功したポイント**は、「事業シミュレーションの通りに事業運営を行ったこと」ではありません。「**事業シミュレーション通りに行かないことをチェックし、その要因の解析と対応策の実施を迅速に行ったこと**」にあるのです。

　この章で紹介した事業シミュレーションについて、「あたらなければ意味がない」と考える人がいるかもしれません。しかし、それは誤解です。事業シミュレーションは、「その通りにならなくても当

然」で、むしろ、「予測どおりにならなかったことを考える・対処する」という使い方をすることによって、意味が出てくるものなのです。

おわりに

　2000年以降も、好業績を持続している「勝ち続ける企業」のマネジメントのベースには、ある共通項があります。それは「個人を統合して組織を創る」と言う考え方です。従来の日本企業は、それとは逆で「組織に個人を当てはめる」マネジメントを行っていました。作るべき製品や提供するべきサービスが明確な時代には、確かに「組織を個人に当てはめる」マネジメントは有効に機能します。しかし、環境変化が激しくなり、製品やサービスの方向性を定めにくい時代になると、多くの人が様々なアイデアを実践し、その中で成果があがったものを伸ばしていくようにしたほうが効果的です。日本企業が今後も勝ち続けていくためには、「組織よりも個を重視した」そして「自律性・多様性を認める」マネジメントに移行することが必要です。

　マネジメントのベースとなる考え方は、当然に、そのスタイルも変化させます。従来のマネジメントスタイルが「規則と制度による集団のコントロール」であったとすれば、これからのそれは「共有化された価値観と情報による個の統制」ということになります。明確化された経営理念・方針のもと個々人が自律的に動く、会社はその個人の行動や成果、そして組織全体の動きを情報とデータで把握し、しっかりと統制する…。これが「勝ち続ける企業」のマネジメントスタイルになっています。

　このようなマネジメントの変化に伴い、人事部門に期待される役割は、「就業規則と人事制度を運用する業務処理部門」から「情報・データを駆使して戦略立案と遂行を行う経営企画部門」へと変わってきています。これからの人事関係者は、社内外の様々な情報・データを分析して会社の問題点を的確に抽出すること、それを社内外の関係者に分かりやすく説明し、同時に具体的な対策を提言すること

等ができるようになることが必要です。

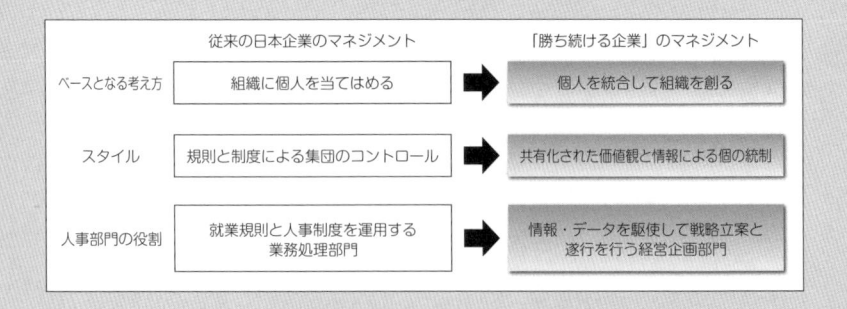

	従来の日本企業のマネジメント	「勝ち続ける企業」のマネジメント
ベースとなる考え方	組織に個人を当てはめる	個人を統合して組織を創る
スタイル	規則と制度による集団のコントロール	共有化された価値観と情報による個の統制
人事部門の役割	就業規則と人事制度を運用する業務処理部門	情報・データを駆使して戦略立案と遂行を行う経営企画部門

　これからの人事部門に期待される役割を果たすためには、データ分析スキルや企画提案スキルは欠かすことができません。本書で紹介した統計データや統計的手法を実際に使ってみて、これらのスキルを是非高めていただきたいと思います。

　最後になりますが、本書の出版にあたり、事例として取り上げることにご快諾いただいたクライアント企業の皆様に、この場を借りて厚く御礼申し上げます。

索　引

欧　文

- e-Stat······················28
- EDINET··················30, 89
- F 境界値··················218
- F 検定··················214, 220
- GRG 非線形···············133
- R－2 乗値··············160, 165
- S 字カーブ···············298
- t（エクセル）·······223, 304, 318
- t 検定················214, 220, 223

あ 行

- アンケート··············25, 242
- 移動平均···················76
- 因果関係··················168
- 売上原価明細書············328
- 売上高人件費比率··········331
- エンゲル係数··············280

か 行

- 回帰分析···········24, 161, 292
- カイ二乗検定（χ 二乗検定）······24, 250
- カイ二乗値（χ 二乗値）·····248
- 外部購入価値··············332
- 家計調査··················280
- 加重平均···················72
- 可処分所得················280
- 仮説の構築·················20
- 株価チャート··············289
- 関数（エクセル）············66
- 観測された分散比（エクセル）····218
- 寛大化傾向················186
- 管理職比率·············98, 118
- 幾何平均（相乗平均）········74
- 企業活動基本調査···30, 107, 115, 329, 333
- 疑似相関··················169
- 期待値····················247
- 期待利益··················138
- 基本統計量·················68
- きまって支給する現金給与額·····270
- 帰無仮説··················215
- 給与体系表················286
- 教育訓練費・募集費········326
- 業績連動型賞与············314
- 共分散····················154
- 共分散行列················157
- 曲面最小二乗法············307
- 寄与率····················160
- クロス集計················245
- 経営改革委員会············364
- 係数··················304, 318
- 決定係数··················160
- 検索機能（エクセル）·······231
- 検定······················220
- 購買力····················278
- ゴールシーク（エクセル）·····314
- 顧客動向の分析············227
- 国勢調査··················174
- 固定的人件費··············348
- 雇用動向調査··············120

さ 行

- 再雇用制度················310
- 最小値·····················62
- 最小二乗法················161
- 最大値·····················62
- 最低生計費················283
- 最適化分析（エクセル）·····133
- 最頻値（並数）··········55, 283
- 採用計画··················177
- 算術平均···················75
- 散布図·················48, 287
- 実在者賃金················275
- 実在者モデル賃金··········276
- 実支出····················280
- 実質賃金··················278
- 実収入····················280
- 実態生計費················282
- シナリオ（エクセル）·······148
- 四分位数···················63

371

四分位範囲（中央分布範囲）………63
（四分位）分散係数………………64
シミュレーション……131,146,353,367
社外データ…………………………25
社内データ…………………………25
重回帰分析……………………301,316
従業員給与手当……………………326
重決定 R2…………………………302
重相関 R……………………………302
従属変数……………………………301
自由度………………………………218
自由度修正決定係数………………302
十分位数……………………………65
就労条件総合調査………………30,330
昇格率………………………………199
商圏顧客……………………………174
消費支出……………………………280
消費者物価指数……………………278
職能資格制度………………………189
職務等級制度………………………189
所定外給与…………………………273
所定内給与額………………………271
人員配置計画………………………173
人件費…………………135,268,325,340
人件費構造図………………………348
人材ポートフォリオ……………127,151
人材マップ…………………………192,276
人事院勧告…………………………283
推測人件費…………………………342
生活扶助基準額……………………284
正規分布…………………………46,186
正社員比率………………………111,118
製造原価明細書……………………328
制約条件……………………………140
説明係数……………………………160
線形近似…………………………160,161
線形補完法（直線補間法）………80
尖度………………………………46,68
相加平均……………………………75
相関…………………………………156
相関行列…………………………158,255
相関係数…………………………24,157
組織管理の構造……………………103
組織の健全性………………………256
ソルバー（エクセル）…………139,141

た行

退職給付費用………………………326
退職時給与比例方式………………320
退職率………………………………122
代表値……………………………23,54
多項式回帰…………………………298
単純平均……………………………73
中位数（中央値）…………………55,63
中小企業の賃金事情……………29,277
中心化傾向…………………………186
直間比率…………………………105,118
賃金構造基本統計調査
　　　　　　　　29,87,99,105,270
賃金事情等総合調査……………29,277
賃金引上げ等の実態に関する調査……30
通勤手当……………………………272
定期昇給（＝定昇）………………294
定性データ…………………………25
定量データ…………………………25
データ分析…………………………14
適正人件費…………………………353
適正性の検証………………………214
統計…………………………………15
独立性の検定………………………250
独立変数……………………………301
度数曲線……………………………45
度数分布……………………………42
ドリルダウン………………………198

な行

なり行き予測………………………354
日本の地域別将来推計人口………174
入職率………………………………120
抜き取り調査………………………227
年間賞与その他の特別給与額………271

は行

箱ひげ図……………………………289
外れ値………………………………170
範囲…………………………………63
販売及び一般管理費………………328
P－値……………………218,248,304
非消費支出…………………………280

ヒストグラム	42
（非線形）最適化	131
ピボットテーブル（エクセル）	56,194,286
評価の甘辛	210
標準化	205
標準誤差	69
標準生計費	283
標準偏差	60,206,210
標準労働者	300
標本調査	69,227
標本標準偏差	71
ピラミッド・グラフ	92
付加価値	331,341
福利厚生費	326
普遍標準偏差	71
分位数	23,63
分散	60,210,217
分散の検定	214,220
分散分析	214,215
分散分析表	217
分析ツール（エクセル）	40,141,156,222,223
分析目的	19
分布特性値	65
平均消費性向	280
平均値	23,54,210
平均の検定	214,220
平均偏差	60
平方和	218
ベースアップ（＝ベア）	294
偏差	60
偏差値	61
変動（エクセル）	218
変動コスト、固定コスト	134
変動的な人件費	348
ポイント制退職金制度	320
法人企業統計調査	30,329,332
法定外福利費	21
法定福利費	21,326
補正 R2	302
母標準偏差	71

ま行

マーケット・バスケット方式	284
毎月勤労統計調査	29,114,120,273
見かけ上の相関	169
民間主要企業夏季(年末)一時金集計	30
名目賃金	278
目標管理制度	229
モデル給与	293
モデル賃金	276

や行

役員報酬	327
役職	99
役割等級制度	190
有価証券報告書	30,89

ら行

離職率	120
理論生計費	284
理論モデル賃金	276
労働生産性	334
労働費用	340
労働分配率	264,331,336

わ行

歪度	46,68
割引率	138

参考文献

- 『基本統計学』 宮川 公男（有斐閣/1999年3月）
- 『統計学入門（基礎統計学）』 東京大学教養学部統計学教室（東京大学出版会/1991年7月）
- 『統計解析のはなし』 石村 貞夫（東京図書/1989年4月）
- 『はじめての統計（有斐閣ブックス）』 得津 一郎（有斐閣/2002年3月）
- 『原因をさぐる統計学―共分散構造分析入門（ブルーバックス）』 豊田 秀樹、前田 忠彦、柳井 晴夫（講談社/1992年7月）
- 『EXCELビジネス統計分析』 末吉 正成、末吉 美喜（翔泳社/2014年1月）
- 『新・人事労務管理』 津田 真澂（有斐閣/1995年）
- 『人事管理入門（日経文庫）』 今野 浩一郎（日本経済新聞出版社/2008年10月）
- 『図解！「人事」のすべて』 深瀬 勝範（秀和システム/2011年6月）
- 『第2版 実践 人事データ活用術（労政時報選書）』 深瀬 勝範（労務行政/2012年8月）
- 『Excelで簡単 やさしい人事統計学』 大阪大学大学院国際公共政策研究科人事統計解析センター（日本経団連出版/2006年8月）
- 『ラッカー・プラン―成果配分の原理と適用』 今坂 朔久（翻訳）（日本能率協会/1961年）
- 『企業評価と戦略経営―キャッシュフロー経営への転換』 トム・コープランド、ジャック・ミュリン、ティム・コラー著、伊藤 邦雄（訳）（日本経済新聞社/1999年6月）
- 『バランス・スコアカード―戦略経営への変革』（新訳版） ロバート・S. キャプラン、デビッド・P. ノートン、吉川 武男（訳）（生産性出版/2011年8月）
- 『会社の読み方（ビジネス・ゼミナール）』 松田 修一（日本経済新聞社/2006年12月）

著者略歴

深瀬　勝範（ふかせ　かつのり）

Ｆフロンティア株式会社　代表取締役。社会保険労務士。
1962年神奈川県生まれ。一橋大学卒業後、大手電機メーカー、大手情報サービス会社人事部長、金融機関系コンサルティング会社を経て、経営コンサルタントとして独立。組織改革、事業計画の策定等のコンサルティングを行いながら、執筆・講演活動を積極的に展開している。著書に『はじめて人事担当者になったとき知っておくべき、7の基本。8つの主な役割』（労務行政）、『社会福祉法人の事業シミュレーション・モデル』（中央経済社）などがある。

【お問合せ先】
本書のご質問・お問合せにつきましては、下記までお願いします。

連絡先：fukase@ffrontier.biz

Excel でできる！
統計データ分析の仕方と
人事・賃金・評価への活かし方

平成26年7月10日　初版発行
令和4年9月1日　初版4刷

検印省略

著　者	深　瀬　勝　範
発行者	青　木　健　次
編集者	岩　倉　春　光
印刷所	三　報　社　印　刷
製本所	国　宝　社

日本法令®

〒 101-0032
東京都千代田区岩本町1丁目2番19号
https://www.horei.co.jp/

（営　業）　TEL　03-6858-6967　　Eメール　syuppan@horei.co.jp
（通　販）　TEL　03-6858-6966　　Eメール　book.order@horei.co.jp
（編　集）　FAX　03-6858-6957　　Eメール　tankoubon@horei.co.jp

（オンラインショップ）　https://www.horei.co.jp/iec/
（お詫びと訂正）　https://www.horei.co.jp/book/owabi.shtml
（書籍の追加情報）　https://www.horei.co.jp/book/osirasebook.shtml

※万一、本書の内容に誤記等が判明した場合には、上記「お詫びと訂正」に最新情報を掲載しております。ホームページに掲載されていない内容につきましては、FAXまたはEメールで編集までお問合せください。

・乱丁、落丁本は直接弊社出版部へお送りくださればお取替え致します。
・JCOPY　〈出版者著作権管理機構　委託出版物〉
本書の無断複製は著作権法上での例外を除き禁じられています。複製される場合は、そのつど事前に、出版者著作権管理機構（電話03-5244-5088、FAX 03-5244-5089、e-mail：info@jcopy.or.jp）の許諾を得てください。また、本書を代行業者等の第三者に依頼してスキャンやデジタル化することは、たとえ個人や家庭内での利用であっても一切認められておりません。

Ⓒ K. Fukase 2014. Printed in JAPAN
ISBN 978-4-539-72374-6